Petra Vogel, Werner Winkler

Der Gorilla in meinem Bett

Petra Vogel, Werner Winkler

Der Gorilla in meinem Bett

Psychographie als Wegweiser im Beziehungsdschungel

mvgverlag

Bibliografische Information der Deutschen Nationalbibliothek
Die Deutsche Nationalbibliothek verzeichnet diese Publikation in der Deutschen Nationalbibliografie. Detaillierte bibliografische Daten sind im Internet über http://dnb.d-nb.de abrufbar.

Für Fragen und Anregungen:
vogel@mvg-verlag.de
winkler@mvg-verlag.de

Nachdruck 2013

Nymphenburger Straße 86
D-80636 München
Tel.: 089 651285-0
Fax: 089 652096

Umschlaggestaltung: www.coverdesign.net
Umschlagabbildung: Sarajo Frieden/Illustration Works
Redaktion: Pia Gelpke, Wiesbaden
Satz: S. Wilhelmer, Redline GmbH
Druck: Books on Demand GmbH, Norderstedt

ISBN Print 978-3-86882-411-7
ISBN E-Book (PDF) 978-3-86415-118-7

INHALT

Einleitung

„Wenn ich einen Wunsch frei hätte, was würde ich mir wünschen?“

Diese Frage hat sich jeder schon einmal gestellt und die Ansprüche und Wunschvorstellungen der Menschen halten ein breites Spektrum an Antworten bereit: einmal im Lotto gewinnen, Frieden auf Erden, Gesundheit, Glück, ein Abendessen mit Julia Roberts ...

Doch wie realistisch ist die Erfüllung dieser Wünsche? Der Gedanke an finanzielle Unabhängigkeit ist durchaus reizvoll und die Vorstellung von einem Leben ohne Existenzsorgen sehr beruhigend. Wie groß aber ist die Chance, wirklich einmal im Lotto zu gewinnen? Der Weltfrieden scheint ebenfalls Utopie zu sein. Gesundheit ist ein großartiges Geschenk, aber auch nur bedingt zu beeinflussen. Und das Dinner mit Julia Roberts – Frauen würden vielleicht George Clooney vorziehen – wäre zwar ein Highlight, bleibt wahrscheinlich aber genauso Wunschvorstellung, und wer weiß, wie erstrebenswert dieser Wunsch überhaupt ist.

Sinnvoller ist es doch, sich etwas zu wünschen, das sich tatsächlich realisieren lässt und das auch wert ist, dafür diesen utopischen Wunsch zu opfern. Alles andere wäre Verschwendung. Das Stichwort „Glück“ kommt dem Wesentlichen schon näher. Was aber ist die Basis für ein glückliches Leben? Wie verhält es sich mit der Liebe? Ist sie nicht die Voraussetzung dafür? Ohne Liebe erscheint alles andere doch nichtig und klein. Es mag pathetisch klingen, aber: Macht nicht gerade die Liebe das Leben lebenswert? Entscheidet sie nicht darüber, ob es uns gut oder schlecht geht? Vermittelt sie uns nicht das Gefühl, wirklich reich zu sein, auch wenn wir kein Geld besitzen? Was bedeutet Erfolg, wenn wir ihn nicht mit jemandem teilen können? Und alle Schätze dieser Welt können wohl das Funkeln in den Augen eines verliebten Menschen nicht ersetzen. Kaum etwas rührt uns mehr an als etwa ein Kinderlachen, dessen Ursprung wiederum in der Liebe begründet ist. Der Mensch ist nicht geboren, um allein durch sein Leben zu gehen – und das war schon immer so. Deswegen ist das älteste Thema der Welt wohl auch gleichzeitig das aktuellste, und über keines wird so viel geschrieben, gesprochen oder nachgedacht, denn tief in unserem Inneren hat wohl jeder diesen sehnlichsten Wunsch: eine Partnerschaft, die geprägt ist von Verständnis, Harmonie, gemeinsamen Zielen und einem liebevollen Umgang miteinander. Gleichzeitig sollte sie aber auch Freiraum für persönliches Wachstum lassen. Vielleicht kommen bei diesem Wunsch Zweifel auf, ob eine Partnerschaft mit all diesen Qualitäten nicht genauso unrealistisch ist wie der Lottogewinn. Aber ist sie das wirklich? Was wäre, wenn es eine Art Partner-Suchsystem gäbe? Ein sehr unromantisches Verfahren, aber bei näherer Betrachtung gar nicht so verkehrt: Man stelle sich ein Baukastensystem vor, bei dem man sich aus verschiedenen Elementen den idealen Partner zusammenstellen kann. Klingt das nicht wunderbar? Das Beste aber ist, dass man dieses System nicht erst erfinden muss. Es ist bereits da – als Teil einer Wissenschaft namens Psychographie.

Kapitel 1: Drei Welten prallen aufeinander

Petra Vogel

Man stelle sich einmal vor, jemand würde Gorillas mit Orang-Utans in einem gemeinsamen Gehege unterbringen. Oder Orang-Utans mit Schimpansen. Oder gar alle drei Primaten zusammen. Auf diese Idee kommt offenbar niemand. Und sollten doch schon einmal eifrige Forscher dieses Experiment gewagt haben, so hatte es mit an Sicherheit grenzender Wahrscheinlichkeit triftige Gründe, dass sich diese Form des Zusammenlebens nicht durchgesetzt hat. Womöglich hätte es sogar Mord und Totschlag gegeben, denn die Lebens- und Verhaltensweisen der Primaten und ihre Bedürfnisse sind so unterschiedlich, wie sie unterschiedlicher kaum sein könnten. Somit ist wohl das Beste, wenn sich Gleiches zu Gleichem gesellt, damit eventuell auftretende Differenzen von vornherein vermieden werden können.

Bei uns Menschen ist das ganz anders. Eine derartige Trennung und Zuordnung aufgrund unserer Lebens- und Verhaltensweisen findet nicht statt. Wir differenzieren bestenfalls zwischen verschiedenen Kulturkreisen, zweierlei Geschlechtern oder anhand Sympathie und Antipathie. So betrachtet ist die Erde unser gemeinsames Gehege, in dem die unterschiedlichsten Menschentypen zusammenleben und miteinander zurechtkommen müssen. Was für eine Herausforderung für die Menschheit, denn der Umgang miteinander fällt uns manchmal doch ziemlich schwer. Nicht nur die Primaten, auch wir Menschen haben sehr unterschiedliche Ansprüche an unser Leben, verschiedene Ideale und stark voneinander abweichende Problemlösungsstrategien. Konsequenzen daraus sind Streitigkeiten innerhalb von Beziehungen, Freundschaften und Familien oder im schlimmsten Fall Kriege zwischen ganzen Völkern. Natürlich gibt es auch positive Beispiele, bei denen es uns gelingt, einen Konsens herbeizuführen und in Harmonie miteinander zu leben. Einerseits könnte man nun denken, es sei purer Zufall, dass wir mit manchen Menschen auf derselben Wellenlänge liegen, gegenseitiges Verständnis aufbringen, tolerant und rücksichtsvoll miteinander umgehen. Andererseits zweifelt man daran, dass das immer so ist, und versucht deshalb Erklärungen dafür zu finden, wieso ein harmonisches Zusammenleben mit dem einen möglich ist und mit dem anderen nicht. Hier unterscheiden wir uns wesentlich von den Primaten, denn wir Menschen können mithilfe unseres Verstandes herausfinden, welche Faktoren dafür verantwortlich sind und wie wir besser miteinander klarkommen können.

Einiges haben wir aber auch mit den Primaten gemeinsam, vermutlich sogar mehr, als bisher angenommen wurde: Anzunehmen ist, dass jeder Mensch von Anfang an die Anlagen für bestimmte Lebens- und Verhaltensweisen in sich trägt. Diese versucht die Psychographie zu beschreiben und zu kategorisieren. Sie hat eine Methode entwickelt, die Ähnlichkeiten und Unterschiede erfasst, erforscht und in einem System zusammenträgt. Sie unterscheidet dabei zwischen drei Persönlichkeitstypen: dem Handlungs-, dem Beziehungs- und dem Sachtyp (siehe auch das Kapitel „Hintergründe dieser Typologie" ab Seite 38). Erstaunlich ist, dass diese Charaktertypen Ähnlichkeiten mit den drei Primaten – Gorilla, Schimpanse und

Orang-Utan – haben, was sich auch durch eigene Beobachtung der Tiere bestätigen lässt. Diese Zuordnung bzw. das tierische Pendant soll uns im Folgenden helfen, die drei Persönlichkeitstypen zu beschreiben, Unterschiede und Ähnlichkeiten zu verdeutlichen beziehungsweise Lösungswege für Probleme zu finden. Die Typbezeichnungen Beziehungstyp/Schimpansen-Typus, Sachtyp/Orang-Utan-Typus und Handlungstyp/Gorilla-Typus werden im Wechsel verwendet. Es soll aber noch einmal betont werden, dass es sich hier nur um eine Metapher handelt, die unsere Vorstellungskraft aktivieren soll – es geht nicht um die Gleichsetzung von Mensch und Tier.

Welche Charaktereigenschaften spielen nun also eine Rolle, wenn zwei Menschen zueinander finden, sich lieben, verstehen und respektieren möchten? Und vor allem: Wie findet sich das passende Gegenstück, der so genannte Deckel zum Topf? Um eine Antwort auf diese Frage zu finden, sollte man zunächst besser über die unterschiedlichen Charaktertypen Bescheid wissen. Nehmen wir sie also einmal genauer unter die Lupe:

Die drei Typen in Kurzform

Der Gorilla-Typus (Handlungstyp)

Der Gorilla-Typus ist das Arbeitstier schlechthin. Er definiert sich über Leistung und Können und legt sehr hohe Maßstäbe an sich und seine Mitmenschen an. Sein Hang zur Perfektion kann mitunter sogar zwanghafte Züge annehmen. Mit ihm Schritt zu halten kann einen ganz schön aus der Puste bringen – es sei denn, man ist vom gleichen Schlag. Seine Arbeitswut lebt der Gorilla-Typus in vollen Zügen aus und setzt mit viel Power und Energie seine Ziele durch. Hierbei kommen ihm sein ausgeprägtes Organisationstalent, seine Entschlusskraft und seine Hartnäckigkeit zugute. Zudem ist er gerne bereit, Risiken einzugehen. Einer seiner Leitsprüche ist: „Wer nicht wagt, der nicht gewinnt." Pläne gewissenhaft und zuverlässig umzusetzen ist eine Selbstverständlichkeit für ihn. Gibt es etwas zu tun, ist der Gorilla-Typus der Erste, der „Hier!" schreit. Zum einen möchte er der Welt zeigen, dass es nichts gibt, was er nicht kann, und zum anderen braucht er Herausforderungen in seinem Leben wie Luft zum Atmen. Dabei würde es dem Gorilla-Typus guttun, einfach einmal Fünfe gerade sein zu lassen und öfter die Füße hochzulegen und zu relaxen.

Ein typisches Beispiel aus dem Leben eines Gorilla-Typus:

> Eine meiner Bekannten (Gorilla-Typus) seufzte abends in mein Telefon: „Morgen ist langer Donnerstag, da muss ich länger arbeiten und danach muss ich noch zur Betriebsratssitzung. Und das bei der Hitze, puh!" Am nächsten Morgen bekam ich eine E-Mail von ihr: „Die Betriebssratsitzung fällt heute Abend aus. Das ist mir nicht unrecht. Dann kann ich mich gleich nach Feierabend über meine Bügelwäsche hermachen."

Worauf Gorilla-Typen achten sollten, wird durch einen Vergleich verdeutlicht: Wie ein Auto braucht auch ein Mensch ab und zu eine Wartung. Die Batterie sollte erneuert, der Motor mit Öl versorgt und der Tank frisch befüllt werden. Beim Fahren ist es sinnvoll, eine bestimmte Drehzahl nicht dauerhaft zu überschreiten, da ansonsten der Motor überhitzt wird. Nur so ist gewährleistet, dass das geliebte Vehikel lange erhalten bleibt und weiterhin zuverlässig von A nach B fährt. Diese Bedingungen für den Erhalt und die Funktionstüchtigkeit seines Fahrzeugs zu erfüllen scheint selbstverständlich für den Gorilla-Typus. Dasselbe jedoch für sich selbst in Anspruch zu nehmen ist ein ziemlich großer Schritt für ihn. Für den Anfang genügt es vielleicht schon, wenn er seine Arbeit mit etwas Humor und Leichtigkeit anreichert – das wäre dann ähnlich, wie während der Autopflege zu singen oder zu pfeifen.

Eine weitere Auffälligkeit des Gorilla-Typus ist seine praktische Begabung. Gerne demonstriert er, sehr geschickt, wie er etwas von Hand macht. Diese Neigung zeigt sich im Besonderen in seinem perfekt geführten Haushalt. Man könnte dort vom Boden essen – zumindest hat es diesen Anschein, wenn man die Behausung eines Gorilla-Typus betritt. Reinlichkeit und Ordnung sind oberstes Gebot, manchmal bis an die Grenzen zur Pedanterie und ganz besonders dann, wenn Besuch erwartet wird. Ansonsten geht es auch gelassener, was er allerdings nur ungern der Öffentlichkeit präsentiert. Also bitte nie uneingeladen an der Tür eines Gorilla-Typus klingeln, um einen Überraschungsbesuch abzustatten! Das könnte peinlich werden – für alle Beteiligten.

Ein Beispiel aus dem Leben gegriffen:

Ein Gorilla-Paar hat sich gerade ein Haus gekauft und es frisch renoviert. Der Hausherr fliest die Böden mit hellen Platten, weil er es für praktisch hält, dass man immer schnell einmal durchwischen kann, sollten Flecken oder Spuren von Straßenschuhen zu sehen sein. Um ihr Glück vollkommen zu machen, pflanzen sie einen Kirschbaum in den Garten und kaufen sich schließlich noch einen Hund. Eines Tages frage ich die Frau des Hauses, wie sie denn damit klarkämen, dass jetzt ständig überall schwarze Hundehaare auf dem hellen Boden zu sehen seien. Sie erwidert daraufhin, dass das ein echtes Problem sei. Aber ihr Mann habe nach etlichen Nachputzattacken gemeint: „Du, ich glaube, wir müssen da etwas gelassener werden."

Interessant ist, dass sich der Drang nach Sauberkeit und Ordnung des von uns beschriebenen Gorilla-Typus im Verhalten der Gorillas im Zoo widerspiegelt: Nach meinen eigenen Beobachtungen in der Stuttgarter Wilhelma fegen die Gorillas den Boden mit ihren Händen sauber, bevor sie sich zum Ausruhen niederlegen.

Sollte man von einem Gorilla-Typus eingeladen werden, wird man eine weitere seiner Stärken kennen lernen: Er ist ausgesprochen gastfreundlich und bietet meistens reichlich zu essen und noch mehr zu trinken an. Frei nach dem Motto „Viel hilft viel" wird man mit kulinarischen Köstlichkeiten versorgt und mehr oder weniger edlen Tropfen beglückt. Ein „Nein danke!" wird nicht akzeptiert. Also tut man gut daran, mit leerem Magen zu erscheinen und das Auto stehen zu lassen. Zudem ist es ein besonderes Privileg, wenn ein Gorilla-Typus einem Einblick in seine Privatsphäre gewährt. Üblicherweise wird diese strikt vom Arbeitsleben getrennt und geht keinen Fremden etwas an. Hier zeigt er sich etwas verschlossen. Der Gorilla-Typus definiert sich nämlich hauptsächlich über das, was er besonders gut kann, nämlich arbeiten. Etwas unsicher ist er, wenn es darum geht, in Kontakt mit anderen Menschen zu treten. Leichter fällt es ihm vielleicht, wenn er sich einen beruflichen Nutzen verspricht und Gespräche über seine Tätigkeit beginnen kann. Gespräche „just for fun", lockeres Geplauder oder gar Partybesuche sind ihm eher unangenehm. Sollte man ihn trotzdem auf einem Grillabend erwischen, dann ist er wahrscheinlich derjenige, der den Grill anfeuert, die Würstchen brutzelt und die Steaks dreht und wendet. Während solcher Events bietet sich dem Gorilla-Typus die Chance, vom Alltag abzuschalten. Für ein paar Stunden kann er die Kontrolle, die er nur zu gerne über alles hat, lockern und Beziehungspflege betreiben. Aus seinem Verantwortungsgefühl heraus, ein guter Gast oder auch Gastgeber zu sein, wird es ihm leichtfallen, die Gäste mit seinem deftigen Humor zu begeistern und mit einem herzhaften Lachen anzustecken. Sollten Sie zu fortgeschrittener Stunde von einem Gorilla-Typus mit womöglich angestiegenem Alkoholspiegel „angeknufft" werden, kann man dies als Signal der Bereitschaft zu näherem Kontakt werten. Gorilla-Typen sind äußerst körperbewusst und nutzen ihre diesbezügliche Sicherheit, um anzubändeln. Ein leichter Schwips tut sein Übriges und setzt die Hemmschwelle des Gorilla-Typen herab, wenn es darum geht, einen lockeren Flirt einzugehen.

Hier ein Beispiel aus der Tierwelt: Das Verhalten von echten Gorillas und unserem Gorilla-Typus lässt sich tatsächlich vergleichen, wenn es um die eigene Unsicherheit und die daraus resultierende Zurückhaltung bei der Kontaktaufnahme geht. Nähern sich die Gorillas dann schließlich doch einander an, kommt es zu sehr kumpelhaften Gesten:

> Die jungen Gorillas in der Gruppe ignorieren den Pfleger weit gehend, der sich zu ihnen in den Käfig setzt. Stattdessen werden sie magisch von einer Gruppe Gärtner angezogen, die vor ihrem Käfig die Büsche von Laub säubern. Mehrmals versuchen sie, deren Werkzeuge zu berühren. Werden sie selbst berührt, fliehen sie kreischend. Ihr Spiel besteht vor allem aus gegenseitigem Knuffen, Auf-den-Kopf-Hüpfen und Einander-Nachjagen. (Werner Winkler über seine Beobachtungen in der Stuttgarter Wilhelma)

Wohltuend ist es für die Gorilla-Typen, ihre starke Rolle eine Zeit lang aufzugeben und sich auf eine kindliche Ebene zu begeben, herumzualbern, Quatsch zu machen, zu spielen und zu flirten oder Ähnliches. Einfach einmal zu Dingen Ja zu sagen, die fremd oder neu erscheinen, ist schwierig für den Gorilla-Typus. Lieber beruft er sich auf das, was er bereits kann und schon kennt. Ansonsten bleibt er bei einem klaren und deutlichen Nein. Ganz bestimmt kann er auch triftige Gründe aufzählen, warum er etwas nicht möchte, und dennoch gibt es durchaus Situationen, in denen sich der Gorilla-Typus ganz gerne zu einem Ja überreden lässt. Zum Beispiel, wenn es noch mehr Arbeit zu erledigen gibt und er sich noch mehr Verantwortung aufhalsen kann. Er kann sehr bestimmt auftreten, insbesondere wenn es darum geht, gegen etwas zu kämpfen. Sollte er merken, dass ein Unrecht geschieht oder dass seine Familie oder Freunde bedroht oder angegriffen werden, betrachtet er es als seine Pflicht, sich dem Gegner in den Weg zu stellen und seine treuen Weggefährten mit Klauen und Zähnen zu verteidigen. Da ist mit ihm nicht gut Kirschen essen.

Hier scheint ebenfalls eine deutliche Parallele zu den echten Gorillas zu bestehen, wie folgende Aufzeichnung des Zoologen Markus Kappeler zeigt:

> Bei all seiner Kraft ist der Gorilla ein friedfertiger und sanftmütiger Pflanzenfresser, der (...) gefährlich wird, wenn er sich bedroht fühlt. Dann allerdings weiß er sich sehr energisch zur Wehr zu setzen.

Auch folgende Beschreibung des Abenteurers Matto Barfuss, der im Jahr 2003 eine Expedition nach Uganda auf den Spuren der Berggorillas unternahm, bestätigt den Kampfgeist der Gorillas:

> Bei einer unerwarteten Begegnung können Silberrückenmänner mit Furcht erregendem Geschrei und Scheinangriffen reagieren. Sie laufen dann laut brüllend auf das Opfer zu und bleiben erst kurz vor ihm stehen, manchmal in einer Entfernung von nur einem Meter. Duckt man sich unterwürfig, hat man nichts zu befürchten, läuft man aber weg, fühlen sich die erregten Tiere oft provoziert, folgen dem Flüchtenden und beißen ihn. Die wütenden Gorillamänner ergreifen den nächstbesten Körperteil, meist ein Bein oder das Gesäß, und schlagen ihre Eckzähne hinein. Tiefe Fleischwunden sind meist die Folge davon.

Damit alles seinen geregelten Gang gehen kann und Harmonie gewährleistet ist, neigen die Gorilla-Typen dazu, für alles Mögliche Ge- und Verbote aufzustellen. Regeln festlegen, Gesetze erlassen und Anforderungen stellen ist ein Leichtes für sie. Und man tut gut daran, diese in ihrem Machtbereich einzuhalten. Ansonsten wird einem schnell das Lachen vergehen, denn der Gorilla-Typus reagiert auf Verstöße sehr unnachgiebig. Alles muss schließlich seine Ordnung haben. Merkwürdigerweise sind die Gorilla-Typen aber auch diejenigen, die diese (eigenen) Regeln am leichtesten zu brechen scheinen. Da könnte man fast den Eindruck gewinnen, dass die Einhaltung des Regelwerks nur für Nicht-Gorillas gilt. Das mag daran liegen, dass der Gorilla-Typus sich am besten mit (seinen) Gesetzen und Geboten auskennt und deshalb auch genau weiß, wann und wo man sie, seiner Ansicht nach, brechen kann und welche Konsequenzen dieses Verhalten hat. Und selbst wenn man ihn ertappt hat, fällt ihm sicher eine Rechtfertigung für sein Fehlverhalten ein. Der Sachverhalt wird oft so lange gedreht und gewendet, bis er wieder ins System passt. Ein weiteres Motto also: „Was nicht passt, wird passend gemacht."

Über folgenden kleinen Disput zwischen zwei Gorilla-Typen, beobachtet von Bärbel Diemer, kann man nur schmunzeln:

> Mein Vater und ich unterhielten uns über die Kleinstadt X und rätselten, ob sie nun nördlich oder südlich von der Großstadt Y liege. Mein Vater war der festen Überzeugung, dass sie nördlich von Y gelegen sei. Ich dagegen war mir absolut sicher, dass es südlich sein müsste. Keiner von uns gab nach, sondern jeder beharrte auf seiner Meinung. Letztlich holte ich meinen Atlas aus dem Bücherregal und wir schlugen nach. Und ich behielt Recht: „Südlich" war die richtige Antwort. Aber mein Vater gab die Schlacht noch nicht verloren, drehte den Atlas kurzerhand auf den Kopf und meinte triumphierend: „Na bitte, wusste ich's doch: nördlich!"

Gorilla-Typen schrecken nicht davor zurück, sich mit allen ihnen zur Verfügung stehenden Mitteln zur Wehr zu setzen. Zur Not gehen sie bis vor den Kadi. Das Leben ist für sie eben harte Arbeit und man muss kämpfen, um sein Ziel zu erreichen. Dabei vergisst der Gorilla-Typus mitunter, dass man seine Mitmenschen damit ziemlich vor den Kopf stoßen kann. Ein weiteres Ziel sollte deshalb für ihn sein, sich um Nachsichtigkeit zu bemühen, nicht alles gleich zu bewerten oder zu verurteilen oder einfach einmal über etwas zu lachen, anstatt gleich eine Staatsaffäre daraus zu machen. Er sollte die Diskussion mit anderen zulassen und sich im Gespräch mit ihnen auch einmal unterschiedliche Sichtweisen erschließen. Manchmal kann es dann sogar passieren, dass man auch in einem Streitgespräch eher einen Freund dazugewinnt, als sich einen neuen Feind zu schaffen. Freunde sind nämlich etwas sehr Wertvolles für Gorilla-Typen. Sie sind für ihn neben der Familie die einzigen Menschen, denen sie sich anvertrauen und vor denen sie sich auch einmal Schwächen zugestehen (können). Das bereitet ihnen ansonsten extreme Schwierigkeiten. Ihrer Kraft und Stärke sind sie sich bewusst und werden dafür auch meistens respektiert und bewundert. Um dieses heroische Bild nach außen aufrechtzuerhalten, bringen sie fast jedes Opfer. Sie sind diejenigen, die alles unter Kontrolle haben und die nichts umwirft. Sie sind der Fels in der Brandung, stehen mit beiden Beinen im Leben und scheinen unverletzbar. Aber das ist nur die harte Schale um einen weichen Kern. Gorilla-Typen sind ausgesprochen harmonie- und liebebedürftig. Leider sind sie etwas ungeschickt darin, diese Bedürfnisse zu zeigen. Es dennoch zu versuchen ist für Gorilla-Typen eine echte Herausforderung. Da wundert es sicher niemanden, dass auch Krankheiten von Gorilla-Typen als Schwäche angesehen werden, die sie sich nur schwer eingestehen können. Handicaps werden zunächst sehr lange ignoriert. Warnsignale ihres Körpers nehmen sie erst wahr, wenn es fast zu spät ist. Eine Grippe, ein verstauchtes Bein oder Ähnliches sind noch lange kein Grund, um zum Arzt zu gehen. Vor allem körperliche Überlastungen spüren sie oft erst, wenn sie mit einer Herzattacke am Boden liegen und mit Blaulicht ins nächste Krankenhaus gebracht werden müssen. Aber dann sind die Ärzte gefordert, denn die Gorilla-Typen erwarten, dass man ihre Gesundheit schnell wiederherstellt und ihren Körper funktionstüchtig macht.

Hier ein netter Dialog zwischen zwei Freundinnen, von denen eine ein Gorilla-Typus ist. Bärbel Diemer hat ihn im Forum der Psychographen zum Besten gegeben:

„Hey, was ist mit deinem Finger, der ist ja ganz geschwollen?"
„Das ist schon seit ein paar Wochen so."
„Gehst du damit nicht zum Arzt?"
„Nö, funktioniert doch alles und weh tut auch nichts."
„Ach so, wenn der Finger nicht mehr funktionieren würde, würdest du zum Arzt gehen?"
„Klar, sonst könnte ich doch nicht arbeiten."

Eine andere Anekdote von Werner Winkler bestätigt, dass man Gorilla-Typen am besten mit schlimmen Konsequenzen konfrontiert, um sie zum Arztgang zu überreden:

Meine Tante (Gorilla-Typus) erzählte, sie habe sich irgendwann die Zahnprothese so sehr abgekaut, dass diese nur noch aus „Mäusezähnchen" bestanden habe. Erst als ihr Mann (ebenfalls ein Gorilla-Typus) damit drohte, sie nicht mehr zu küssen, sei sie widerstrebend doch zum Zahnarzt gegangen.

Auf der anderen Seite haben Gorilla-Typen eine sehr ausgeprägte Beziehung zu ihrem Körper. Sie wissen, dass sie sich einiges abverlangen, und so tun sie auch viel dafür, um in Form zu bleiben – sie treiben oft Sport oder gehen regelmäßig zum Fitnesstraining. Deswegen erwarten sie aber auch, dass die Maschinerie „Körper" funktioniert. Zu seiner Pflege zählt auch ausreichend Schlaf. Dabei kommt es weniger auf die Dauer des Schlafes an, sondern vielmehr darauf, diesen ungestört abhalten zu können. Gorilla-Typen reagieren deswegen relativ gereizt, wenn man sie ungebeten weckt oder plötzlich mit viel Lärm aus dem Schlaf reißt. Erntet man damit „nur" schlechte Laune, hat man noch Glück gehabt. Gorilla-Typen sind durchaus bereit, wegen Nichtigkeiten (aus der Sicht eines Nicht-Gorillas) einen Streit vom Zaun zu brechen. Sollte man sich auch noch so viel Mühe geben, wird es schwer sein, hier zu gewinnen. Gut überlegt will es sein, ob man sich mit ihm tatsächlich anlegt. Gorilla-Typen stehen ständig unter Stress, man darf sich also nicht wundern, wenn in Streitsituationen die Kontrolle verloren geht. Deshalb wäre es für sie besser, hier und da etwas Verantwortung auf ihre Mitmenschen zu verteilen, öfter einmal einen Vertrauensvorschuss zu gewähren, um seine Energien besser einzuteilen. Und wenn etwas nur halb perfekt ist, sollte dies keinen Weltuntergang auslösen. Manchmal kann man sogar auch mit etwas Nachlässigkeit sehr erfolgreich sein. Zudem ist es für manch anderen eine beruhigende Erkenntnis, dass selbst Gorilla-Typen nicht unfehlbar sind, was ihnen wahrscheinlich zusätzliche Sympathiepunkte einbringt.

Zusammengefasst bedeutet dies hinsichtlich der angeborenen Stärken und Entwicklungspotenziale des Gorilla-Typus Folgendes:

Was er gut kann	**Was ihm guttut**
Arbeiten, organisieren, planen	Entspannen, spielen, sich treiben lassen
Dinge perfekt können und machen	Dinge als gut genug akzeptieren und nicht immer perfekt sein wollen
Ordnen, putzen, sortieren	Dekorieren, hübsch anordnen
Nach dem Motto „Viel hilft viel" leben	Das Motto „Öfter mal was Neues" realisieren
Berufliche Kontakte aufbauen	Private, freundschaftliche Kontakte herstellen
Nein sagen	Ja sagen

Bestimmen, regeln, bestrafen	Wünsche formulieren, Möglichkeiten aufzeigen und ihnen nachgehen
Stark sein	Schwächen zeigen
Körperbewusstsein empfinden	Emotionale Ebene stärker aktivieren
Kontrollieren	Verantwortung abgeben

Das beschriebene Verhalten des Gorilla-Typus prägt natürlich die Kennenlernphase beziehungsweise das gemeinsame Leben mit ihm. Sie erfahren hierzu mehr in Kapitel 3 und 4.

Brisant wird es nämlich vor allem dann, wenn der Gorilla auf einen anderen Typus, zum Beispiel den Schimpansen trifft.

Der Schimpansen-Typus (Beziehungstyp)

Nicht ganz einfach ist dieses Zusammentreffen, weil der Schimpansen-Typus seine Schwerpunkte auf ganz anderen Gebieten hat als der Gorilla. Schimpansen-Typen definieren sich über Beziehungen. Das können Beziehungen zu Menschen sein, aber auch zu lieb gewordenen Gegenständen, Pflanzen oder Tieren.

Sie neigen dazu, von vielem ein Lieblingsexemplar zu haben, was aber nur wenig über die Dauer dieser speziellen Zuneigung aussagt. Schimpansen-Typen fällt es sehr leicht, etwas oder jemanden in diesen Status zu erheben. Oft ist es allerdings so, dass sie sich schnell in Neues verlieben und ihre Vorliebe wieder auf jemanden oder etwas anderes verlagern. Dies ist auch nicht verwunderlich, denn Schimpansen-Typen gelingt es extrem leicht, neue Beziehungen einzugehen– insbesondere zu anderen Menschen. Sie zeigen sich ausgesprochen kontaktfreudig, neugierig und offenherzig, gehen locker und lässig auf andere zu, und noch ehe man es sich versieht, ist man plötzlich in ein Gespräch mit ihnen verwickelt.

Folgende Beobachtung zeigt, dass die Schimpansen im Zoo ebenfalls sehr kontaktfreudig sind:

> Wenn ich an die Scheibe bei den Bonobos trete, halten sie die Handfläche an dieselbe und freuen sich, wenn ich meine dagegenhalte. Sobald dann erst einmal ein Augenkontakt hergestellt ist, erwidern die Zwergschimpansen meine Grimassen. (Werner Winkler über eine Begegnung in der Stuttgarter Wilhelma)

Im Gespräch tragen die Schimpansen-Typen ihr Herz gern auf der Zunge. Es bereitet enormen Spaß, ihnen zuzuhören. So etwas wie Geheimnisse gibt es für sie kaum, und schnell weiß man sehr viel aus dem Leben des mitteilsamen Schimpansen-Typus. Die Merkmale der Unbekümmertheit, Neugier und Kontaktfreudigkeit wurden bereits von Dave Morgan von der Wildlife Conservation Society und seiner Kollegin Crickette Sanz bei dem tierischen Pendant beobachtet: Das auffallendste Merkmal der Schimpansen ist ihrer Studie zufolge ihre unbekümmerte Neugier. Bei zwei Dritteln aller Kontakte fliehen die Schimpansen nicht etwa, sondern starren die Forscher an und kommen schließlich langsam näher, um einen genauen Blick auf die Fremden zu werfen.

Gerne lauschen Schimpansen-Typen auch den Geschichten ihres Gegenübers, vorausgesetzt, sie sind interessant und spannend genug. Und da sie gerne selbst bei ihren Schilderungen etwas übertreiben, merken sie es manchmal gar nicht, wenn sie gerade einen Bären aufgebunden bekommen. Immer vom Guten im Menschen überzeugt, glauben sie zunächst, was man ihnen erzählt. Stellt sich im Nachhinein heraus, dass sie belogen wurden, sind sie zutiefst traurig und enttäuscht. Schnell haben sie auch das Gefühl, dass man sie nicht für voll nimmt, was sie sehr trifft. Rosarot, wie sie häufig glauben, ist die Welt aber nun einmal leider nicht, deshalb wäre es auch hilfreich für den Schimpansen-Typus, wenn er sich zunächst bei seinen eigenen Erzählungen auf das Wesentliche beschränken würde. Das könnte die Chance, von anderen ernst genommen zu werden, enorm erhöhen. Bei Dingen, die ihm zu Ohren kommen, könnte er versuchen, kritische anstatt neugierige Fragen zu stellen, und überlegen, ob das, was er da hört, überhaupt möglich sein kann. Ein schwieriges Unterfangen für den vielseitigen Schimpansen-Typus, denn er hält grundsätzlich erst einmal alles für möglich. Vor allem hat er einen ausgeprägten Blick für das Positive. Sollte für andere eine Sache auch noch so düster erscheinen, der Schimpansen-Typus kann dem Ganzen meist noch etwas Gutes abgewinnen. Aus dieser sehr wohlmeinenden Haltung seinen Mitmenschen gegenüber tendiert er auch dazu, jedem Einzelnen helfen zu wollen. Steckt also irgendjemand in der Klemme, ist er sofort zur Stelle und versucht ihm beizustehen, wo er nur kann. Unheil oder Missstimmungen erträgt der Schimpansen-Typus nur schwer, und gerne mischt er sich in schwierige Situationen ein. Er neigt dazu, anderen ihre Aufgabe abzunehmen, und opfert sich oft selbst dabei auf.

Ein Zitat aus einer Zeitungsmeldung über den Rettungsversuch eines Schimpansen:

> „Es ist klar, dass ein Schimpanse niemals in einen kalten See springen würde, um einen anderen Affen zu retten", argumentierte erst kürzlich der Harvard-Psychologe Jerome Kagan. Doch der renommierte Forscher hatte die Rechnung ohne ein Schimpansenmännchen auf einer amerikanischen Zooinsel gemacht. Als es merkte, wie eine ungeschickte Affenmutter ihr Kleinkind ins Wasser fallen ließ, stürzte es sich ins Wasser und hauchte bei dem verzweifelten Rettungsversuch sein Leben aus.

Oft ist dem anderen mit solch beherztem Eingreifen, ähnlich wie in diesem Beispiel, wenig geholfen. Es kann sogar passieren, dass der Schimpansen-Typus den in seinen Augen Hilfebedürftigen in eine Abhängigkeit treibt und dieser so nicht lernt, sich selbst zu helfen. Hier kann folgendes kluge Sprichwort ein brauchbarer Hinweis für den Schimpansen-Typus sein: „Gibst du jemandem einen Fisch, ernährt er sich einen Tag. Lehrst du jemanden das Fischen, ernährt er sich sein ganzes Leben."

Meistens gibt es jedoch mehr als nur einen hilfebedürftigen Menschen in seiner Umgebung, und so verausgabt sich der Schimpansen-Typus viel zu oft und kommt dann ins Schleudern. Denn um all seine Versprechen einhalten zu können, bräuchte er einen Tag mit mindestens 48 Stunden. So viel Zeit hat er aber nicht. Darum wäre es gut für ihn, aus seinem häufig vorschnell ausgesprochenen Ja zunächst ein Vielleicht zu machen. Das würde ihm ermöglichen, abzuwägen, was wirklich wichtig und vorrangig ist und wie er sich seine Zeit effektiv einteilen kann. Ansonsten gerät der Schimpansen-Typus in den Teufelskreis, Versprechen zu brechen und Verabredungen absagen zu müssen, was wiederum in den meisten Fällen Missmut und Enttäuschung auf der Gegenseite erzeugt. Schnell fühlt er sich dann ungeliebt – und das ist das Schlimmste, was ihm passieren kann. Ein Schritt in die richtige Richtung könnte sein, sich auch beim Eingehen neuer Bekanntschaften etwas zurückzuhalten. Wenn man viele, hunderte oder gar tausende von Freunden hat, kann man sich kaum noch wirklich um jeden einzelnen kümmern. Hat man aber lediglich eine Hand voll davon, kann man diese Beziehungen viel intensiver pflegen. Letztendlich wäre dies für beide Seiten vermutlich eine enorme Bereicherung. So großzügig wie seine Zeit gibt der Schimpansen-Typus meist auch sein Geld her. Letzteres ist ihm als existenzielle Notwendigkeit weniger wichtig – lieber nutzt er es, um seine Mitmenschen zu beglücken, indem er Geschenke macht oder Einladungen ausspricht. Zudem fällt es ihm eher schwer, Dinge, die er sieht und gerne haben möchte, im Laden stehen zu lassen. Der Geldbeutel sitzt bei ihm relativ locker und die Marktwirtschaft freut sich! Hier verbirgt sich eine gefährliche Falle, denn der Schimpansen-

Typus ist aufgrund seiner ausgeprägten Begeisterungsfähigkeit ein leichtes Marketingopfer. Somit ist oft am Ende seines Gehaltes noch eine Menge Monat übrig und der Dispositionskredit schnell in Anspruch genommen.

Eine kurze Geschichte spiegelt das Verhältnis des Schimpansen-Typus zu Geld sehr anschaulich wider:

> Während eines Spaziergangs holte meine Freundin (Schimpansen-Typus) aus ihrer Handtasche einige Parfum-Teststreifen heraus und schwärmte von den aufgesprühten Düften. Ich fragte sie, ob sie sich eines dieser Parfums gekauft hätte.
> Antwort: „Eins? Es war Räumungsverkauf in der Parfümerie. Da konnte man bis zu 50 Prozent sparen!"
> Ich war zunächst ganz platt – Schimpansen-Typus und Sparen? Dann hakte ich aber nach: „Und wie viel hast du ausgegeben?"
> „Das sag ich lieber nicht ... 1.400 Euro!"
> Ich: „Schön, wenn man sich das leisten kann!"
> Sie: „Schön wär`s! Ich hab' jetzt 1.400 Miese auf meinem Konto."

Um den ökonomischen Umgang mit Geld zu erlernen, ein kleiner Tipp: Die Anschaffung eines Sparschweins ohne Schlüssel oder eine feste Geldanlage sind gute Möglichkeiten, den Schimpansen-Typus vor zu leichtsinnigen Ausgaben zu schützen. Ein weiteres, besonders auffälliges Merkmal des Schimpansen ist seine Vielseitigkeit. Bedingt durch seine naturgegebene Neugier ist er sehr aufgeschlossen und an vielen Dingen des Lebens interessiert. Er ist ausgesprochen offen und erkennt schnell Zusammenhänge. Dadurch ist er sehr flexibel, und kann sich gut einer Situation anpassen. Es ist faszinierend, wie breit gefächert sein Wissensspektrum erscheint. Nur leider findet der Schimpansen-Typus auch hier nicht ausreichend Zeit und Lust, sich in jedes Thema zu vertiefen, und so glänzt er oft mit Halbwissen. Sollte ein Gesprächspartner es genauer wissen wollen, geht dem Schimpansen-Typus meist rasch die Luft aus. Charmant versteht er es jedoch, die Wissenslücke zu überspringen, indem er von etwas Neuem, noch viel Spannenderem zu erzählen beginnt. Dabei kann es einem Schimpansen-Typus mithilfe seiner bereits erwähnten Eigenschaften, gepaart mit der Neigung, Dinge unter sehr vielen verschiedenen Aspekten zu betrachten, auch gelingen, Experte auf einem Gebiet zu werden, wenn er sich erst einmal an einem Thema festgebissen hat. Er sollte sich unbedingt die Zeit nehmen, Themen zu vertiefen, und mit Ruhe und Besonnenheit an eine Sache herangehen, Informationen sammeln und genau recherchieren. Hierzu eine treffende Erkenntnis über Schimpansen aus dem Internet-Naturlexikon:

> Schimpansen besitzen ein sehr hohes Lernvermögen. Dies wird durch Kommunikation in den Horden rasch ausgetauscht, sodass neue und erfolgreiche Verhaltensweisen sich schnell etablieren können. Sie lernen auch bereits durch reines Zuschauen. So stellt zum Beispiel das Öffnen eines Schlosses mit einem Schlüssel im Zoo für sie kaum eine Herausforderung dar. Sind Werkzeuge unbrauchbar geworden, versuchen sie diese zu verbessern oder zu reparieren. Auch weisen sie Gegenständen Wertigkeiten zu und erlernen einfache Sprachmuster. Erhalten sie in Gefangenschaft Stifte oder Pinsel, malen sie sofort los (...)

Der Schimpansen-Typus zeichnet sich zudem durch seine Unbekümmertheit, seine ausgeprägte Fantasie und seine Vorliebe für Spielereien jeglicher Art aus. Seine kindliche Verspieltheit bewahrt er sich meist bis ins hohe Alter. Es fällt ihm oft schwer, wirklich ernst zu sein. Obwohl Vernunft und Ernsthaftigkeit manchmal durchaus angebracht wären, betrachtet er seine Umwelt als großen Spielplatz. Tief ist dann der Sturz aus Schwindel erregender Höhe, wenn ihn die Realität doch einmal einholt. Besser ist für einen Schimpansen-Typus, öfter einmal Zweifel an einer Sache anzumelden, Risiken abzuwägen und sich ab und an mit existenziellen Themen auseinanderzusetzen.

Hier nun eine Zusammenfassung der Stärken und Entwicklungsmöglichkeiten des Schimpansen-Typus:

Was ihm leichtfällt	Was ihm hilft
Unverbindliche Kontakte knüpfen	Verbindliche Kontakte eingehen
(Neue) Beziehungen eingehen	(Alte) Beziehungen pflegen
Offenherzig sein	Verschwiegen sein
Alles für wahr und möglich halten	Dinge öfter anzweifeln, kritisch sein
Fragen stellen	Selbst Antworten suchen
Ja sagen	Vielleicht sagen
Helfen und retten	Hilfe zur Selbsthilfe leisten
Zeit und Geld hergeben	Zeit/Geld als kostbar ansehen, einteilen und sparen
Vielseitige, wechselnde Interessen haben	Sich auf wenige Themen konzentrieren und diese vertiefen
Sich übertrieben stark in Dinge einmischen	Sich heraushalten
Dinge oberflächlich perfekt haben wollen, ohne sich tatsächlich intensiv mit ihnen zu befassen	Dinge perfektionieren, indem Sachverhalte tiefgründig erforscht werden
Kindliche, verspielte Sichtweise pflegen	Erwachsene, ernsthafte Sichtweise einnehmen

Dieses bunte und vielseitige Wesen des Schimpansen hat natürlich Auswirkungen darauf, wie man ihn kennen lernen und an sich binden kann (mehr darüber in Kapitel 3). Bereits jetzt ist deutlich spürbar, dass Gorilla- und Schimpansen-Typus sich sehr voneinander unterscheiden. Kommt nun noch der dritte Persönlichkeitstyp hinzu, kann es tatsächlich kompliziert im Beziehungsdschungel werden.

Der Orang-Utan-Typus (Sachtyp)

Wer ist nun also der geheimnisvolle Dritte im Bunde? Es ist der Unscheinbare, der Zurückhaltende und Scheue unter den menschlichen „Primaten", der Orang-Utan-Typus, der seiner Umwelt oftmals geheimnisvoll erscheint. Er liebt die eher ruhige Gangart, lässt sich selten hetzen, gönnt sich Pausen und erscheint dadurch etwas gemächlich und langsam. Seine Zeit betrachtet er als Kapital und kostet diese in vollen Zügen aus.

Diesbezügliche Gemeinsamkeiten zwischen unserem Orang-Utan-Typus und den Orang-Utans des Waldes werden von den Diplom-Biologen Konrad Wothe und Carsten Clemens wie folgt beschrieben:

> Orang-Utans sind Langschläfer. Zum einen natürlich zwangsläufig: Das Leben am Rande des Äquators beschert ihnen dauerhaft lange Nächte. Zum anderen haben es die „Waldmenschen" nur selten eilig. Der Tag wird genossen, die mittägliche große tropische Hitze unbedingt gemieden, und ein Nickerchen am Tage ist fast eine Selbstverständlichkeit. Meist friedfertig und gemächlich hangelt oder stolziert der Baumriese durch sein Revier. Alles hat Zeit. Morgens gemütlich ausschlafen, dann ein Frühstück bestehend aus Feigen, Mangos (...) mittags ein kleines Nickerchen; nachmittags bevorzugt Rinde kauen; abends wieder Früchte naschen (...) (Konrad Wothe und Carsten Clemens: *Orang-Utans*, Tecklenborg Verlag, Steinfurt 1996)

Bevor der Orang-Utan-Typus seine Zeit in eine Sache oder einen Menschen investiert, überlegt er sehr genau, ob sich diese Investition auch lohnt. Dieses Abwägen des Für und Wider kann eine Weile dauern, denn das Treffen von Entscheidungen fällt ihm nicht ganz leicht. Entscheidet er sich jedoch nach langem Hin-und-her-Überlegen für eine Sache, dann widmet er sich dieser auch sehr intensiv. Der Orang-Utan-Typus vertieft sich in sein Interessengebiet, sammelt Informationen und recherchiert genau. Ein Reinschnuppern ist ihm meistens zu wenig. Er geht sehr analytisch an eine Sache heran und ergründet sie oft bis in alle Einzelheiten.

Dirk Beppler schreibt auf der SWR-Website über eine Beobachtung der Psychologin Jana Uher, die im Leipziger Zoo verschiedene Versuche mit Orang-Utans durchführte:

> Sie sind ausdauernde Tüftler und zerlegen fast alles, was sie mit ihren starken Fingern zu fassen bekommen. Bei den Orangs ist es so, dass sie sich oft mit der Anlage auseinandersetzen und auch viel an neuen Objekten manipulieren und sehr ausdauernd sind. Diese ruhige, fast gelassene Art kennzeichnet die Orang-Utans.

Der Grund für die Gründlichkeit des Orang-Utan-Typus ist, dass er sich selbst die Welt zu erklären versucht und herausfinden möchte, wie sie für ihn funktionieren kann. Dafür erforscht er ihre Entstehung, Geschichte und Weiterentwicklung. Also weiß der Orang-Utan-Typus sehr gut über Themen Bescheid, die ihn interessieren, und es wäre für ihn ein Leichtes, stundenlang darüber zu referieren. Was für manche vielleicht sehr spannend ist, kann aber für andere auch langweilig werden. Manchem geht da beim Zuhören irgendwann die Geduld aus, doch der Orang-Utan-Typus hat auch hiervon eine Menge. So kann es passieren, dass er andere mit seiner Ausführlichkeit zum Gähnen bringt und sie sich von ihm abwenden. Da der Orang-Utan-Typus aber nur Rede und

Antwort steht, wenn er zu einem Thema befragt wird, erlebt er sich als Opfer der Umstände, denn er hat sich ja nicht aufgedrängt. Schnell kränkt ihn das, was er als Ignoranz empfindet, oder er fühlt sich persönlich angegriffen. Dann zieht er sich in sein Schneckenhaus zurück und schweigt. Es freut ihn aber außerordentlich, wenn man ihm zuhört. Und das liegt weniger daran, dass er zeigen möchte, was er alles weiß, viel mehr tut ihm die Aufmerksamkeit für seine Person gut.

Offensichtlich gefällt es den Orang-Utans im Zoo ebenfalls, wenn man sich die Zeit nimmt, länger bei ihnen zu verweilen und sie mit Aufmerksamkeit zu beschenken. Dafür wird man mitunter mit netten Darbietungen belohnt, wie ich selbst in der Stuttgarter Wilhelma beobachten konnte:

> Bei den Orang-Utans regte sich erwartungsgemäß wenig. Lustiger waren die Kommentare der Zoobesucher:
> „Die sind aber faul."
> „Aber die gucken wenigstens freundlicher als die Gorillas."
> „Au, guck, jetzt hat sich einer bewegt ..."
> Ich blieb noch eine ganze Weile vor dem Gehege sitzen. Später konnte ich einen jüngeren Orang-Utan beobachten, der, wahrscheinlich aufgrund meiner Aufmerksamkeit, richtig in Aktion geriet. Erst vollzog er eine Art Tabledance an der Turnstange, dann zog er sich eine Papiertüte über den Kopf. Aber nach drei bis vier Minuten war er erschöpft und brauchte eine Pause. Ist ja auch ziemlich anstrengend.

Um den hier beispielhaft beschriebenen mehr oder weniger unfreiwilligen Rückzug aufgrund von Erschöpfung abzuwenden, müsste der Orang-Utan-Typus lernen, ein Thema lediglich anzureißen, seine Zuhörer ebenfalls in die Pflicht zu nehmen und in eine Diskussion zu verwickeln. So würde der Monolog des Orang-Utan-Typus zum Dialog mit anderen und für seine Mitredner bliebe das Gespräch interessant und spannend. Gleichzeitig wäre es dem Orang-Utan-Typus möglich, seine Kenntnisse zutage zu fördern – wenn auch in reduziertem Umfang. „Schade um die investierte Zeit“, mag da ein Orang-Utan-Typus denken.

Wie ihre Zeitaufwendungen überdenken die Orang-Utan-Typen auch finanzielle Ausgaben genau. Meistens sparen sie ihr Geld lieber, als es auszugeben. Eine schöne und sehr typische Geschichte von Stefanie Neumüller ist folgende:

> Meine Nichte (Orang-Utan-Typus, acht Jahre alt) spart gerne. Mit dem Ausgeben von Geld tut sie sich eher schwer. Auf den kürzlich nach Zeugnisausgabe reichlich eingehenden Geldsegen diverser Familienmitglieder erklärte sie stolz, sie werde alles auf ihr Konto einzahlen. Ihre Mutter versuchte sie dazu zu motivieren, sich wenigstens von einem Teil des Geldes etwas Schönes zu kaufen. Nach einer Weile stimmte meine Nichte (fast widerwillig) zu: „Na gut, dann zahle ich eben bloß die Hälfte ein.“ Nach weiterem Nachdenken kam der geniale Gedanke: „Ich weiß, was ich mir vom Rest kaufe! Einen schönen Geldbeutel!“

Mit ihren Geldmitteln gehen die Orang-Utan-Typen lieber kein Risiko ein und sind extrem vorsichtig. Geldeinbußen werden von ihnen als außerordentliche Existenzbedrohung empfunden. Mehr als andere leiden sie unter dem Gedanken eines finanziellen Verlustes.

Wie selbstverständlich Zeit und Geld vom Orang-Utan-Typus miteinander in Verbindung gebracht werden, zeigt folgende Anekdote:

> Ich stehe mit meinem Auto an der Ampel, Scheibe unten. Ein Passant fragt mich, ob ich ihm sagen könne, wie spät es ist. In meinem Auto ist eine Digitaluhr und ich antworte: „2 Euro 10.“

Viel Geld zu haben bedeutet für den Orang-Utan-Typus Unabhängigkeit und vor allem existenzielle Sicherheit. Sicherheitsdenken ist ein fundamentaler Bestandteil in seinem Leben. Umso verwunderlicher ist es manchmal, dass er, um schnell an eine Menge „Sicherheit“ zu kommen, Geld in den Sand setzt – beispielsweise bei hoch spekulativen Geschäften an der Börse oder beim Day-Trading. Solche Niederlagen treffen ihn ausgesprochen hart. Besser wäre wohl, sich ausführlich beraten und sein Geld von einem Profi anlegen zu lassen, der sich mit soliden Geldanlagen auskennt. Doch dafür müsste der Orang-Utan-Typus zum einen aktiv auf jemanden zugehen und zum anderen seine finanziellen Möglichkeiten teilweise offenlegen. Letzteres ist enorm schwierig für ihn, denn er mag es weniger gerne, wenn er sich offenbaren soll oder das Gefühl hat, durchschaut zu sein. Im Volksmund würde man ihn wohl als einen Geheimniskrämer bezeichnen. Man kann den Orang-Utan-Typen nur den Rat mit auf den Weg geben, ihr stilles Kämmerlein zu verlassen und sich auch einmal hinter die Kulissen schauen zu lassen. Durch seine Heimlichtuerei möchte der Orang-Utan-Typus vermeiden, dass andere Fehler an ihm entdecken. Gelingen wird ihm dies aber nur bedingt. Pannen passieren trotzdem oder vielleicht genau deswegen. Da er sich normalerweise sehr genau über eine Sache informiert, ist es schwer erträglich für ihn, wenn er etwas übersehen oder womöglich nicht bedacht hat. Denn wo Fehler passieren, ist man auch vor Kritik nicht gefeit – und dies ist der wunde Punkt des Orang-Utan-Typus. Er mag es noch verschmerzen, wenn man Kritik ihm gegenüber sachlich und objektiv anbringt, sollte er darum gebeten haben. Es gibt aber auch Zeitgenossen, die ihm unverblümt die nackte Wahrheit um die Ohren hauen oder ihn gar persönlich angreifen; dann fühlt sich der Orang-Utan-Typus dieser Kritik ausgeliefert und resigniert. Häufig ist er weniger reaktionsschnell oder schlagfertig als ein Schimpansen-Typus und er tut sich auch schwer damit, dagegenzuhalten und sich zu rechtfertigen wie der Gorilla.

Allenfalls versucht er sich noch mit erklärenden Worten zu verteidigen. Dennoch sitzt die Kränkung tief und ist oft von Dauer. Er ist leicht verletzbar und jemand, der sich häufig vor der Welt verkriecht. Das tut ihm aber eigentlich gar nicht gut. Es könnte sein, dass der tierische Orang-Utan aus ähnlichen Beweggründen eher als Einzelgänger gilt, wie man in vielen Berichten und Forschungsergebnissen über ihn lesen kann. Ein Tipp, um dieser Einsiedelei zu entkommen, ist, öfter einmal Mut zu zeigen, über seinen eigenen Schatten zu springen, seine Deckung zu verlassen und auch einmal etwas zu riskieren – obwohl man das Schlimmste befürchtet. In Erwartung einer totalen Niederlage ist es nämlich oft so, dass Negatives einen nur halb so heftig trifft und positives Feedback als besonders wohltuend empfunden wird. Doch der Orang-Utan-Typus leidet oft lieber, als in die Offensive zu gehen. Leiden ist er gewohnt, da ist er sicher. Und wir erinnern uns an das Stichwort „Sicherheit“. Um ihn aus der Reserve zu locken, muss ihn schon etwas besonders hart treffen. Der Orang-Utan-Typus hat enorme Ausdauer und wartet ausgesprochen lang auf den Punkt, an dem er quasi gezwungen wird, eine Entscheidung gegen das Leiden zu treffen. Vorher versteht er es relativ geschickt, sich durchzumogeln und genau diesen Punkt lange hinauszuzögern und ein Nein seinerseits zu vermeiden. Da könnte man sich Franz Kafka ins Gedächtnis rufen, der einmal sagte: „Verbringe nicht die Zeit mit der Suche nach einem Hindernis, vielleicht ist keines da.“

„Leicht gesagt“, denkt da wahrscheinlich ein Orang-Utan-Typus. Eine Entscheidung gegen etwas bedeutet automatisch, Nein sagen zu müssen, aber damit hat der Orang-Utan ausgesprochen große Schwierigkeiten. Lieber verweilt er in einer Vielleicht-Haltung und sucht nach Alternativen. Manchmal hat er sogar Glück und die Sache erledigt sich von allein. Eine Entscheidung zu treffen, die sich gegen das Altgewohnte richtet, bedeutet neben der Forderung nach konsequentem Handeln auch, Veränderungen in Kauf zu nehmen. Das ist häufig sehr schwierig für Orang-Utan-Typen. Lieber halten sie an geliebten oder auch ungeliebten – aber gewohnten – Lebensumständen fest, anstatt sich neu zu orientieren. Die Angst, das Gleichgewicht zu verlieren, ist groß, denn der Orang-Utan-Typus wiegt sich lieber in Sicherheit. Das Wagnis, sich auf dünnes Eis zu begeben, birgt die Gefahr, auszurutschen oder gar einzubrechen. Dabei können die Orang-Utan-Typen richtige Draufgänger und damit sehr erfolgreich sein, wenn sie es ab und zu wagen, ein Risiko einzugehen, und dabei in Kauf nehmen, auch einmal auf die Nase zu fallen. Denn wenn es ihnen gelingt, sich dadurch nicht den Wind aus den Segeln nehmen zu lassen, werden sie mit zunehmender Praxis immer sicherer. Praxis zu erwerben ist nicht ganz unwesentlich für Orang-Utan-Typen. Da sie sich meistens sehr theoretisch mit einer Sache auseinandersetzen, kommt die praktische Umsetzung ihres Gedankenguts oft zu kurz. Der Orang-Utan-Typus versteht sich in erster Linie als geistiges Wesen. Der Körper, als Hülle des Geistes, wird nur am Rande beachtet und wahrgenommen. Aber um etwas praktisch umzusetzen, ist man oft auf den Körper und dessen Muskelkraft angewiesen. Aus diesem Grund würde es den Orang-Utan-Typen auch weiterbringen, sich häufiger körperlichen Aktivitäten zu widmen. Ein erster Schritt könnte sein, Sport zu treiben. Joggen oder gar ein Muskelaufbautraining können Wunder bewirken – im Anschluss daran sollte er sich eine ausgiebige Massage gönnen. Nach solch intensiver Körpererfahrung werden wieder neue Energien freigesetzt und Aufgaben können mit neuem Elan angegangen werden. Mitunter entwickelt sich sogar eine Spur von Kampfgeist. Und manchmal lohnt es sich tatsächlich, für seine Zufriedenheit und sein Ziel zu kämpfen. Dafür muss man sich natürlich zuerst einmal Ziele stecken. Die Voraussetzung dafür ist wiederum, Sicherheit darüber zu erlangen, was man nicht mehr möchte, klare Vorstellungen zu entwickeln, wie es sein sollte, und der Mut, diesen Weg konsequent zu gehen. Dazu passend zum Schluss ein Zitat von Louis Pasteur: „Ich will das Geheimnis verraten, das mich zum Ziel geführt hat. Meine Stärke liegt einzig und allein in meiner Beharrlichkeit."

Wie zuvor auch hier eine Zusammenfassung für gewohnte Pfade und Lösungswege des Orang-Utan-Typus:

Worin er gut ist	**Was ihn weiterbringt**
Ruhig und leise sein	Laut sein, auch einmal poltern
Zaghaft sein	Deutlich sein
Vorsichtig sein, Sicherheitsdenken	Mut, Erfolgsaussichten in Betracht ziehen
Theorie	Praxis
Vielleicht sagen	Nein! sagen
Probleme in sich hineinfressen	Klarheit schaffen
Sparen	Investieren
„Perfekt sein" im Sinne von: Ich habe alle Details einer Sache durchdacht und kenne die Hintergründe	„Etwas perfekt können" im Sinne von: Ich bin in der Lage, meine Theorie perfekt in die Tat umzusetzen
Defensiv sein	Offensiv sein
Stillstehen, abwarten, verharren	Vorwärts streben, in Bewegung setzen, verfolgen

Diese Eigenarten des Orang-Utan-Typus erschweren es der Welt natürlich, ihn zu entdecken. Wie es trotzdem gelingen kann, erfahren Sie in Kapitel 3. Wie das Zusammenleben mit einem Orang-Utan-Typus verlaufen kann, können Sie in Kapitel 4 nachlesen.

Und noch ein Hinweis: Für den Fall, dass Sie sich noch immer nicht sicher sind, zu welchem der drei Typen Sie oder jemand anderes gehören, finden Sie einen Typentest ab Seite 56.

Hintergründe dieser Typologie

Werner Winkler

Hinsichtlich der Typologie, die diesem Buch zugrunde liegt, scheint die Aussage des Sozialwissenschaftlers Kurt Lewin „Nichts ist so praktisch wie eine gute Theorie“ wesentlich zutreffender als Goethes „Grau, mein Freund, ist alle Theorie“. Dies gilt vor allem dann, wenn wir sehen, welche interessanten Aussagen diese Primaten-Metapher über Unterschiede und Ähnlichkeiten der Menschen zulässt, während wir gleichzeitig an der Wissenschaftlichkeit dieses metaphorischen Vergleichs zweifeln. Für alle Leser, die an dieser Stelle mehr über die Theorie erfahren möchten, die dieser Typologie zugrunde liegt, möchte ich die Basisgedanken der Psychographie erläutern.

Grundlegend für die Psychographie ist ihr Modellcharakter. Ein Modell, wie es hier vorgetragen wird, ist eine von vielen möglichen Antworten auf eine bestimmte Frage, für die es offensichtlich nicht nur eine einzige richtige Antwort gibt. Unter Philosophen heißen solche Fragen „prinzipiell unentscheidbare Fragen“. Sie wurden von dem Biophysiker und Philosophen Heinz von Foerster im letzten Jahrhundert erstmals als eigene Kategorie von Fragen erkannt. Diese Art von Fragen eröffnet Freiräume, da nicht mehr nach der einen richtigen Antwort oder jemandem, der sie geben könnte, geforscht werden muss. Psychographen nehmen sich also die Freiheit, eine mögliche Antwort auf die Frage „Warum sind Menschen so verschieden?“ ernst zu nehmen und durchzuspielen, ohne zwangsläufig sicher sein zu müssen, hiermit „ganz richtig“ zu liegen.

Modelle und Landkarten bilden etwas ab, sind also nicht selbst der Forschungsgegenstand, den sie verständlicher machen sollen. Wenn somit von Typen die Rede ist, sind dies gedankliche Kategorien, Vorstellungen, Idealbilder (in der Antike hätte man die Typunterschiede vielleicht durch verschiedene Götter oder Naturkräfte verdeutlicht). Diese dürfen nicht mit den Menschen selbst verwechselt werden, die man einem der Typen zuordnet. Daher ist auch die Befürchtung, Menschen würden in Schubladen gesteckt, völlig unberechtigt, wenngleich verständlich. Zwar gibt es Schubladen und sogar Etiketten, jedoch sind die Etiketten auf den Schubladen, nicht auf den Menschen, und in den Schubladen liegen keine Menschen, sondern Bündel an wertvollen Informationen! Und aus diesen Informationssammlungen, geordnet nach Typen, Untertypen, typischen Problemen und typgerechten Lösungswegen, schöpfen dieses Buch und die Psychographie ganz allgemein.

Psychographie bedeutet also eine nach Typen getrennte, strukturierte Sammlung von Beobachtungen. Doch ähnlich dem Vorgang des Schuhkaufs, bei dem die Schuhgrößen nur eine erste, aber doch sehr hilfreiche Orientierung liefern, kann uns selbst die beste Typologie nur bis zu einem klar definierten Punkt behilflich sein. Von da an sind wir wieder auf unsere Erfahrung, Intuition oder einfach etwas Glück angewiesen. Wer von einer Typologie zu viel erwartet, könnte sich rasch über sie ärgern. Aber wer selbst eine offensichtlich zutreffende Typologie ignoriert (zum Beispiel, weil sie nicht „für alles und jedes" taugt), vergibt sich die Chance, die eigene Person besser zu verstehen und mit den Menschen leichter klarzukommen, mit denen er zu tun hat. Eine gute Typologie wie die Psychographie eröffnet viele Möglichkeiten: Die eigenen Lebenserfahrungen können sinnvoll geordnet werden, man kann schneller darauf zugreifen, kapitale Fehler können vermieden werden und es gelingt einem immer mehr, sich selbst und seinen Mitmenschen gerechter zu werden. Sie erleichtert auch den Zugriff auf erprobte Lösungswege für Stresssituationen, die je nach Typus deutlich anders ausfallen und die dazu geeignet sind, Schwierigkeiten zu vermeiden oder effektiv zu beenden.

Das Modell der Psychographie hat sich seit 1990, als Dietmar Friedmann sein erstes Buch *Der Andere* dazu veröffentlichte, deutlich erweitert. Einen wesentlichen Beitrag zur Popularität der Psychographie liefern die seit 1999 jährlich stattfindenden Fachkongresse namens „Psychographie-Tage“ sowie seit 2004 ein viel genutztes Internetforum, das der gemeinnützige Verein Psychographie-Initiative e. V. betreibt (www.psychographen.de/forum) Dort wird zu vielerlei Themen rund um diese Typologie diskutiert und geschrieben.

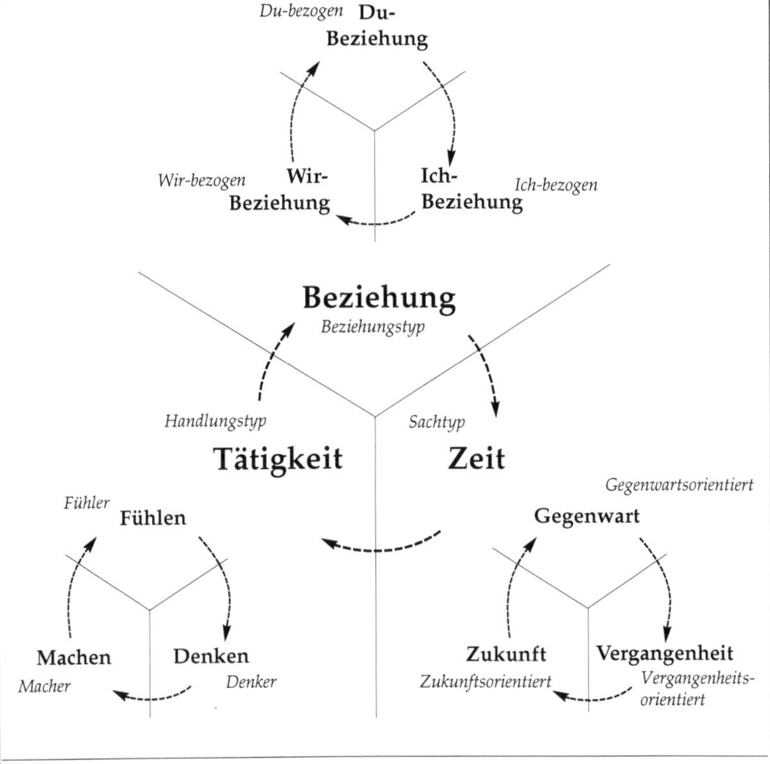

Landkarte der Psychographie nach Werner Winkler, 1999

Im Sommer 1999 entwickelte ich die „Landkarte der Psychographie" – sie ist auch Grundlage der Typenbeschreibungen dieses Buches. Die Hintergründe der Psychographie reichen jedoch mindestens bis zu Sigmund Freud und seinen drei Charakteranteilen „Es", „Ich" und „Über-Ich" zurück, vielleicht sogar bis in die Antike, als Hippokrates in „Choleriker", „Sanguiniker", „Melancholiker" und „Phlegmatiker" unterschied. Selbst im uralten indischen Ayurveda und in der tibetischen Heilkunde werden drei Typen beschrieben, die den psychographischen sehr ähnlich sind. Die psychographischen Untertypen nehmen C. G. Jungs „introvertiert/extravertiert" in erweiterter Form (Ich-, Wir- und Du-Bezug) auf. Und sie ergänzen seine Kategorien „Fühlen/Spüren" beziehungsweise „Denken" um das „Machen".

Die direkte Anregung jedoch, die zur Psychographie als eigener Typologie führte, entsprang der Transaktionsanalyse Eric Bernes („Kind-Ich", „Erwachsenen-Ich", „Eltern-Ich"), genauer gesagt dem „Drama-Dreieck" des Transaktionsanalytikers Stephen Karpman. In dessen Rollen-Unterscheidungen zwischen „Retter", „Opfer" und „Verfolger" erkannte Friedmann bei jedem Menschen eine bestimmte „Lieblings-" und „Vermeidungsrolle" – Karpman ging von beliebigem Rollenwechsel aus. Es tauchten also sich wiederholende Muster auf, die vorhersagbar waren (zum Beispiel, dass Herr X als Handlungstyp zu Beginn einer Beziehung vermutlich mehr Spaß am Verfolgen eines bestimmten Ziels zeigen wird, anstatt sich für die „Rettung" seiner neuen Bekannten aus deren finanziellen Schwierigkeiten einzusetzen).

In der Psychographie sprechen wir nun nicht mehr von Lieblings- und Vermeidungsrollen, sondern von „Bevorzugungen" und „Vernachlässigungen". In dieser Gewichtung wird die „Vernachlässigung" gleichzeitig als „Ressource" angesehen (selten benutzt, aber besonders wertvoll), was sich mit Friedmanns ursprünglichem Begriff der „Schlüsselfähigkeiten" deckt. Zum Beispiel bevorzugt ein Schimpansen-Typus (fachlich: Beziehungstyp) seine Schimpansen-Anteile und vernachlässigt seine Orang-Utan-Seite. Der Orang-Utan-Typus (fachlich: Sachtyp) hingegen bevorzugt genau diese und sollte immer wieder darauf achten, auch den Gorilla in sich zu wecken. Und der Gorilla-Typus (fachlich: Handlungstyp), spezialisiert auf das Ausleben seiner Gorilla-Seite, wird ermutigt, immer öfter auch auf seine Schimpansen-Qualitäten zurückzugreifen und auf die darauf zurückgehenden Verhaltensweisen zu vertrauen.

Diese Gedanken zur Psychographie sollten Ihnen als Hintergrundwissen helfen, die Typologie dieses Buches, ihr Entstehen und ihre Wirkungsmöglichkeiten zu verstehen. Die Primaten-Metapher dient vor diesem Hintergrund vor allem der Verdeutlichung. Falls Sie, nachdem Sie dieses Buch gelesen haben, noch nicht genügend „Theorie-Futter" in Sachen Psychographie vorgefunden haben sollten, können Ihnen sicher unsere Hinweise im Literatur- und Internetverzeichnis am Ende dieses Buches als Wegweiser zu „mehr" dienen.

Kapitel 2: Welcher Typus bin ich?

Petra Vogel/Werner Winkler

Bevor man sich nun überlegt, welchen der drei Typen man sich für den gemeinsamen Trip durch den Urwald suchen möchte oder welchen man bereits im heimischen Gehege hat, ist es unumgänglich, festzustellen, zu welchem Typus man selbst gehört.

Vielleicht meinen Sie, sich bereits in einer der drei Typenbeschreibungen wiedergefunden zu haben. Das wäre immerhin ein Anfang und eine wertvolle Information, mit deren Hilfe man der Sache leichter auf die Schliche kommen kann. Warum man aber dem ersten Verdacht nicht gleich trauen sollte, hat mehrere Gründe. Zum einen muss man berücksichtigen, dass wir von allen Typen einen Anteil in uns tragen, jedoch mehr oder weniger stark gewichtet. Deshalb ist es entscheidend, herauszufiltern, welcher Typus am stärksten in uns ausgeprägt ist. Dazu bedarf es zum einen einer sehr genauen Selbstbeobachtung, die zunächst subjektiv ist. Zum anderen ist es hilfreich, sich Rückmeldungen von Familienmitgliedern, Freunden oder Kollegen einzuholen. Denn sie erleben uns womöglich von einer ganz anderen Seite. Hinzu kommt, dass verschiedene Lebensumstände es uns manchmal abverlangen, unser übliches Verhalten zu verändern und uns anzupassen. Last but not least spielen auch die Erfahrungen, die wir im Laufe der Zeit machen, eine große Rolle. Mit jedem Jahr, das wir älter werden, beeinflussen sie unsere Wahrnehmung, unser Denken und unser Handeln immer mehr.

Sie sehen, ganz so einfach, wie es zunächst den Anschein hat, ist es nicht. Also machen Sie sich mit uns auf den Weg ...

Anleitung zur Selbstanalyse

Wie Sie eine Selbstanalyse vornehmen können, möchten wir Ihnen durch einige Beispiele veranschaulichen. Die Autoren der folgenden Texte beschreiben den Prozess ihrer ganz persönlichen Typerkennung in ihren eigenen, zum Teil für sie sehr typischen Worten.

Wie haben andere ihren Typ erkannt?

Nadine Fornaçon, Handlungstyp, Untertyp „Macher"

Wie habe ich mich als Handlungstyp erkannt? Das erste Mal begegnete ich der Psychographie in einem Seminar mit Werner Winkler. Schnell wollte ich herausfinden, welchem Typ ich zugehöre. Basierend auf dem Test im Internet und verschiedenen Literaturrecherchen ordnete ich mich zunächst dem Beziehungstyp zu. Ich meinte vor allem die Eigenschaften dieses Typs zu teilen, wie beispielsweise eine ausgeprägte Mimik, vielfältige Interessen, Aufgeschlossenheit gegenüber neuen Themen, Begeisterungsfähigkeit und auch Freude am Umgang mit Kindern, denn ich war ja bereits mehrere Jahre in einem Kinderheim tätig. Hinzu kam, dass ich glaubte, anderen Menschen gegenüber immer aufgeschlossen und freundlich zu sein, obwohl dies tatsächlich eine Eigenschaft ist, die ich mir quasi angeeignet habe, nachdem ich in dieser Hinsicht in

der Vergangenheit immer wieder an meine Grenzen gestoßen war.
Nach und nach allerdings entdeckte ich mich immer mehr als Handlungstyp. So stellte ich fest, dass ich wohl doch eher praktisch veranlagt bin, immer Herausforderungen benötige und meine Arbeit mein Lebensmittelpunkt ist. Zum anderen fällt es mir immer leicht, zu wissen, welches meine Ziele sind, auch wenn das zunächst nur bedeutet, dass ich weiß, was ich nicht will. Für meine Typerkennung von großer Bedeutung war auch, meine Krisenthemen zu erkennen: Im Arbeitsbereich gibt es kaum Schwierigkeiten – wenn etwas nicht funktioniert, ändere ich es beziehungsweise mache es anders. Konflikte entstehen vor allem in Beziehungen, sei es gegenüber Freunden, Angehörigen oder in der Partnerschaft. Wenn hier Probleme auftreten, kommt es oft zu Blockaden, die mir ein hohes Maß an Energie abverlangen und es mir nahezu unmöglich machen, in einer Beziehungssituation angemessen zu reagieren. Dann flüchte ich mich lieber in meine Arbeit und lenke mich ab, um dieser Situation zu entkommen. Inzwischen ist mir klar, dass die Eigenschaften des Beziehungstyps meine Ressourcen sind und diese, wenn ich sie lebe, mir guttun. Dennoch werden Beziehungen und das Agieren innerhalb dieser für mich als Handlungstyp immer eine Herausforderung bleiben.

Gisela Schucht, Handlungstyp, Untertyp „Fühler"

Mein Interesse an Psychographie wurde durch einen Bekannten geweckt, und zufällig ergab sich kurze Zeit später während einer Urlaubsreise ein spontanes Treffen mit Werner Winkler. Neugierig wollte ich natürlich dem Fachmann gleich eine Typanalyse entlocken, und nach einem längeren Spaziergang hieß es: Handlungstyp, Untertyp „Fühler", wir-bezogen, zukunftsorientiert. So weit, so gut. Zuerst fand ich es ganz in Ordnung, eine tatkräftige Handlungstyp-Frau zu sein. Erste Zweifel tauchten auf, als ich den Selbsttest im Internet machte (www.psychographen.de/typentest/). Handlungs- und Beziehungstyp hielten sich die Waage, Sachtyp-Eigenschaften hatte ich kaum. Je mehr ich über Beziehungstypen las, desto mehr fühlte ich mich ihnen zugehörig. Neugierig, vielseitig interessiert, schnell im Jasagen, leicht ablenkbar, optimistisch? Alles Eigenschaften, die ich auch von mir kannte. Außerdem schienen mir die Beziehungstypen einfach netter, attraktiver, lebensfroher. So ein starrer, disziplinierter, polternder Handlungstyp wollte ich nicht sein. Ich mutierte also zum Beziehungstyp – der Fachmann musste sich geirrt haben! Dann nahm ich an einer Psychographie-Klausurtagung teil und hatte zum ersten Mal die Gelegenheit, die unterschiedlichen Typen gruppenweise zu sehen. Da wurde mir sofort klar, dass meine Heimat doch bei den Handlungstypen ist, die Beziehungstypen waren mir zu verspielt ... Ganz gezielt habe ich außerdem andere Teilnehmer um Feedback gebeten, wieso sie mich schon beim Eintreten in den Raum als Handlungstyp eingeordnet hatten. Sie nannten zum Beispiel Kleidung, Gang, Gestik, Wortwahl, und so konnte ich immer mehr Einzelheiten an mir selbst erkennen, die auf den Handlungstyp hinweisen. Durch die persönlichen Begegnungen und immer wieder den Vergleich mit anderen bin ich inzwischen ganz sicher, dass die Erstdiagnose von Werner Winkler zutreffend war. Das Erkennen und Anerkennen meines Typs hat mein Leben einfacher und klarer gemacht. In Beziehungen (jeder Art) erkenne ich schneller meinen Anteil, falls die Kommunikation nicht klappt. Die Psychographie gibt mir wertvolle Hinweise, wenn es darum geht, mit anderen auf die gleiche Wellenlänge zu gelangen und mich Ihnen gegenüber deutlicher auszudrücken. Gleichzeitig bin ich mir auch darüber klar geworden, wann ich zu Kompromissen oder Veränderung bereit bin und wann die Grenze erreicht ist, bei deren Überschreiten ich mir selbst untreu werde und sozusagen meinen Typ verrate. Das hilft mir besonders in Partnerbeziehungen.

Coco Kammerer, Beziehungstyp, Untertyp „Macher"

Geschwankt habe ich anfangs zwischen Handlungstyp/Fühler und Beziehungstyp/Macher. Mein Leben ist sehr von meiner Aktivität geprägt und ich bin auch eine kämpferische, zuweilen störrische Person. Schnell habe ich jedoch erkannt, dass der Antrieb, der hinter allen Aktivitäten steckt, meine Liebe zu Menschen, aber auch die Suche nach Anerkennung ist. Nach Festlegung der Untertypen ergab ein Puzzlestück das nächste und plötzlich war mir sehr viel klar. Ja, ich bin kreativ, kann schnell umdenken, mich sehr schnell begeistern und ritt schon auf so manchen Wellen mit – vom Discogirl bis zur Teilnahme an linken Protestbewegungen und meinem Trip nach Nicaragua zum Kaffeepflücken. Meine erste Firma gründete ich mit zwanzig Jahren, und wie es sich für einen Beziehungstyp gehört, tat ich dies zusammen mit drei Freunden. Auch die negativen Seiten des Beziehungstyps habe ich erfahren – die Firma bescherte mir neben viel Erfahrung leider auch Schulden. Dank meiner beziehungstypisch positiven Lebenseinstellung und meiner Macher-Power kam ich aus dem Schlamassel heraus, fand und finde immer wieder Menschen, die mir zur Seite stehen, und kann sagen, dass ich mich, auch gezielt durch Psychographie, immer weiterentwickle, getreu der Devise „Leben ist Lernen".

Werner Winkler, Beziehungstyp, Untertyp „Denker"

Während des Lesens von *Wer bin ich? Wer bist du?* von Dietmar Friedmann und Klaus Fritz, dem ersten Psychographie-Buch, das ich in die Hände bekam, wurde mir sehr schnell klar, dass ich zu den Beziehungstypen gehöre. Die Frage „Woher kennen mich diese Autoren so gut?" war noch die geringste Herausforderung – das hätte auch Zufall sein können. Aber als ich in den Kapiteln zum Handlungstyp meine Mutter und beim Sachtyp meinen Vater deutlich wiederfand, war meine Neugier endgültig angestachelt – und bis heute, über zehn Jahre später, hat sich daran wenig geändert. Meine Untertyp-Zugehörigkeit erkannte ich zwischen 1998 und 1999, als ich das Friedmann'sche Modell zunächst um den Wir-Typ und dann um die Landkarte der Psychographie erweiterte. Dass ich kein Fühler war, wie aus den älteren Büchern abzuleiten gewesen wäre (damals galten alle Beziehungstypen gleichzeitig als Fühler), war mir schon länger klar. Die Auflösung des Rätsels, welcher Untertyp stattdessen zutrifft, gelang mir aber erst durch die erwähnte Landkarte. Meine Wir-Bezogenheit und Zukunftsorientierung hatte ich schon als kleines Kind bei verschiedenen Gelegenheiten beobachtet (ohne es natürlich so zu benennen). Zum Beispiel war es mir immer ein Anliegen, zu wissen, wie viele Menschen in einem Haus, einem Raum oder meiner Schulklasse waren. Oder ich rechnete mir sehr früh aus, wie alt ich im Jahr 2000 sein würde, oder dachte darüber nach, welchen Beruf ich einmal ausüben könnte. Meine Überlegungen wurden bestätigt, nachdem ich meine Lösungsstrategien eingehend beobachtet hatte – hier erkannte ich bald den Wert der Ressourcen-Nutzung und die Gefahren, sollte man sich nur dem ohnehin Bevorzugten, den so genannten Bevorzugungen, widmen.

Heike Hoge, Sachtyp, Untertyp „Denker"

Wie ich meinen Typ erkannte? Zunächst begegnete mir die Psychographie nur am Rande eines Seminars. Durch kurze Beschreibungen der Typenbilder – Beziehungs-, Sach- und Handlungstyp – erkannte ich mich bald als Sachtyp. Viel Abwechslung, wie der Beziehungstyp, brauche ich nicht, und das dem Handlungstyp zugeschriebene tatkräftige

Handeln liegt mir nicht. Im Gegenteil – ich mag es eher gemütlich und brauche meine Zeit, vor allem, um Entscheidungen zu treffen. Einige Monate später, dieses Mal besuchte ich ein Seminar zum Thema Psychographie, wurden die Primaten „Schimpanse", „Orang-Utan" und „Gorilla" als Metaphern für die Grundtypen vorgestellt. Ich sah das Bild des Orang-Utans und wusste: „Jawohl, mit ihm und seinen Eigenschaften kann ich mich identifizieren!" Aufgabe im Seminar war es dann, sich spontan zu zweit zusammenzufinden, wobei beide jeweils dem gleichen Typen angehören sollten. Die fehlende Entscheidungsfreude und die abwartende Haltung (sowohl bei mir als auch bei einer anderen Frau) führten dazu, dass wir beide übrig blieben und uns in der Kürze der Zeit nicht viel zu sagen hatten – ganz im Gegensatz zu einigen Beziehungstypen um uns herum.
Im Laufe der Zeit machten viele Gespräche und Situationen mit Beziehungs- und Handlungstypen die Unterschiede immer deutlicher, Gespräche mit Sachtypen allerdings weisen immer wieder Gemeinsamkeiten auf. Bei der Selbstbeobachtung wurde mir deutlich, dass ich häufig Worte wie „vielleicht" oder „eventuell" verwende, und erst recht favorisiere ich das Wort „Zeit", wie bereits in diesem kurzen Text zu lesen ist. Ich lege mich ungern fest und brauche eine Weile (wieder ein Ersatzwort für Zeit), um aus meiner beobachtenden Haltung im Hintergrund in den Vordergrund zu treten – ein Sachtyp also, wie im Lehrbuch beschrieben.

Hans-Jürgen Breuer, Sachtyp, Untertyp „Macher"

Ein Sachtyp entdeckt sich selbst im Rückblick, nachdem er im Alter von 42 Jahren Bekanntschaft mit der Psychographie gemacht hat. Als Neunjähriger durchstöberte er die Schulbibliothek in der Grundschule nach Büchern. Nein, nicht Karl May war angesagt, sondern Chemie und insbesondere Astronomie. Clostridium Botulinum und die Kepler'schen Gesetze hatten es ihm angetan. Er verschlang alle Bücher zum Thema Astronomie, die ihm in die Hände fielen. Aus dem Stubenhocker, der keinerlei Sport trieb und sich nur selten mit seinen zwei Freunden traf, während er anderen Menschen eher aus dem Weg ging, wurde eine Leseratte: Er wollte immer mehr wissen und den Dingen immer tiefer auf den Grund gehen. Nach zwei Jahren ging er noch einen Schritt weiter. Von seinem ersparten Taschengeld und ersten Geldeinnahmen aus bezahlten Tätigkeiten kaufte er sich ein Spiegelteleskop, um sein Wissen durch die Praxis zu vertiefen: Er beobachtete und kartographierte Sonnenfleckenzyklen, erforschte den Mond und folgte auf den Spuren Galileos den Bewegungen der Jupitermonde. Wiederum zwei Jahre später trat eine erneute Weiterentwicklung ein. Nachdem er seine Leidenschaft nun schon praktisch ausübte, wollte er sein Hobby auch im Kontakt mit Menschen weiterentwickeln. Er gründete am Gymnasium eine Astronomie-Arbeitsgemeinschaft und hielt in einem Kreis von interessierten Jugendlichen Vorträge über die Astronomie. Später lud er auch externe Referenten und Eltern ein. Auch in seinem weiteren Leben folgte er diesem Muster und Zyklus immer wieder: Wissenserwerb durch Lesen, Erproben im Handeln, Austausch mit anderen und Bereitstellung für andere. Er wurde Unternehmensberater und Coach.

Petra Vogel, Sachtyp, Untertyp „Fühler"

Mein erster Typverdacht: Handlungstyp.
Mithilfe eines psychographischen Typberaters unternahm ich meinen ersten Versuch, mich einem der drei Persönlichkeitstypen zuzuordnen. Im Verlauf des Gesprächs kristallisierte sich heraus, dass ich wohl ein Handlungstyp sein müsste. Was sprach dafür?

Ich wusste sehr genau, was ich wollte, und noch viel besser, was nicht (!). Mein Nein äußerte ich zu fast allen Fragen mit voller Überzeugung. Zudem arbeitete ich extrem viel und brachte übermäßig viel Energie und Power auf. Krank war ich nie, dafür hatte ich keine Zeit. Der Anspruch an mich selbst war enorm hoch und auch mein Umfeld konnte mir kaum etwas gut genug machen. Als „einen einzigen Kampf" bezeichnete ich damals mein Leben und mit (imaginären) Boxhandschuhen bestritt ich es. Sehr glaubhaft blockte ich alle Fragen nach meiner Vergangenheit und meinem Privatleben mit dem Satz ab: „Das passiert mir heute nicht mehr." Außerdem bin ich eher ein Mensch, der sich nach vorn orientiert, anstatt nach hinten zu blikken. Insgesamt betrachtet ließen diese Informationen nur den Schluss zu, dass ich ein Handlungstyp sei. Ich ließ das Ergebnis erst einmal so stehen. Es folgte eine Zeit der Beobachtung. Die Psychographen in meinem Umfeld behandelten mich fortan typgerecht als Handlungstyp und setzten all die zuvor beschriebenen Eigenschaften und Verhaltensweisen als Selbstverständlichkeit voraus. Ich gefiel mir in dieser Rolle auch ganz gut. Mit der Zeit jedoch verwandelte sich der Stolz darüber in ein quälendes Gefühl von Kraft- und Lustlosigkeit. Es war mir unmöglich, weiterhin dieses Bild der Powerfrau, die alles schafft, nach außen aufrechtzuerhalten. Erhebliche Zweifel kamen auf. Wenn ich ein Handlungstyp bin, dachte ich, müsste ich die typbedingten Eigenschaften und Verhaltensweisen doch mit links erfüllen können – ohne mit der Wimper zu zukken. Jedoch bemerkte ich, dass es mich viel Mühe kostete, so zu leben und immer die größtmögliche Energie aufzubringen. Zudem empfand ich mich als sehr viel weicher und sensibler als andere Handlungstypen, die ich kannte. Was sie nur mit einem Abwinken bedachten und schnell hinter sich ließen, erschütterte mich oft zutiefst. Da konnte doch etwas nicht stimmen. Am Tiefpunkt meiner Handlungstyp-Karriere angelangt, beschloss ich, etwas anderes zu probieren, und verwandelte mich versuchsweise in einen Beziehungstyp.

Nächster Typverdacht also: Beziehungstyp.
Einige Erinnerungen an meine Kindheit, die ich sehr gezielt herauspickte und offenbarte, verstärkten den Verdacht. Fantasiewelten hatte ich mir erträumt, war aufgeschlossen und wissbegierig gewesen. Meine Interessen erstreckten sich von der Astronomie über das Lesen von Biografien bis hin zur Malerei. Ich dachte damals, das wären Zeichen für Kreativität, Offenheit, eher oberflächliche Betrachtungsweisen und Vielseitigkeit. Ich lebte dann eine Weile als Beziehungstyp – eine Zuordnung, die ich selbst getroffen hatte – und das hatte durchaus seinen Reiz. Als vermeintlicher Beziehungstyp verzieh ich mir, wenn ich über provokante Äußerungen lachend hinwegstolperte, Kampfansagen gar nicht mehr ernst nahm und das Leben fortan durch eine rosarote Brille sah. Genau genommen empfand ich es als eine Wohltat, nachdem ich jahrelang relativ hart, unnachgiebig und verbissen mein Dasein gefristet hatte. Von nun an war alles locker, verspielt und unkompliziert. Solange die Entscheidung darüber, wann ich so war, bei mir lag, war alles in bester Ordnung. Als andere jedoch Oberflächlichkeit, mangelnde Konzentrationsfähigkeit, Spontaneität und Ähnliches in mich hineininterpretierten, beschlich mich ein Gefühl der Unzufriedenheit. Das alles traf vielleicht hin und wieder auf mich zu, aber nicht häufig. Und ein Beziehungstyp zeigt seine typbedingten Seiten relativ konstant. Bei mir sind viele seiner Eigenschaften eher eine Ausnahme. Grundsätzlich bin ich weder oberflächlich noch spontan oder unkonzentriert. Für Entscheidungen nehme ich mir stets viel Zeit. Schnell Begeisterung für eine Sache aufzubringen und häufig wechselnde Interessengebiete zu haben entspricht ebenso wenig meinem Naturell. Meine

Themen vertiefe ich meistens intensiv und es wird mir auch selten langweilig dabei. Eher das Gegenteil ist der Fall. Was mich auszeichnet, sind Ausdauer, Genauigkeit und Tiefgründigkeit. Abermals verfiel ich also ins Grübeln und gelangte zu der Ansicht, dass auch diese Typzuordnung nicht richtig sein konnte. Übrig blieb insofern nur noch die unausweichliche dritte Möglichkeit.

Dritter Typverdacht: Sachtyp.
„Vielleicht bin ich ein Sachtyp", sagte ich mir dann. Und es war wie ein kleiner Messerstich in meine Brust. Diesen Typ hatte ich von Anfang an am weitesten von mir gewiesen, denn ein Sachtyp wollte ich nicht sein. Sachtyp-spezifische Eigenschaften hatten mir in meiner Vergangenheit Leid und Kummer beschert, also hatte ich versucht, sie zu verdrängen. So wie es sich rückblickend für mich darstellt, hatte ich als Kind wohl wenig Kontakt zu Sachtypen. Die hätten mich wahrscheinlich verstanden und mich so angenommen, wie ich bin. Aufgewachsen unter Handlungstypen fühlte ich mich jedoch wie von einem anderen Stern und meinte, keine Existenzberechtigung auf diesem Planeten zu haben. Ich war den anderen zu fremd, zu anders, einfach ein Sonderling. Hinzu kam die Tatsache, dass das Leben mir extrem schwierige Aufgaben stellte, die sich nur lösen ließen, indem ich etwas veränderte. Ich aktivierte unbewusst meine Ressourcen und tat endlich das, was mich weiterbrachte: herausfinden, was ich nicht mehr will, aktiv werden und kämpfen, Nein sagen, unnachgiebig, deutlich und bestimmt sein. Das war klasse, denn plötzlich wurde ich bemerkt, gehört und es wurde mir Respekt entgegengebracht! Ich setzte meine Interessen durch und mit der Zeit eilte mir der Ruf einer „eisernen Lady" voraus. Dieses hohe Maß an Aufmerksamkeit genoss ich lange Jahre in vollen Zügen. Da ich plötzlich erfolgreich war, tat ich immer mehr von dem, was zunächst gut war. Damit machte ich allerdings meine Ressource zur Bevorzugung. Das

bedeutete, dass ich meine schwach ausgeprägten Handlungstyp-Anteile extrem stark aktivierte, um der Lage Herr zu werden. Gleichzeitig begrub ich meine Sachtyp-Anteile in mir. Nachdem ich mich nach zehn Jahren „Gorilla-Dasein" erschöpft und kraftlos fühlte, tat es mir sehr gut, meinen Beziehungstyp-Anteil stärker zu beachten, da dies die Ressource des Handlungstyps ist. Dummerweise lebte ich trotzdem wieder, was ich nicht war, und das kostete enorm viel Energie. Besser wäre es gewesen, ich hätte als Sachtyp meine vernachlässigte Ressource (alles Handlungstypische) lediglich als Ausgleich herangezogen, ohne diese Seite überzubetonen.

Ergebnis: Sachtyp, Untertypen: Fühler, ich-bezogen, zukunftsorientiert. Um erneute Zweifel zu vermeiden, suchte ich nach Erklärungen für einige meiner eigenen Interpretationen und die meiner Mitmenschen. Antworten fand ich in den Beschreibungen der Untertypen (siehe Kapitel 8). Ich sei ein Weichei, würde dramatisieren und übertreiben, hieß es. Diese Äußerungen kamen von Handlungstypen. Ich bin Fühler und nehme Reize besonders intensiv wahr. Klar, dass Gorilla-Typen, die sich selbst keine Schwächen zugestehen, meine starken Gefühlsausbrüche aufgrund meiner Sensibilität als unangebracht und überzogen empfinden mussten. Dass ich Fühler bin, erklärt ebenso den Vorwurf, ich sei häufig unkonzentriert. Meine Sinneskanäle sind immer auf Empfang und somit passiert es oft, dass sich ein Reiz kurzfristig meiner Aufmerksamkeit bemächtigt. Aber ich finde schnell wieder zum Thema zurück und verliere selten den Faden oder meine Konzentration. Fantasiewelten, in denen ich gern schwelge, lassen sich durch meine starke Zukunftsorientiertheit erklären. Als Kind stellte ich mir sehr gerne die Welt vor, wie sie einmal für mich sein würde, wenn ich erst groß, sprich: volljährig, wäre. Auch die Tatsache, dass ich immer eher nach vorn blicke als zurück, ist typisch für

Zukunftsorientierte. Oberflächlichkeit wurde mir ebenfalls oft zum Vorwurf gemacht. Das hängt allerdings damit zusammen, dass ich ich-bezogen bin. Viele Dinge, die nichts mit mir oder meinen Themen zu tun haben, interessieren mich oft nur am Rande. Das kann bei anderen durchaus als oberflächlich ankommen. Wenn mir aber etwas wichtig ist, beschäftige ich mich sehr intensiv damit. Auch mit den Interaktionsmustern zwischen mir, meiner Familie und Freunden setze ich mich jetzt intensiv auseinander (mehr dazu in Kapitel 9).

Wie Sie Ihren Typ erkennen

Für Ihre eigene Selbstanalyse möchte ich Ihnen folgende Tipps mit auf den Weg geben:

1. Stehen Sie zu dem, was Sie tatsächlich sind, und verstecken sich nicht hinter dem, was Sie gerne sein möchten. Der Typ, zu dem Sie am liebsten gehören möchten, könnte ein Hinweis auf Ihre Ressourcen sein.
2. Bedenken Sie, dass das Ausleben der Ressource (der Bereich, der in der Landkarte auf die eigene Bevorzugung folgt) in den meisten Fällen mit Anstrengung verbunden ist, da es sich um etwas Ungewohntes und Ungeübtes handelt.
3. Forschen Sie nach dem, was ursprünglich vorhanden war, und versuchen Sie herauszufinden, was neu dazugelernt wurde. Das Ursprüngliche entspricht eher der Bevorzugung, das Erlernte, wenn es weiterbrachte, guttat und half, der Ressource.
4. Nageln Sie sich nicht gleich auf einen Typ fest, sondern genehmigen Sie sich zunächst einen Verdacht und beobachten Sie eine Zeit lang, wie es Ihnen damit ergeht.
5. Holen Sie Rückmeldungen von Menschen in Ihrem Umfeld ein, damit Sie erfahren, wie Sie auf andere wirken oder wie Sie erlebt werden. Die eigene Bevorzugung zu leben ist so

selbstverständlich, dass man selbst vieles nicht als Stärke/Bevorzugung wahrnimmt.

6. Achten Sie darauf, dass es darum geht, herauszufinden, welcher Typanteil am stärksten in Ihnen ausgeprägt ist. Aussagen, die mit „Manchmal(!) mache ich ...", „Manchmal bin ich ..." oder Ähnlichem beginnen, deuten eher auf Ausnahmen hin als auf Bevorzugungen.

Typentest

Einen der im Internet verfügbaren Typentests können Sie gleich hier durchführen. Notieren Sie sich die Nummern derjenigen Beschreibungen, die besonders gut (insgesamt) auf Sie (oder die Testperson) zutreffen. Die Auswertung finden Sie am Ende des Tests.

Sie ...

1. ... sind kreativ, haben ständig neue Ideen; meistens fehlt aber das Durchhaltevermögen, diese anhaltend zu entwickeln oder zu pflegen.
2. ... sind im Theoretischen beziehungsweise Geistigen stärker als im Praktischen (denken praktisch und ökonomisch, überlegen beispielsweise, wie sich ein Aufwand bei gleicher Erfolgsaussicht reduzieren lässt).
3. ... sind besonders praktisch veranlagt; haben eine starke Vorliebe für alles Praktische, für Arbeit und Aktivitäten jeglicher Art; können gut bis perfekt etwas Vorgegebenes nachmachen.
4. ... zeigen durch vielfältige Mimik, was in Ihnen vorgeht; rasche Wechsel von „überglücklich" zu „todtraurig" sind möglich, wenn entsprechende Impulse von außen kommen oder nicht kommen (wie erhofft/erträumt).
5. ... wissen recht genau, was Sie nicht wollen, jedoch erst auf intensive Nachfrage, was Sie sich stattdessen wünschen.

6. … gehen eher oberflächlich und ungenau an neue Themen heran, sind jedoch dadurch fähig, sich rasch einen Überblick zu verschaffen und ein Themengebiet oder Beziehungsgeflecht auszuleuchten.
7. … haben auffallend gute Detailkenntnisse auf den eigenen Fachgebieten; können stundenlang darüber referieren; möchten stets noch mehr dazulernen.
8. … vermeiden es, deutlich Nein zu sagen beziehungsweise etwas abzubrechen, das schon längere Zeit besteht; es fällt Ihnen schwer, zu kündigen, sich zu trennen, Telefongespräche zu beenden oder Ähnliches.
9. … pflegen deutliche Kommunikation in Worten und Gesten; wagen die direkte Konfrontation mit Unangenehmem; bevorzugen die Angriffshaltung, auch präventiv.
10. … empfinden Kritik, Missachtung oder Ignoranz gegenüber der eigenen Person und Arbeit als sehr belastend; angeforderte, sachlich vorgetragene Kritik ist für Sie okay.
11. … ziehen Liebhabereien, Hobbys oder den Umgang mit Pflanzen und Tieren dem Umgang mit Menschen vor (vor allem in jüngeren Jahren); dieser Umgang übt eine entspannende Wirkung auf Sie aus; die Ausübung eines Hobbys kann aber auch zwanghafte Züge annehmen und Beziehungen belasten.
12. … haben vielfältige Interessen, die sich auch in Ihrer Biografie niederschlagen und häufig zu Neuanfängen führen; gleichzeitig haben Sie eine starke Sehnsucht nach Normalität, Konstanz und Regelmäßigkeit.
13. … tendieren zur Flucht, zum Beispiel, wenn Sie sich ungeliebt und hilflos fühlen.
14. … brauchen und nehmen sich mehr Zeit als andere; kultivieren die Ruhe, die Pausen, das Nichtstun.
15. … sind durch hohen Einsatz von Kraft und Energie gewohnheitsmäßig erfolgreich; ausbleibender Erfolg animiert Sie zu noch stärkeren Anstrengungen bis hin zum Burn-out; Sie folgen dem Motto „Viel hilft viel“.

Vergleichen Sie nun anhand folgender Liste bei welchem Typ Sie die meisten Kreuze gemacht haben – die höchste Punktezahl beschreibt den ersten Typverdacht, dem Sie jedoch genauer nachgehen müssen, wie ab Seite 43 ff.beschrieben.

Beziehungstyp:	1, 4, 6, 12, 13
Sachtyp:	2, 7, 8, 10, 14
Handlungstyp:	3, 5, 9, 11, 15

Kapitel 3: Learning by Doing

Petra Vogel

Bereit für die Expedition in den Liebesdschungel? Wer Ihnen dort begegnen kann, haben Sie inzwischen studiert. Die „Landkarte“ befindet sich in Ihrem Rucksack und durch die Selbstanalyse haben Sie Ihr Wissen betreffend der unterschiedlichen Typen vertieft. Dann kann die Reise eigentlich losgehen. Ganz wichtig wäre es natürlich noch, zu wissen, woran man auf die Schnelle erkennt, ob man nun

- einen Gorilla-Typus/Handlungstyp,
- einen Schimpansen-Typus/Beziehungstyp oder
- einen Orang-Utan-Typus/Sachtyp

im Dickicht erspäht hat.

Typmerkmale auf den ersten Blick

Um eine Typeinschätzung auf den ersten Blick wagen zu können, folgen einige Beobachtungen, die wir hinsichtlich der äußeren Merkmale im Laufe der Jahre gesammelt haben.

Selbstverständlich sollte man sehr vorsichtig sein, denn es sind Hinweise, die lediglich einen Typverdacht zulassen. Letztendliche Sicherheit kann es nur dann geben, wenn man im Gespräch mit dem Gegenüber eine Art Analyse durchführt und die Person, der unser Interesse gilt, den Vermutungen zustimmt. Psychographen nennen dies den konsensuellen Aspekt, das heißt, dass sich jemand mithilfe eines ausgebildeten Psychographen oder genauen Informationen über die Typen (wie etwa hier im Buch) einem davon zuordnet. Dennoch sind uns einige Äußerlichkeiten aufgefallen, die wir als typisch bezeichnen. Typisch deshalb, weil sie vermehrt bei ein und demselben Typus beobachtet werden können. Mit einem Augenzwinkern möchten wir Sie dazu anhalten, darauf zu achten, ob Sie auch hier Parallelen zu den Primaten erkennen.

Mimik

Handlungstypen ...	Beziehungstypen ...	Sachtypen ...
... haben oft einen energischen, angespannten Gesichtsausdruck. ... weisen markante Gesichtszüge auf. ... wirken verschlossen. ... haben häufig nach unten gezogene Mundwinkel.	... zeichnen sich durch einen weichen, freundlichen, entspannten Gesichtsausdruck aus. ... haben eine bewegte Mimik, Stimmungen können leicht an ihrem Gesicht abgelesen werden. ... lachen gerne und häufig. ... schneiden oft Grimassen.	... gehen sparsam mit ihrer Mimik um, haben einen gleich bleibenden, ernsten Gesichtsausdruck. ... wirken gütig, milde, sanft oder auch kritisch. ... verziehen beim Lächeln oft nur einen Mundwinkel oder heben bei Erstaunen nur eine Augenbraue.

Gestik

Handlungstypen ...	Beziehungstypen ...	Sachtypen ...
... unterstützen ihre Aussagen durch parallel zueinander ausgeführte Handbewegungen. ... „fuchteln", ihre Handbewegungen sind energisch und kraftvoll. ... wiederholen Handbewegungen mehrmals.	... fallen durch weit ausschweifende, weiche Handbewegungen auf.	... zeigen wenige Handbewegungen. ... zeichnen sich durch sachte, langsame Handbewegungen aus.

Sprache/Ausdruck

Handlungstypen ...	Beziehungstypen ...	Sachtypen ...
... haben eine laute Stimme und deutliche Aussprache. ... benutzen oft Verneinungen, zum Beispiel „nein", „nicht", „un..." ... umschreiben selbst Positives mit Negationen: „nicht unangenehm", „kann nicht schaden" etc.	... haben einen melodisch klingende Stimme. ... verwenden häufig positiv konnotierte Wörter und Wendungen, auch um Negatives zu beschreiben, zum Beispiel: „nicht sooooo schön", „alles halb so wild", „kein Problem".	... fallen eher durch eine leise, etwas monotone oder/und undeutliche Aussprache auf. ... sprechen oft nur, wenn man sie fragt. ... verwenden hauptsächlich Substantive.

... bauen oft das Wort „praktisch“ in ihre Sätze und Formulierungen ein. ... bevorzugen Verben. ... gehen Kraftausdrücke und Schimpfwörter relativ leicht über die Lippen. ... bilden oft Wörter, bestehend aus einer Verneinung und einem sehr kraftvollen Wort, wie beispielsweise „unschlagbar“. ... setzen zur Unterstützung ihren Körper ein: gestikulieren mit den Händen und unterstützen ihre Worte oft durch einen erhobenen Zeigefinger.	... sagen oft Ja. ...verwenden oft Adjektive. ... verwenden Superlative wie „megaspitze“, „hypergeil“, „tausendprozentig“. ... erzählen sehr lebendig und anschaulich. ... fällt oft noch eine Geschichte zu einem Thema ein. ... benutzen häufig die Wendung „kein Problem“ oder „kein Thema“.	... formulieren oft vage: „vielleicht“, „möglicherweise“, „eventuell“, „scheinbar“, „könnte“, „würde“. ... verwenden oft die Wendung „einerseits ... andererseits“. ... sparen mit Worten, verschlucken Wörter oder Buchstaben. ... verfallen in Sprechpausen, unterstützt durch lang gezogene „Urlaute“ wie beispielsweise „Ähm“, „hmmm“, „ah“, „oh“, „aha“ ... ... sprechen ausdauernd und ruhig über ein Thema.

Haltung

Handlungstypen …	Beziehungstypen …	Sachtypen …
… sind leicht nach vorn gebeugt: Angriffshaltung.	… haben eine lockere, aufrechte Haltung.	… bevorzugen eine bequeme Haltung.
… weisen eine hohe Körperspannung auf.	… sind offen und beweglich in ihrer Haltung: friedliche Haltung.	… sind eher leicht nach hinten gelehnt: Verteidigungshaltung.
… sind sehr körperbewusst, wirken kräftig, sportlich.	… bemühen sich beim Stehen oder Sitzen um eine ästhetische Haltung – üben diese Haltungen (auch vor dem Spiegel).	… haben eine geringere Körperspannung und stehen oft wie ein Fragezeichen da.
… stehen meist breitbeinig da.	… verändern ihre Haltung stark, je nach Situation und Gegenüber.	… haben die Arme und Schultern meist schlaff am Körper herunterhängen; Becken ist oft leicht nach vorn gebeugt.
… haben die Hände oft in den Hosentaschen, vor allem Männer.	… lassen in ihrer Haltung ihre Stimmung erahnen.	… stützen sich gerne ab, zum Beispiel an Wänden oder Stuhllehnen.
… verschränken die Arme häufig vor dem Körper.		
… stützen sich mit den Fingerknöcheln auf Tischen ab.		

Gang

Handlungstypen ...	Beziehungstypen ...	Sachtypen ...
... marschieren, bewegen sich „wie auf Schienen." ... bewegen sich zielgerichtet. ... halten sich aufrecht, gerade. ... haben einen dynamischen, auch ausladenden Schritt.	... schlendern, zeichnen sich oft durch einen wiegenden, tänzelnden Gang aus. ...wippen, wackeln mit dem Po, insbesondere Frauen. ... haben eine eher weiche Gangart.	... schlurfen oder fallen durch einen geradezu schwebenden Gang auf. ... haben oft einen schwerfälligen, schleppenden, trägen, Kraft sparenden Gang. ... schauen oft auf den Boden.

Kleidung

Handlungstypen ...	Beziehungstypen ...	Sachtypen ...
... bevorzugen einen klassischen Stil, ordentliche, saubere Kleidung und perfektes Styling (Make-up, Frisur, Accessoires).	... lieben bunte und kreative Mischungen. ... stellen ihre Kleidung fantasievoll zusammen. ... bevorzugen moderne, schicke Kleidung.	... tragen vor allem sportliche, bequeme und oft farbneutrale Kleidung – oder aber extreme Kombinationen aus verschiedenen Farben oder Stilrichtungen (grüne Socken zum Anzug).

... lieben kräftige Farben und setzen gerne Akzente – zum Beispiel: bei Männern ein schwarzer oder dunkelbrauner Anzug, weißes Hemd, knallige Krawatte; schwarze Hose oder Rock mit passenden Schuhen, Gürtel, Handtasche, dafür aber knalliger Pullover oder Bluse bei Frauen. ... stimmen ihre Kleidung farblich sehr genau aufeinander ab, oft auch Ton in Ton. ... bevorzugen nach Möglichkeit qualitativ hochwertige Kleidung und Markenprodukte. ... achten bei ihrer Kleidung oft auf praktische Aspekte, tragen strapazierfähige Kleidung, Funktionskleidung etc. – insbesondere in der Freizeit.	... haben häufig verspielte Accessoires (Modeschmuck, Haarspängchen). ... haben Lieblingsstücke – auch Kleidung von Freunden, mit denen sie eine Erinnerung verbindet. ... kaufen und tragen Kleidung, die sie schön finden, auch wenn sie nicht zu ihnen passt (zum Beispiel farblich). ... vermeiden den klassischen Stil, tragen Kleidung, die von jüngeren getragen wird und die die anderen Typen als nicht mehr altersgerecht bezeichnen würden.	... tragen relativ wenig Schmuck. ... haben öfter verknautschte oder verknitterte Kleidung an. ... zeichnen sich eher durch schlichte Kleiderwahl aus. ... fallen evtl. durch einzelne Kleidungsstücke auf, die für Aufmerksamkeit sorgen. ... zeigen durch ihren Kleidungsstil innere Haltungen an, zum Beispiel Erfolgswunsch oder rebellische Verweigerung gegenüber Normen.

Beruf

Handlungstypen ...	Beziehungstypen ...	Sachtypen ...
... haben häufig Berufe, die viel Verantwortung, Organisieren und Durchsetzungsvermögen abverlangen. ... wählen häufig Handwerksberufe oder Bereiche der Produktion und Fertigung. ... bleiben meistens jahrelang beim gleichen Arbeitgeber. ... opfern sich meist restlos für den Beruf auf.	... findet man häufig in Helfer- und Sozialberufen. ... sind gute Verkäufer. ... arbeiten oft im Bereich „Animation“. ... haben oft viele verschiedene Berufe gleichzeitig. ... können den Beruf leicht wechseln, auch mehrmals, es fällt ihnen nicht schwer, sich in ein völlig anderes Metier einzufinden.	... bevorzugen Berufe, die Detailkenntnisse, Genauigkeit und Geduld voraussetzen (zum Beispiel Computerbranche, Versicherungen, analytische Tätigkeiten). ... wechseln den Beruf nur, wenn es sich finanziell lohnt. ... bilden sich ständig weiter.

Aktivitäten

Handlungstypen ...	Beziehungstypen ...	Sachtypen ...
... zeigen sich entschlossen. ... setzen Entscheidungen möglichst sofort um. ... packen energisch mit an.	... sind sehr ideenreich, Struktur folgt erst an zweiter Stelle. ... holen Verbesserungsvorschläge und Feedback ein, noch bevor sie etwas tun.	... wenden viel Zeit dafür auf, Dinge zu strukturieren. ... fehlt es häufig an der Energie, etwas umzusetzen. ... haben eher eine abwartende Haltung.

Ausstrahlung

Handlungstypen ...	Beziehungstypen ...	Sachtypen ...
... haben eine selbstsichere, entschlossene, dynamische Ausstrahlung. ... wissen genau, was sie wollen. ... erscheinen oft etwas grimmig oder verbissen.	... haben eine verspielte, leicht kindliche, lockere Ausstrahlung. ... wirken offen und freundlich, zugänglich bis naiv.	... haben eine kühle, ernsthafte, nachdenkliche Ausstrahlung. ... wirken auf andere oft überheblich, arrogant, zurückhaltend. ... scheinen „wissend“ und gelassen.

Zusammenstellung von Petra Vogel, Marion Thaiss und Teilnehmern des Forums der Psychographen

Expedition in den Liebesdschungel – praktische Tipps für das Suchen und Finden des Wunschpartners

Wie nähere ich mich (m)einem Gorilla?

An der Theke einer Bar oder am Stammtisch einer Kneipe ist die Wahrscheinlichkeit, einen Gorilla-Typus anzutreffen, relativ groß. Gerne läutet er den Feierabend oder das Wochenende mit einem Glas Wein oder einem Bierchen ein. Es bietet sich dem Handlungstyp hier eine gute Gelegenheit, Nützliches mit Angenehmem zu verbinden. Einerseits kann er sich mit seinen Kollegen über das Geschäft austauschen, andererseits Kontakte knüpfen und pflegen. Es kann von Vorteil sein, sich die Lokalität und Uhrzeit zu merken, wo und wann man seinen Gorilla gesichtet hat. Der Gorilla-Typus neigt zu Regelmäßigkeiten und es ist gut möglich, ihn zur selben Zeit am selben Ort wiederzusehen.

Handlungstypen mögen klassische Varianten des Ansprechens, da sie selbst nur spärlich mit Fantasie gesegnet sind. Um Hilfe gebeten zu werden erweckt ihren Beschützerinstinkt, und sie sind sofort zur Stelle. Vor allem für diejenigen, denen es etwas an Mut fehlt, ist es eine elegante Version, den Ober oder Wirt zu bitten, der Dame beziehungsweise dem Herrn der Wahl ein Getränk zu bringen. Automatisch wird der überraschte Handlungstyp Blickkontakt suchen, und über ein erstes Zuprosten hätte man so auf sich aufmerksam gemacht. Feuer anzubieten, wenn man sieht, dass der andere im Begriff ist, sich eine Zigarette anzuzünden, ist eine Geste, auf die Gorilla-Typen in der Regel positiv reagieren. Höflichkeit ist überhaupt eine Tugend, die sie sehr zu schätzen wissen. Sollte sich die Gelegenheit bieten, den Gorilla-Typus eine Weile im Gespräch zu belauschen, kann es sehr nützlich sein, herauszuhören, welchen Beruf er ausübt. Grundsätzlich ist es leichter, mit ihm in Kontakt zu treten, wenn eine berufliche Verbindung hergestellt werden kann. Handlungstypen gefällt es gut, wenn sie sich über ihre Arbeit austauschen können. Zeigen Sie also Interesse an dem, was er tut, schätzen Sie seine Fähigkeiten und loben Sie ihn für seinen Erfolg. Das ist Balsam für seine Seele, denn der Gorilla-Typus definiert sich über seine Kompetenzen in der knallharten Geschäftswelt.

Begeben Sie sich auf eine Ebene mit ihm, sprechen Sie deutlich, nicht zu leise, und drücken Sie sich klar aus. Im Laufe des Abends werden Sie feststellen, dass aus einem Gläschen Wein mittlerweile zwei oder drei geworden sind. Achten Sie aber darauf, falls Sie kein Handlungstyp sind, sich selbst diesbezüglich nicht allzu viel zuzumuten. Gorilla-Typen sind in der Regel relativ trinkfest und vertragen einiges an Alkohol. Zu fortgeschrittener Stunde zeigen sie sich zunehmend locker und ausgelassen. Aus dem Gentleman und der Grande Dame, als die sich Handlungstypen gerne präsentieren, werden plötzlich lustige Kameraden. Was mit einem Austausch über ihre Arbeit begann, endet nicht selten mit mehr oder weniger derben Witzen oder Scherzen, die über Kollegen gemacht werden. Schallend wird darüber gelacht und gleich noch einmal angestoßen. Noch vor Mitternacht wird der Handlungstyp sich wahrscheinlich von Ihnen verabschieden. Werten Sie es nicht als Desinteresse. Er muss am nächsten Morgen fit sein und braucht seinen Schlaf. Versuchen Sie auch nicht, ihn zu überreden, noch ein Weilchen zu bleiben. Es könnte sein, dass er sich darauf einlässt. Das Ende vom Lied wäre womöglich, dass er mit weiter ansteigendem Alkoholspiegel seine Grenzen überschreitet und die Gelegenheit zu einem Abenteuer ergreift. Dies könnte man aber eher als Niederlage betrachten, denn üblicherweise ist dann der Ofen für den Handlungstypen aus. Seine „Beute" ohne Kampf auf dem Silbertablett serviert zu bekommen reizt ihn wenig. Akzeptieren Sie also seinen Wunsch, zu gehen; bleiben Sie höflich, bekunden Sie erneut Ihr Interesse an seiner Tätigkeit und teilen Sie ihm mit, dass Sie gerne mehr darüber erfahren würden. Hat er einmal Lunte gerochen, wird der Gorilla-Typus, sollte ein gegenseitiges Interesse bestehen, von sich aus ein Angebot machen, Sie wieder zu sprechen oder zu sehen. Verabschiedet werden Sie wahrscheinlich mit einem festen Händedruck, den Sie am besten erwidern. Relativ schnell werden Sie merken, ob Ihr Gorilla angebissen hat. Zielstrebig, wie er ist, wird er die Sache von nun an in die Hand nehmen. Unabhängig davon, ob Mann oder Frau: Handlungstypen bleiben am Ball. Ist ihr Jagdinstinkt erst einmal geweckt, gibt es kein Halten mehr und er oder sie wird um Sie werben. Vielleicht geschieht dies nicht offensichtlich, da sie sich nur langsam annähern und eher durch ihre Taten statt durch schöne Worte bestechen. Vermeiden Sie also allzu forsche Nachfragen nach seinem Privatleben und respektieren Sie die anfängliche Distanz. Nutzen Sie die Gelegenheit, um Ihr eigenes berufliches Umfeld ins Spiel zu bringen und das Gespräch in Gang zu halten. Warten Sie ab, bis Ihr Gorilla-Typus Sie zum Kinobesuch oder Essen einlädt. Wichtig für ihn ist, dass er die Kontrolle behält und den Zeitpunkt bestimmen kann, wann er die Initiative ergreift.

Über gemeinsame Aktivitäten wird der Handlungstyp zunehmend Vertrauen aufbauen und offener werden. Zunächst möchte er herausfinden, ob eine mögliche Beziehung alltagstauglich ist, ob das Miteinander funktioniert. Ist eine Art Kameradschaft entstanden, sind für ihn weitere Schritte denkbar. Private Themen und persönliche Nähe wird der Handlungstyp wahrscheinlich erst nach Wochen ins Spiel bringen. Bleiben Sie also geduldig, überfordern Sie ihn nicht mit zu viel Nähe. Da Gorilla-Typen üblicherweise früh heiraten, um eine Familie zu gründen, ist die Wahrscheinlichkeit groß, dass Ihr Gorilla bereits einmal verheiratet war und vielleicht auch schon Vater bzw. Mutter ist. Toleranz dieser Tatsache gegenüber und bekundetes Interesse am Nachwuchs ist unabdingbar, wenn man das Herz eines Gorilla-Typus erobern möchte. Seine

Vater- oder Mutterrolle nimmt er ausgesprochen ernst, denn Kinder gehören zum Wertvollsten im Leben eines Handlungstyps. Er lernt durch den Umgang mit ihnen seine unbekümmerte und kindliche Seite kennen und erhält die Chance, einen ungeübten Muskel zu trainieren und eine Beziehung zu (er)leben.

Wie begeistere ich (m)einen Schimpansen?

Bekanntlich gelten die Beziehungstypen als ausgesprochen kontaktfreudig. Somit ist es kein schweres Unterfangen, mit einem von ihnen anzubändeln. Die geselligen Tausendsassas findet man überall und besonders dort, wo viel los ist. Sie sind leicht zu erkennen, da sie fröhlich und gut gelaunt durch die Welt gehen und fast immer ein Strahlen im Gesicht haben. „Wenn ich dich sehe, geht die Sonne auf", ist ein Kompliment, das Schimpansen-Typen häufig zu hören bekommen. So genügt ein freundliches Zulächeln oder ein lockerer Spruch über das Drumherum, und schon kommt man mit ihnen ins Gespräch. „Vitamin B" ist zusätzlich hilfreich, damit man sich über gemeinsame Bekannte unterhalten kann, nachdem Themen wie Musik, Lokalität und Ähnliches erschöpft sind. Ein spontanes Gespräch und erstes Kennenlernen sind aber nichts Ungewöhnliches für einen Schimpansen-Typus, denn lockeres Geplauder und nettes Beisammensein gehören zu seinem Alltag. Wirklich interessant wird es daher erst, wenn es gelingt, den Beziehungstypen über einen längeren Zeitraum hinweg für sich zu begeistern. Ansonsten kann es passieren, dass er sich schnell langweilt und zur nächsten „Blüte" schwirrt. Sein Interesse kann man vor allem gewinnen, wenn man etwas zu bieten hat, was er noch nicht kennt. Ungewöhnliche Menschen, die womöglich ein aufregendes Hobby oder Interessengebiet haben oder die von etwas Geheimnisvollem umgeben sind, üben eine fast unwiderstehliche Faszination auf ihn aus. Geheimnisvoll kann für den Schimpansen-Typus auch schon sein, wenn jemand Ruhe und Gelassenheit ausstrahlt oder im Gespräch den Überblick behält. Beeindrucken kann man den Schimpansen-Typus mit detailliertem Wissen zu einem Thema, an dem er womöglich Interesse zeigt. Es könnte jedoch gut sein, dass er dieses gerade erst entwickelt hat, weil er Sie als Person mag. Achten sollte man deshalb darauf, ihn nicht mit dem eigenen Wissen zu überladen. Servieren Sie Ihr Know-how lieber in kleinen Häppchen. Zum einen hält es die Neugier Ihres Schimpansen wach und Sie bewahren sich Ihren geheimnisvollen Charme. Zum anderen hat er dadurch die Gelegenheit, sich schrittchenweise in das Thema zu vertiefen. Seine Befürchtung, vielleicht als dumm angesehen zu werden, was ihm peinlich wäre, kann er so elegant umgehen. Schenkt der Beziehungstyp Ihnen seine Zeit und lauscht Ihren Erzählungen, sind Sie auf einem guten Weg. Hören Sie ihm ebenfalls zu, nehmen Sie ihn ernst, selbst wenn er über eine Sache nur halb so viel weiß wie Sie. Er neigt dazu, Themen erst einmal nur oberflächlich zu betrachten, und vertieft sie erst, wenn sie oder die damit in Verbindung gebrachte Person über längere Zeit außerordentlich spannend für ihn bleibt. Gemeinsame Interessen miteinander erforschen zu können übt einen besondern Reiz auf den Beziehungstyp aus und macht ihm ein erneutes Treffen schmackhaft. Aller Wahrscheinlichkeit nach wird Ihnen der Schimpansen-Typus alle ihm zur Verfügung stehenden Kommunikationskanäle (Telefonnummern, E-Mail, Webadresse) bereitwillig mitteilen. Es ist ihm wichtig, dass er immer erreichbar ist und kommunizieren kann. Respektieren Sie es, wenn er vorschlägt, zunächst miteinander zu telefonieren, bevor man sich erneut trifft. Es gehört zu seinem Wesen, zunächst unverbindlich zu bleiben. Indem Sie sich immer wieder bei ihm melden, zeigen Sie ihm, dass Sie immer noch an ihm interessiert sind. Der persönliche Bezug ist dem Schimpansen-Typus ausgesprochen wichtig. Schenken Sie ihm Ihre Zeit, beeindrucken Sie ihn mit Beständigkeit und der Authentizität Ihres Wesens. Wenn man ihm etwas vorgaukelt oder sich hinter einer Maske versteckt, irritiert ihn das. Was Menschen anbelangt, haben Beziehungstypen meist ein feines Gespür, sie merken sehr schnell, ob sie mit jemandem „können" oder ob ihnen etwas nicht ganz koscher erscheint. Trifft Letzteres zu, verpuffen das bis dahin eventuell gewachsene Interesse und seine Neugier sehr schnell.

Bei einem Wiedersehen kann es leicht passieren, dass Ihr Schimpansen-Typus sich verspätet. Sein Leben verläuft meist sehr aufregend und lebhaft, daher verzettelt er sich oft bei seiner zeitlichen Planung. Zeigen Sie sich in diesem Punkt nachsichtig und geduldig, damit bei ihm nicht das Gefühl entsteht, Sie könnten ihn aus diesem Grund weniger mögen. Verbringen Sie eine ausgelassene Zeit mit ihm, genießen Sie seine Spritzigkeit und seinen kindlichen Charme. Wenn Sie sich weiterhin über gemeinsame Interessen mit ihm austauschen, ihm Einblicke in neue Welten eröffnen, wird Langeweile ein Fremdwort bleiben. Belohnt werden Sie damit, dass der Beziehungstyp Ihnen mehr und mehr seiner Aufmerksamkeit und Zeit schenkt. Bleiben Sie am Ball, indem Sie immer wieder auf ihn zukommen, damit er merkt, dass er Ihnen als Mensch wichtig ist. Dieses Gefühl ist für ihn sehr wichtig, damit eine innere Verbindung zueinander wachsen kann. Erst dann, wenn diese Bindung gefestigt ist, wird er sich auf Verbindlichkeiten einlassen und für tiefer gehende Gefühle bereit und empfänglich sein. Direkte Aufforderungen zu Intimitäten werden ihn eher abschrecken als anziehen. Begnügen Sie sich und genießen Sie es zunächst, mit ihm Händchen zu halten, Küsse und andere flüchtige Zärtlichkeiten auszutauschen. Zu gegebener Zeit wird er von allein mit dem Wunsch nach mehr auf Sie zukommen, wenn sich sein Spiel in eine ernsthafte Absicht verwandelt hat.

Wie finde ich (m)einen Orang-Utan?

Das ist gar nicht so einfach. Sachtypen sind ebenso wie Orang-Utans Meister der Tarnung und somit etwas schwer ausfindig zu machen. Unauffällig gekleidet sind sie diejenigen, die sich ruhig am Rande des Geschehens aufhalten und dadurch sehr unscheinbar wirken – insbesondere dort, wo viele Menschen versammelt sind. In der hintersten Ecke eines Lokals, einer Diskothek oder in der letzten Reihe im Kino kann man sie entdecken. Noch viel lieber sind ihnen allerdings Orte, an denen sie sein können, wie sie sind: verschwiegen, nachdenklich und ruhig. Dazu gehören Museen, Galerien, Sternwarten, Bibliotheken und ähnliche Plätze. Ihr Verlangen nach geistigem Input wird durch Besuche dieser kulturellen Orte gestillt. Auch Fachvorträge werden von Sachtypen gerne besucht. Es kann aber auch sein, dass man sie beim Billardspielen entdeckt, wo sie eine „ruhige Kugel schieben". Auf den ersten Blick mag es den Anschein erwecken, als sei der Sachtyp wenig am Geschehen oder an den Menschen um ihn herum interessiert. Durch seine zurückhaltende Art und seine Gabe, im Hintergrund Informationen zu sammeln, könnte man annehmen, dass er sich selbst genug sei. Dieser Schein trügt jedoch. Aufmerksamkeit ist ein Lebenselixier für ihn, es gelingt ihm aber nur selten, aus sich herauszugehen und Menschen direkt anzusprechen. Deuten Sie ihm durch beständigen Blickkontakt und freundliches Zulächeln an, dass Sie ihn wahrgenommen haben, und lassen Sie ihm Zeit, sich an diesen Umstand zu gewöhnen. Direkte Ansprachen erschrecken ihn und es ist ratsamer, sich ihm langsam, aber stetig zu nähern. Nach einiger Zeit, wenn er realisiert hat, dass Ihre Aufmerksamkeit tatsächlich ihm gilt, wird er zurücklächeln und es stehen Ihnen sämtliche Türen offen. Obwohl der Orang-Utan-Typus verschlossen wirkt, ist er hocherfreut, wenn man Interesse an seiner Person bekundet. Der zweite Schritt, der Beginn eines Gesprächs, sollte ebenfalls von Ihrer Seite aus initiiert werden. Angriffslust ist nicht gerade eine Stärke des Sachtyps und oft fehlt es ihm an Mut, fremde Personen anzusprechen. Die Befürchtung, etwas Falsches zu sagen oder vielleicht sogar abgewiesen zu werden, hemmt ihn diesbezüglich, da er eine derartige Niederlage nur schwer ertragen würde. Wenn Sie die Initiative ergreifen, ist sein Risiko geringer und er fühlt sich sicherer. Gerne ist er bereit und offen, wenn andere auf ihn zukommen. Aber wie spricht man ihn am besten an? Übliche Sprüche darüber, wie einem die Musik oder die Lokalität gefallen, könnte er als einfältig und zu wenig individuell auffassen. Es sollte schon etwas sein, das ihn persönlich anspricht. Beispielsweise war ein Mann, der sich an einer Sachtyp-Frau interessiert zeigte, mit folgendem Satz bereits erfolgreich: „Vielleicht können Sie mir helfen. Ich habe Sie schon eine Zeit lang beobachtet und mich gefragt, wie man jemanden wie Sie wohl ansprechen könnte." Oder in abgewandelter Form: „Was würden Sie tun, wenn Sie jemanden kennen lernen wollten?" Möglich wäre allerdings auch folgender Spruch: „Ich weiß, es klingt vielleicht ein wenig abgedroschen, aber würden Sie gerne etwas mit mir trinken, damit wir uns eine Weile unterhalten können?" Damit schmeicheln Sie ihm und, indem Sie Ihre eigene Unsicherheit gestehen, holen sie ihn dort ab, wo er sich selbst befindet. Wahrscheinlich wird er verständnisvoll grinsen, und schon ist das Eis gebrochen. Wenn Sie nun durch Fragen über seine Person Interesse an ihm zeigen, ist bereits viel gewonnen. Geduldig wird er Rede und Antwort stehen, ohne jedoch zu viel von sich preiszugeben. Er liebt es, sich geheimnisvoll zu geben, und wartet erst einmal ab, ob das Interesse Ihrerseits anhält. Während des Gesprächs sollte man darauf achten, welche Themen angesprochen werden. Der Orang-Utan-Typus mag es, über Dinge zu sprechen, über die er gut Bescheid weiß. Es ist wahrscheinlich, dass er Sie mit detaillierten Kenntnissen über eine Sache beeindruckt, und Sie werden überrascht sein, wie offen und ausdauernd er darüber spricht. Auf der anderen Seite ist er ein exzellenter Zuhörer und es stört ihn gar nicht, wenn Sie ein

Thema anschneiden, mit dem er sich noch nicht auseinandergesetzt hat. Der Sachtyp ist ein Sammler von Informationen und Erkenntnissen und er ist fasziniert, wenn Sie ein Wissensgebiet beherrschen, auf dem er selbst noch etwas dazulernen kann – vorausgesetzt, das Thema erscheint ihm wichtig genug, um seine Zeit dafür zu opfern. Sich ewig über Belanglosigkeiten wie das Wetter zu unterhalten ist beispielsweise eher nervtötend für den Sachtyp. Interessanter ist für ihn, wenn ihm jemand verständlich machen kann, wie ein Wetterumschwung zustande kommt oder wie sich die Entstehung von Erdbeben, Tornados oder anderen Naturkatastrophen erklären lässt. Über das Leben zu philosophieren oder darüber, wie die Welt funktioniert beziehungsweise funktionieren könnte, sind ebenso gute Ansätze für einen regen Austausch. Wie Sie sicherlich merken, ist es mit einer Stunde Smalltalk beim Sachtypen nicht getan. Zeit ist ihm elementar wichtig und die sollte man bereitwillig investieren. Ein Abend reicht da sowieso nicht aus und somit ist fast klar, dass eine Verabredung folgt. Eine gute Basis ist geschaffen, nun kann man mehr daraus machen. Es kann auch passieren, insbesondere wenn zwei Orang-Utan-Typen aufeinandertreffen, dass man sich von vornherein auf einer gemeinsamen Ebene begegnet. Dann bedarf es keiner Worte, um miteinander zu kommunizieren. In diesem Fall kann es geschehen, dass man sich sehr schnell körperlich nähert und ohne zu wissen, wie einem geschieht, von der Leidenschaft übermannt wird. Ein solches Erlebnis muss allerdings kein One-Night-Stand bleiben – im Gegenteil: Sollte man sexuell auf einer Wellenlänge liegen, kann dies ein entscheidendes Kriterium für den Sachtyp sein, über eine engere Beziehung nachzudenken. Eine Beziehung ohne guten Sex ist für ihn ohnehin nicht vorstellbar, denn gerade durch die körperliche Zuwendung und den sich dadurch entwickelnden Spannungs- und Energieaufbau fühlt er sich lebendig.

Kapitel 4: Welcher Typus ist da in meinem Bett gelandet?

Werner Winkler

Anleitung zur Typanalyse im Alltag

Nachdem man erkannt hat, zu welchem Typ beziehungsweise Untertyp (siehe auch Kapitel 8) man gehört, wird man fast automatisch damit beginnen, nach Hinweisen auf die Typzugehörigkeit bei den Menschen in der eigenen Umgebung zu achten. Meist ist es so, dass uns bei manchen davon deren vermuteter Typ ziemlich offensichtlich anspringt, bei anderen wiederum stehen wir vor einem Rätsel – zum Beispiel, weil scheinbar von mehreren Typen Merkmale auftauchen. Doch Achtung: Typische Verhaltensweisen können durchaus auch erlernt sein und müssen ihre Ursache nicht im Typ selbst haben! So kann etwa ein Beziehungstyp durch Erfahrung registriert haben, dass er in Geschäftsverhandlungen viel besser als Gorilla auftritt und sein „nettes Wesen“ erst zeigt, wenn die Verträge unterschrieben sind. Oder ein Handlungstyp hat gemerkt, dass er beim Flirten mehr Erfolg hat, wenn er sich geheimnisvoll und unnahbar zeigt – um seine Eroberungen dann mit unerwarteter Offenheit und Zugänglichkeit zu überraschen, sobald sie sich mit ihm verabredet haben. Solche situativen und gezielt eingesetzten Muster sollten uns davor warnen, zu schnell einen Typverdacht zu formulieren – auch nicht für uns selbst, weil uns sonst rasch unsere selektiv eingeschränkte Beobachtung einen Streich spielt und wir nur noch das sehen, was wir gerne sehen möchten. Entscheidend ist letztlich, welchem Typ sich der zu Typisierende selbst zuordnet – und zwar, nachdem er darüber informiert wurde, was die Unterschiede zwischen den Typen bedeuten; mit der schlichten Bezeichnung ohne Erklärung („Sachtyp") ist es dabei nicht getan. Die Erfahrung zeigt aber, dass bei den Grundtypen oftmals die Primaten-Metaphern dabei helfen, rasch die elementaren Unterschiede zu erklären.

Typzuordnung ohne Mitwirkung des Typisierten ist daher fachlich gesehen gar nicht möglich, da die Psychographie, wie bereits erwähnt, von einem konsensuellen Typerkennen ausgeht. Wie wir einen Menschen von außen sehen, kann daher stets nur einen Typverdacht ermöglichen, mehr nicht. Auch die im Internet aufgelisteten Typzuordnungen vieler Promis (www.psychographie.de/prominente.htm) sind solche Typverdachte, die auf Beobachtungen, Interviews oder biografischen Erzählungen basieren. Trotzdem ist es mit der Zeit in immer mehr Fällen möglich, seinen Typverdacht treffender zu formulieren und so sein Verhalten rascher und gezielter auf den speziellen Typ eines Menschen einzustellen. Im ganz normalen Alltag kann hierzu auch eine Tabelle helfen, die von Petra Vogel und ihren Kolleginnen Bärbel Diemer und Marion Thaiss in der Forumsredaktion zusammengestellt wurde. Anhand der Aussagen von Teilnehmern des Forums (www.psychographen.de) haben sie Äußerungen zu unterschiedlichen Themenbereichen nach Typen sortiert und Auffälligkeiten zusammengetragen – hier einige weitere Beispiele daraus (siehe auch Seiten 60 ff.):

Gespräche

Handlungstypen ...	Beziehungstypen ...	Sachtypen ...
... sprechen gerne über das, was sie können oder tun, etwa über ihre Arbeit oder ihre Hobbys. ... erzählen Fremden relativ zögerlich über ihr Privatleben. ... äußern ihre Meinung sehr direkt. ... vertreten deutlich ihren Standpunkt.	... sind sehr flexibel in der Gesprächswahl. ... sind sehr aufgeschlossen und offen. ... sind wissbegierig, stellen oft viele Fragen, sind an vielem interessiert. ... können sehr fantasievoll und lebendig Geschichten erzählen.	... sind dankbar, wenn jemand anders ein Gespräch beginnt, auf sie zugeht. ... sprechen gerne (ausdauernd) über Sachen, bei denen sie sich gut auskennen. ... gehen den Dingen gerne auf den Grund; bleiben beim Thema. ... sind verständnisvolle Zuhörer.

Umgang mit Kritik

Handlungstypen ...	Beziehungstypen ...	Sachtypen ...
... empfinden Kritik von inkompetenter Seite her als etwas sehr Unangenehmes. ... können gereizt reagieren, hauptsächlich, wenn man sie in ihrer Arbeit kritisiert.	... mögen Kritik, nutzen sie konstruktiv. ... sind dankbar für Verbesserungsvorschläge oder das Aufzeigen von Alternativen.	... leiden unter dem Nachweis von Fehlern, mögen angeforderte, objektive Kritik. ... äußern Kritik selbst nur auf Nachfrage.

… können Kritik als Herausforderung verstehen und nutzen. … verteilen relativ unverblümt Kritik. … gelten als gefürchtete Kritiker, da ihnen die negativen Aspekte einer Sache zuerst auffallen. … können bei elementarer Kritik von außen mit Aggressionen oder Streit reagieren.	… kritisieren selbst eher ungern. … verpacken weniger gute Kritik in nette Worte. … fühlen sich durch persönliche Kritik ungeliebt oder befürchten, als dumm angesehen zu werden.	… beleuchten positive wie negative Aspekte einer Sache. … können Kritik als Verletzung ihrer Persönlichkeit empfinden und erleben sich als Opfer; reagieren oft sehr empfindlich. … neigen zu übertriebener Selbstkritik.

Küssen

Handlungstypen …	Beziehungstypen …	Sachtypen …
… küssen, weil es innerhalb der Partnerschaft dazugehört. … verteilen Küsse nur als Zeichen echter Zuneigung.	… verteilen ihre Küsschen unverbindlich. … küssen ohne weitere Erwartungen an den anderen.	… geben ihre Küsse sparsam und schüchtern. … küssen ausdauernd und leidenschaftlich.

… empfinden Küssen und Sex als zusammengehörig, bereits vor den ersten Küssen spüren sie das Verlangen nach Sex. … küssen selten in der Öffentlichkeit. … setzen beim Küssen Intimität und Vertrautheit voraus.	… empfinden flüchtige Küsse auch in der Öffentlichkeit als zum Alltag gehörig.	… entwickeln durch Küsse ihr Verlangen nach Sex (wie von selbst).

Ordnung und Sauberkeit

Handlungstypen …	Beziehungstypen …	Sachtypen …
… bewerten Sauberkeit und Ordnung sehr hoch. … putzen nach Möglichkeit regelmäßig, vor allem Bad und Küche. … pflegen ihr Mobiliar. … halten auch ihren Arbeitsplatz in Ordnung, heften beispielsweise Formulare oder Dokumente gleich in Ordner ab.	… putzen eher oberflächlich. … achten auf schönes Aussehen der Wohnung. … haben versteckte „Kram-Ecken“. … dekorieren ihren Arbeitsplatz gerne mit persönlichen Dingen oder anregenden Kleinigkeiten. … dekorieren sehr gerne, es gehört für sie zum Aufräumen dazu.	… genießen es, wenn es sauber und ordentlich ist. … putzen allerdings meistens erst, wenn sich die Mühe auch „lohnt“. … räumen auf, wenn sie den Überblick verlieren. … empfinden Putzen als Zeitverschwendung. … putzen selektiv, also einzelne Teile eines Raumes.

… „arbeiten“ ihren Schreibtisch regelmäßig frei. … pflegen Schuhputzrituale: ausgebreitete Zeitung, parat liegende Bürste, Schuhcreme, Imprägnierspray … … haben vorbildlich aufgeräumte und saubere Kellerräume, wo in Regalen fein sortiert Konserven zu finden sind oder ein perfekt angelegtes Werkzeugbord.	… verschönern lieber die Wohnung, als sich der Hausarbeit (bügeln, Spülmaschine ausräumen …) zu widmen – nach dem Motto: „Das sieht doch eh keiner!“ … lassen sich gerne von begonnenen Putzattacken ablenken, zum Beispiel von Besuch.	… haben ihre eigene Ordnung und Struktur; Stapel von Unterlagen sind beispielsweise nach zeitlicher Abfolge oder Wichtigkeit sortiert. … mögen „meditatives“ oder „therapeutisches“ Putzen (etwas machen, ohne darüber nachdenken oder sprechen zu müssen). … empfinden Stapel von Dokumenten oder auch Kleidung bereits als Ordnung. … haben ihre eigene Ordnung; automatisch (mit der Zeit) finden sich Sachen wieder an dem dafür vorgesehenen Platz ein.

Nützlich kann es aber auch sein, stellvertretend für den zu Analysierenden einen der im Internet verfügbaren Typentests (www.psychographen.de/typentest) beziehungsweise den Typentest auf Seite 56 ff. durchzuführen – was natürlich umso besser gelingt, je genauer man den zu typisierenden Menschen kennt.

Drei verschiedene Ausgangspositionen für das Abenteuer Beziehung

Hat man einmal damit begonnen, auf den psychographischen Typ eines Menschen zu achten, bleibt es natürlich nicht aus, dass man versucht ist, dies gerade bei Vertretern oder Vertreterinnen des anderen Geschlechts zu tun, für die man Interesse zeigt. Doch aufgepasst: Die Zuordnung eines Menschen zu einem bestimmten Typ führt zwischen Beobachter und Beobachtetem nicht nur zu mehr Verständnis positiver Art, sondern offenbart automatisch auch eine ganze Liste von Eigenschaften, die der eine am anderen vielleicht als kritisch beurteilt. So mag ein Beziehungstyp auf den ersten Blick außergewöhnlich charmant, liebenswürdig und freundlich wirken, ein Sachtyp verständnisvoll, tiefsinnig und voller erotischer Geheimnisse, ein Handlungstyp kraftvoll, ordentlich und fleißig. Doch ist dem psychographisch bewanderten Beobachter auch klar, dass ein Beziehungstyp gleichzeitig wechselhaft bis unstet, ein Sachtyp kritisch bis entscheidungsschwach und ein Handlungstyp berechenbar bis unflexibel sein kann – und dass mit dieser Art auf Dauer zu rechnen sein wird. Durch die Typenkenntnis entfällt in vielen Fällen jenes so reizvolle Hineindeuten ausschließlich guter und edler Eigenschaften in einen unbekannten Menschen, den wir attraktiv finden und in den wir uns zu verlieben beginnen. Durch Kenntnis der Unterschiede ahnen oder sehen wir bereits auch jene typbedingten, weniger angenehmen Eigenschaften, die genauso zu ihm oder ihr gehören und die Verliebte allzu gerne ausblenden oder gar zu verbergen suchen. Haben wir uns jedoch erst einmal eingestanden, worauf wir uns einlassen, und unser Gegenüber erscheint uns trotz aller Schwächen noch interessant genug, dann lauert schon die nächste Herausforderung auf uns: Wie die unterschiedlichen Typen die Ausgangsposition einer Beziehung bewerten und auf welche Art und Weise sie eine Beziehung eingehen, ist nämlich sehr verschieden und kann zu enormen Missverständnissen führen.

Mit „Ausgangsposition für eine Liebesbeziehung" bezeichne ich jene automatisch vorhandenen und typbedingten Erwartungen, Gedanken, Verhaltensweisen und Signale gegenüber einem potenziellen Partner. Wir entwickeln sie meist, ohne uns dessen zunächst bewusst zu sein oder darüber zu reflektieren (es sei denn, wir verstehen etwas davon, wie Sie es tun werden, nachdem Sie diesen Abschnitt gelesen haben). Und was noch folgenreicher ist: Wir unterstellen selbstverständlich allen anderen Menschen dieselbe Sichtweise. Bei ungefähr einem Drittel der Fälle (bei Menschen mit gleichem Grundtyp) liegen wir damit ja auch richtig, aber bei etwa zwei Dritteln täuschen wir uns gewaltig – und hieraus resultieren die angekündigten Missverständnisse, die ich an einem Vergleichsbeispiel vorab und mithilfe der folgenden Tabelle erläutern möchte:

Üblicher Gesprächsablauf in A-Land bei einem Vorstellungsgespräch	Üblicher Gesprächsablauf in B-Land
1. Vorstellung der eigenen Person.	1. Vorstellung der Gehaltsvorstellungen.
2. Wenn weiterhin Interesse besteht, erfolgt die Erläuterung der Gehaltvorstellungen.	2. Wenn weiterhin Interesse besteht, erfolgt ein Bericht über bisherige Tätigkeiten.
3. Und schließlich (kurz vor Vertragsabschluss) wird über die bisherigen Tätigkeiten berichtet.	3. Und schließlich (kurz vor Vertragsabschluss) wird die eigene Person vorgestellt.

Der Unterschied in der Gesprächsabfolge weist auch auf den Unterschied in der Bedeutung hin, die den jeweiligen Gesprächsinhalten zugewiesen wird.

Stellen Sie sich einmal vor, bei Bewerbungsgesprächen hätten sich in A-Land und B-Land unterschiedliche Gesprächsabfolgen als unumstößliche Regel eingebürgert, wie in der Tabelle beschrieben. Nehmen Sie nun an, es würde sich jemand im anderen Land ohne Kenntnis dieses Unterschieds bewerben. Die jeweiligen Personalchefs könnten leicht den Eindruck gewinnen, hier wisse jemand nicht, was sich gehöre. Unter Umständen würde man aufgrund der Gesprächsabfolge vermuten, dem Bewerber seien Geld, die eigene Person oder Berufserfahrung überaus wichtig beziehungsweise unwichtig. Anders gesagt: Statt sich voll auf das Gespräch und seinen Inhalt selbst zu konzentrieren, würde die Gesprächsabfolge überbewertet und die Verständigung dadurch extrem behindert. Der Bewerber aber hätte von alldem keine Ahnung! Er würde sich höchstwahrscheinlich wundern, dass der Personalchef so ungewöhnliche Nachfragen stellt, und würde seinerseits skeptisch reagieren.

Was in diesem fiktiven Bewerbungsgespräch noch relativ harmlose Folgen haben dürfte, wird in vielen zwischenmenschlichen Paarbeziehungen zum Anfang einer lebenslangen Kette von gegenseitigen Missverständnissen ungeahnten Ausmaßes, sodass man sich als psychographischer Beobachter manchmal fragt, wie sich Paare verschiedenen Typs überhaupt verständigen können. Eine mögliche Antwort liegt im so genannten „Vierten Bereich“, auf den ich später eingehen will (siehe Seiten 101 ff.).

Doch zunächst möchte ich die drei grundverschiedenen Ausgangspositionen für eine Beziehung erläutern, die bei Schimpansen, Orang-Utans und Gorillas sehr stark variieren. Hieraus resultieren gänzlich verschiedene Strategien der Annäherung und die jeweiligen Erwartungen an den anderen können extrem weit voneinander entfernt liegen. Eine Skizze soll dies verdeutlichen:

Ausgangspositionen und Hürden der drei Grundtypen in Paarbeziehungen

Beziehungstypen betreten den Beziehungsdschungel auf eine ganz selbstverständliche Weise – wie ein Kind öffnen sie sich dem anderen, dessen Zuneigung und Zeit sie gewinnen möchten. Diese Art, auf einen Menschen zuzugehen, hat von Anfang an etwas sehr Emotionales, Herzliches und Freundliches. Beziehungstypen unterstellen einem potenziellen Liebespartner zunächst nur Gutes und sehen wenig Anlass zu Vorsicht, kritischem Hinterfragen oder gar einem Vergleich mit früheren unangenehmen Erfahrungen. Hinzu kommt, dass sie sich zuerst nur auf der Ebene des Flirts bewegen, ohne allzu ernste Hintergedanken zu haben. Es ist ein Spiel und kann als solches jederzeit abgebrochen, beschleunigt oder ernsthaft vertieft werden. Keinesfalls ungewöhnlich ist es also, dass sich ein Beziehungstyp am selben Abend hintereinander in zwei oder drei Personen „verliebt" und sie ebenso schnell wieder stehen lässt, wenn jemand Reizvolleres auftaucht.

Beim Beziehungstyp handelt es sich anfangs meist um eine spontane Faszination, ohne dass er den anderen besser kennen müsste. Dabei investiert der Beziehungstyp aber nur so viel

Aufwand und Zeit wie jemand, der sich in einer unter vielen Wohnungen, die ihm vom Makler angeboten werden, umsieht, und dabei einen ersten Blick vom Balkon aus auf die Landschaft wagt. Er ist einfach vom ersten Eindruck begeistert und überlegt nun, ob er sich genauer mit dem Angebot befassen soll – mehr nicht. Wird die Beziehung nicht weiter vertieft, bleibt sie zwangsläufig oberflächlich und sehr anfällig für äußere Einflüsse. Nicht wenige Beziehungstypen verbringen dreißig oder vierzig Jahre ihres Beziehungslebens damit, sich von einem ersten Kennenlernen zum nächsten zu hangeln. Auf den ersten Schritt muss natürlich irgendwann auch der zweite folgen, und der stellt für den Beziehungstyp eine echte Hürde dar. Erst wenn diese Hürde genommen ist, wird aber eine langfristige und exklusive Beziehung möglich. Was Beziehungstypen so schwerfällt, stellt dagegen für Sachtypen den ersten Schritt in eine Beziehung dar:

Liebe in der Welt der Sachtypen ist auf Einzigartigkeit, Bestand und Tiefe angelegt. Man muss sich stark auf das Sein und die Themen des Gegenübers einlassen, tief gehendes Interesse und reichlich erotische (oder geistige) Wärme sind nötig. Wird diese Anfangsinvestition nicht als lohnend genug betrachtet, bleibt die Bekanntschaft mit einem Sachtyp eher auf der bisherigen geistigen, erotisch-leidenschaftlichen oder sachbezogenen Ebene, als dass sie eine grundlegende Vertiefung in Richtung Handlungstyp-Bereich (Verantwortung, Freundschaft, Körperlichkeit) erfährt. Umgekehrt begeben sich interessierte Sachtypen automatisch in eine Haltung, die erwarten lässt, dass sie sich in der beschriebenen Weise engagieren werden. Sie zwingen so ihr Gegenüber, wenn es sich um einen Beziehungstyp handelt, zu einer es in der Kürze der Zeit überfordernden Entscheidung – nämlich darüber, ob der andere reizvoll genug ist, um alles zu investieren, oder ob es sich einfach nur um einen spannenden neuen Bekannten handelt. Der Sachtyp ist dem Beziehungstyp hier sozusagen einen Schritt voraus. Für ihn bedeutet dieser Schritt kaum größere Anstrengung – der Beziehungstyp jedoch wird sich in unverhoffter Beschleunigung der Entwicklung (möglicherweise aus einem für ihn harmlosen Flirt oder einer Neugier heraus) auf eine Entscheidung und Hürde zugetrieben sehen, die ihm, egal wie er sich entscheidet, häufig in eher unangenehmer oder peinlicher Erinnerung bleiben wird – vor allem dann, wenn er erkennt, dass es dem Sachtyp noch lange nicht so ernst war wie vermutet und dieser (zum Beispiel nach der ersten gemeinsam verbrachten erotischen Nacht) keine Anstalten macht, nun auch den dritten Schritt zu gehen und Verantwortung zu übernehmen. Dieser Schritt sollte doch, der Meinung des Schimpansen-Typus nach, auf die große Hürde des zweiten Schritts wie selbstverständlich folgen (siehe Abbildung Seite 86).

Der dritte und letzte Schritt für den Beziehungstyp ist Ausgangspunkt und erster Schritt für Handlungstypen. Sie beginnen eine Liebesbeziehung auf der praktischen, körperlichen und fürsorglichen Ebene. Bei anderen spricht sie ein solches Verhalten an und sie erwidern es, wenn sie jemanden mögen. Handlungstypen brauchen also für eine feste Umarmung, eine Einladung zum Essen oder für körperliche Annäherungen weder ihr Herz zu öffnen noch erfordert es eine längere Zeit des Kennenlernens und Abwägens. Selbst sexuelle Annäherungen und Aktivitäten sind kein Garant für tiefer gehende Liebesgefühle oder eine exklusive Beziehung. Überraschenderweise können dies für Nicht-Handlungstypen Signale sein, gemeinsam eine Familie zu gründen und Nachwuchs zu zeugen. Bei Handlungstypen entwickelt sich die Voraussetzung dafür wenn überhaupt erst langsam, obwohl nach außen bereits deutliche Signale der Zusammengehörigkeit gesendet werden. Sachtypen fühlen sich aber manchmal vom vermeintlichen Mut und der Entschlossenheit des Handlungstyps ebenso überrascht wie angezogen. Ein folgenschwerer Unterschied zeigt sich jedoch darin, dass Sachtypen, wenn sie von Handlungstypen mit einem fürsorglichem Verhalten konfrontiert werden, eben nicht jene rasche Entscheidung treffen können, zu der Beziehungstypen notfalls fähig sind. Stattdessen schieben sie die Entscheidung hinaus, genießen die reichlich fließende Handlungstyp-Liebe und geben sich alle Mühe, diese möglichst lange auf ihre eigenen Mühlen zu lenken. Sie lassen es sogar zu, dass ihnen eine Entscheidung nach der anderen vom Handlungstyp abgenommen wird und sie sich ohne ihr Zutun plötzlich in der Elternrolle oder auf dem Standesamt wiederfinden – „Ich wurde geheiratet", hört man dann nicht selten. Währenddessen wartet der Handlungstyp immer fordernder darauf, dass endlich der so umsorgte Partner einmal ähnlich aktiv wird, damit man dann selbst den zweiten Schritt tun und sich auf der Herzensebene einlassen kann. Manchmal bemerkt der Sachtyp irgendwann, dass er eigentlich schon lange Nein zu den vom Handlungstyp bereits umgesetzten Lebenszielen sagen wollte, es nun aber nur noch unter großen Mühen und finanziellen Verlusten tun könnte. Dann blockiert er das, worauf der Handlungstyp so sehnlich wartet, und verfällt in trotzige Passivität. Also werden Arrangements geschlossen, man überwacht sich gegenseitig, ob nur nicht jemand anders auftaucht, der die Liebe des Handlungstyps oder die Aktivitätslaune des Sachtyps zu erwecken fähig ist. Währendessen kümmert sich der Handlungstyp noch mehr um die Arbeit oder die Kinder und lebt dort seine unterdrückte emotionale Liebe aus. Der Sachtyp vertieft sich häufig zunehmend in seine Fachthemen und bringt es so außerhalb der Beziehung zu jener Art von Aufmerksamkeit, die ihm in der Partnerschaft zu kurz kommt. Ein typisches Beispiel für ein solches Arrangement ist dieses seit knapp zwanzig Jahren verheiratete Ehepaar, bestehend aus Sachtyp-Mann und Handlungstyp-Frau. Er ist erfolgreicher Versicherungsmakler, sie seit einigen Jahren wieder halbtags in ihrem früheren Beruf angestellt. Seit die beiden früh geborenen Kinder nur noch wenig Aufmerksamkeit beanspruchen und die Geschäfte dank langjähriger Mitarbeiter fast von allein laufen, wird das Beziehungsvakuum zwischen den Partnern immer offensichtlicher. Auch die früher stets verfügbaren Entschuldigungen für die lange Abwesenheit von zuhause („Viel Arbeit im Büro“) oder die Müdigkeit am Abend („Die Kinder rauben mir noch den letzten Nerv“) haben ihren Rechtfertigungscharakter verloren. Er ersetzt die fehlende geistige und erotische Aufmerksamkeit immer häufiger durch Fortbildungen und Bekanntschaften rein sexuellen Charakters. Sie stillt ihr Bedürfnis nach Leichtigkeit und Herzenswärme mit zahlreichen Hobbys, möglichen Flirts und Seitensprüngen – und gemütlichen Sofaabenden mit den Katzen. Beide denken häufig an eine spätere Trennung, sobald die Kinder erst einmal das Haus verlassen haben. Doch befällt sie gleichzeitig Angst vor der Veränderung, vor der Aufgabe von Gewohnheiten und dem befürchteten Verlust gemeinsamer gesellschaftlicher Verbindungen und Freundeskreise.

Ähnlich schwierig ist folgende Konstellation: Ein Beziehungstyp geht automatisch mit bereits offenem Herzen auf Partnersuche. Trifft er nun auf einen Handlungstyp, meint dieser vielleicht, dass es doch noch Gerechtigkeit und Liebe gibt, und wähnt sich womöglich am Beginn einer wunderbaren Beziehung. Denn offensichtlich ist die oder der Angebetete (der Beziehungstyp) sehr weit entwickelt, was Herzensdinge angeht, wenn er oder sie sich so öffnen und einlassen kann. Folgerichtig (wiederum aus Sicht des Handlungstyps) lässt das nur auf einen ganz besonderen Menschen schließen, den man auf keinen Fall mehr vermissen möchte, auch wenn man bereits vergeben ist. Zahlreiche Affären, Seitensprünge und jahrelange Zweitbeziehungen dürften hier ihren Ursprung haben und sie sind meist nicht, wie manchmal vermutet, mangelnder Beherrschung zuzuschreiben – im Gegenteil: Handlungstypen geben so häufig ein Zeichen, dass ihr „Herz“ noch lebendig ist und sie sich nach dieser Art von Liebe gesehnt haben. Aus Sicht des Beziehungstyps lauern in einer solchen Affäre jedoch folgenschwere Missverständnisse. Er unterschätzt die Höhe der Hürde, die vom Handlungstypen bereits genommen wurde, um sich auf so viel private Nähe einzulassen – und damit wird der Beziehungstyp auch nicht entsprechend würdigen können, was gerade geschieht. Er wird zudem kaum ermessen, wie viel Unsicherheit und vielleicht sogar Schreckhaftigkeit im Herz des Handlungstyps vorhanden ist – für ihn ist solch eine Beziehung Neuland. Und so wird sich der Beziehungstyp dem Handlungstyp allzu oft (auf der emotionalen Ebene) reichlich forsch und fordernd nähern. Auch wird er den unvermeidlichen gelegentlichen Rückzug des Handlungstyps auf sicheres Terrain, nämlich auf eine versorgende, zuverlässige oder rein körperliche Liebe, als Zeichen des Nicht-mehr-Geliebtwerdens deuten und den Handlungstyp damit möglicherweise zu noch stärkerem emotionalen Engagement auffordern. Darüber hinaus wird der Beziehungstyp kaum verstehen können, weshalb der Handlungstyp neben der gemeinsamen einzigartigen Liebe noch mütterliche oder versorgende Gefühle für andere „Lieben" pflegt – zum Beispiel für seine aufreibende Arbeit, die geliebten Tiere, alte Hobbys oder seinen rechtmäßig angetrauten Ehepartner.

Hierzu ein Beispiel:

Eine Beziehungstyp-Frau Anfang vierzig lässt sich kurz nach Ende einer langjährigen Partnerschaft (mit einem Handlungstyp) erneut von einem Handlungstyp-Mann faszinieren. Beim Tanzen verstehen sie sich hervorragend, der Handlungstyp führt sie, sie lässt sich führen – bald sehen sie sich regelmäßig und telefonieren täglich miteinander. Ein Kurzurlaub wird gebucht, beide wähnen sich am Anfang einer langfristigen Verbindung und legen rasch ihre Scheu ab – jedoch mit ganz anderen Erwartungen! Die Beziehungstyp-Frau trauert noch ihrer früheren Verbindung nach und erhofft sich Trost. Der Handlungstyp-Mann nutzt die freie Zeit im Urlaub dazu, einige Dateien auf seinem Laptop neu zu organisieren und um sich auf eine wichtige Besprechung nach der Rückkehr vorzubereiten. Sie fühlt sich ungeliebt, weil er sich so wenig Zeit nimmt und kaum Interesse an ihrem früheren Leben zeigt. Er sieht sich durch diese emotionale Beanspruchung seiner Freiräume beraubt und reagiert mit Rechtfertigungen. Sie will die ungute Situation durch zusätzliche Zuwendung verbessern, er durch großzügige Geschenke seinen guten Willen unter Beweis stellen. Er gerät immer mehr unter Druck und sie bekommt den Eindruck, er wolle sie in einen goldenen Käfig sperren. Je mehr sich beide (gemäß ihres Typs) bemühen, die Beziehung zu verbessern, desto stärker gerät sie in Schieflage.

Vielleicht bekommen Sie beim Lesen dieser Zeilen eine Ahnung, welchen Unterschied die Psychographie bei der Betrachtung von Paarbeziehungen und in der Praxis eines Paarberaters bewirkt. Ihnen wird bewusst, vor wie vielen ungelösten Rätseln Paare und solche, die sich bemühen, es zu werden, regelmäßig stehen. Vielleicht täusche ich mich, aber mein Eindruck ist, dass nur wenige typgemischte Paare sich wie von selbst langfristig gut verstehen. Wenn nicht außergewöhnliche Bemühungen um Verständnis, Toleranz, Nachsicht und Kommunikation von beiden Seiten angestrebt werden, sinken die Chancen auf eine anhaltend gute Verbindung deutlich. Viele typgemischte Paare, die bereits lange in einer glücklichen Verbindung leben, berichten von häufigen und wiederkehrenden Missverständnissen und deren Überwindung durch besondere Kompetenzen. So können die gemeinsame Pflege eines Hobbys, ähnliche Geisteshaltungen, große gemeinsame Aufgaben oder ein gemeinsam geführtes Unternehmen eine haltbare Klammer bilden, um Unterschiede nicht zu einer Sollbruchstelle, sondern zu einer fruchtbaren Erweiterung der Möglichkeiten und Sichtweisen werden zu lassen.

Primatenforschung unter der „Exbettdecke“

Nicht nur die aktuellen Partner, Partnerinnen oder Freunde werden bald ins Scheinwerferlicht unserer Typanalyse geraten. In vielen Seminaren erlebe ich, dass rasch die Frage nach dem Typ der oder des „Ex“ auftaucht. Da werden dann Fotos hervorgekramt, Anekdoten erzählt oder Trennungsgeschichten zum Besten gegeben, häufig begleitet vom Bei-mir-war-es-genauso anderer Seminarteilnehmer, was darauf schließen lässt, dass hier womöglich dieselben Typen beteiligt waren. Dieser Wunsch, die jeweils eigene Geschichte nachträglich besser zu verstehen, ist verständlich und wichtig. Mithilfe der Psychographie kann man diesem Bedürfnis nachkommen. Nicht nur frühere Paarbeziehungen kann man so rückblickend analysieren. Auch die eigenen Eltern, Geschwister, Lehrer, Freundinnen oder jene, die man gerne als Freunde gehabt hätte, erscheinen häufig in einem klareren Licht, wenn man ihr Wesen und Verhalten vor dem Hintergrund der psychographischen Typen betrachtet. Das gilt ebenso für das Verstehen der Interaktionen zwischen einem selbst und den anderen wie für die eigenen Reaktionen. Es werden Parallelen klar, die zuvor vielleicht geahnt oder intuitiv begriffen, aber nicht in Worte gefasst werden konnten. Einem guten Bekannten ging es zum Beispiel so, dass er die Ähnlichkeiten im Verhalten und in der Art der Beziehung bei drei aufeinanderfolgenden Partnerinnen ganz klar einem Typ zuordnen konnte. Früher hatte er gemeint, alle Frauen seien wohl sehr ähnlich, zumindest im Zusammenleben. Im Rückblick wurde ihm jedoch klar, dass es sich schlichtweg um den jeweils gleichen Typ gehandelt hatte und dass seine Erfahrungen weit gehend deckungsgleich mit denen anderer Paare derselben Typkombination waren.

Am ergiebigsten für solche rückblickenden Typanalysen scheinen die unterschiedlichen Verhaltensweisen rund um das

Thema Sexualität zu sein, weshalb es jetzt darum gehen soll, einen Blick „unter die Bettdecke" zu wagen. Zwei Vorbemerkungen sind mir jedoch zu Anfang wichtig: Erstens sind die hier aufgelisteten Unterschiede etwas überzeichnet, um sie prägnanter zu machen; sie werden in dieser Absolutheit niemals einem tatsächlichen Menschen gerecht und lassen daher kein Fazit nach dem Motto zu: Alle Handlungstypen verhalten sich immer so und so, wenn sie sich sexuell betätigen. Und zweitens ist es mir wichtig, daran zu erinnern, dass die Psychographie eine Beschreibung dynamischer Persönlichkeitsentwicklungen ist, also einen Weg von … nach … beschreibt, nicht ein statisch feststehendes Verhaltensmuster, das ausschließlich und ohne Ausnahmen auftritt. Daher werden vermutlich auch die Erinnerungen an die Anfangsphase einer Beziehung aufschlussreicher sein als an spätere Zeiten, in denen man die Persönlichkeit und das Verhalten des Partners bereits in all ihren Fassetten kannte. Zudem dürften in Stresssituationen mehr von den ursprünglichen Persönlichkeitsmerkmalen eines Menschen zum Vorschein kommen, als wenn er sich in Urlaubs-, Wochenend- oder Liebeslaune befindet.

Um die Grundhaltung der drei Typen gegenüber Sexualität möglichst treffend zu erfassen, sei noch einmal auf die drei unterschiedlichen Ausgangspositionen für eine Beziehung verwiesen, die am Anfang dieses Kapitels (Seite 86) beschrieben werden. Daraus lässt sich ableiten, dass Sexualität für einen Beziehungstyp einen völlig anderen Stellenwert innerhalb einer Beziehung hat als für einen Sach- oder Handlungstyp.

Für Beziehungstypen ist Sexualität normalerweise die Folge von privater Nähe und sehr inniger, tief empfundener Gefühle. Daraus lässt sich aber nicht automatisch ableiten, dass eine Beziehung bereits von langer Dauer und sehr intensiv sein muss, bis der Beziehungstyp für sexuelle Nähe bereit ist – im Gegenteil: Es kann auch bei ihm zu einer Spontanreaktion kommen, die durch sexuelle Defizite, Neugier, Fantasie oder weil man dem anderen alle erdenklichen positiven Eigenschaften zuschreibt, verstärkt wird. Diese Anziehung kann allerdings schon beim zweiten Hinsehen oder Wiedersehen verflogen sein. Sexualität ist für den Beziehungstyp also nur eine weitere Möglichkeit, seine Liebe und Zuneigung auszudrücken, auch wenn es meist nicht der erste Schritt ist. Sexualität hat etwas mit Erwachsenwerden zu tun, weshalb gerade junge Beziehungstypen hier mehr in der Fantasie als in der Realität aktiv werden; viele Geschichten, die von Beziehungstypen hinsichtlich sexueller Abenteuer zum Besten gegeben werden, dürften in diese Kategorie fallen. Diese scheinbare Zurückhaltung hat also eher etwas mit Unerfahrenheit und Unsicherheit zu tun als mit Schüchternheit; vor allem, wenn beide Partner Beziehungstypen sind (und sich auch ihrem Typ entsprechend verhalten), dürfte dies zum Tragen kommen. Es kann auch durchaus vorkommen, dass sich ein Beziehungstyp zu sexuellen Annäherungen hinreißen lässt, weil er sich vor die Wahl zwischen Ja und Nein gestellt sieht und sein Gegenüber nicht verlieren möchte. Genauso kann ein Beziehungstyp sich zu raschen sexuellen Liebesbezeugungen gedrängt fühlen, wenn er der Meinung ist, der Partner würde das von ihm erwarten, er aber nicht die Zeit hat, den anderen gemäß seines Typs erst auf einer weniger tief gehenden Ebene kennen zu lernen und sich mit ihm anzufreunden. Zwei Schwächen des Beziehungstyps – nämlich, sich wenig Zeit zu nehmen und sich kein Vielleicht einzuräumen – spielen hier zusammen. Im Ergebnis kommt es dann nicht selten zu etwas, das in anderem Zusammenhang als „Kaufreue" in Erscheinung tritt. Sexualität in einer positiven Beziehung ohne Zeit-, Entscheidungs- oder Erwartungsdruck ist jedoch für Beziehungstypen die Gelegenheit für reichhaltigen, fantasievollen und spielerischen Umgang mit allen darin enthaltenen Möglichkeiten. Vor allem aber ist Sex eine einzigartige Gelegenheit, dem Partner die besondere Qualität und Innigkeit einer Beziehung zu zeigen. Da Beziehungstypen ihre gewöhnliche Zuneigung ziemlich rasch und reichlich unter ihre Mitmenschen bringen, ist für sie eine exklusive, also freiwillig auf einen Menschen beschränkte sexuelle Beziehung sowohl normal als auch willkommen. In den wenigen Fällen, da es sich nicht so verhält, dürfte es sich mehrheitlich um Beziehungen handeln, die aus anderen als Liebesgründen aufrechterhalten werden und in denen der Partner vorhandene Defizite kurzfristig ausgleichen soll. Parallele anhaltende sexuelle Beziehungen zu zwei oder mehr Partnern kommen bei Beziehungstypen so gut wie nicht vor. Nach meiner Beobachtung können Beziehungstypen, deren erster Partner ein Handlungs- oder Sachtyp war, sich häufig erst im Beisammensein mit einem anderen Beziehungstyp natürlich verhalten. Hier haben sie die Freiheit, keine Rolle mehr spielen zu müssen – was sie dank ihrer schauspielerischen Fähigkeiten zur Not relativ eindrucksvoll und anhaltend können. Problematisch kann sich auswirken, dass Beziehungstypen vor oder parallel zu ihren eigenen realen sexuellen Erfahrungen eine ideale Traumwelt aufbauen, in der sie einen Traumpartner haben und traumhafte sexuelle Abenteuer erleben. Daneben haben es dann die tatsächlichen Partner des Beziehungstyps reichlich schwer, mitzuhalten und die Gefahr der Langeweile ist groß. Weil Beziehungstypen sehr anpassungsfähig in Bezug auf Sexualität sind, dürfte es relativ schwierig sein, frühere Partner als Beziehungstyp zu erkennen – vielleicht aber gelingt es dadurch, dass die anderen beiden Typen ausgeschlossen werden können, denn sie sind an ihren typischen Verhaltensweisen und Einstellungen sehr viel leichter zu erkennen.

Da für Sachtypen die Annäherung an einen Partner zunächst auf die geistige Ebene ausgerichtet ist und körperlicher Einsatz nicht selten sogar eine mit Angst besetzte Hürde darstellt, besteht die Sexualität des Sachtyps auch später größtenteils aus geistigen Elementen (dass es hier auch Ausnahmen gibt, zeigt das im folgenden Kapitel aufgeführte Beispiel von Senta und Stefan). Der eigene Körper und der des Partners bleiben hingegen lange oder dauerhaft geheimnis-

und reizvoll, vielleicht sogar unheimlich, denn auf dieser Ebene lassen sich erlebte Bedürfnisse und Möglichkeiten kaum durch die stark entwickelten geistigen beziehungsweise spirituellen Fähigkeiten ersetzen. Ebenso wie das Gefühl, den eigenen Hunger- und Durstgefühlen existenziell und bedrohlich ausgesetzt zu sein, kann es bei Sachtypen zu einem regelrechten Hunger nach körperlicher Aufmerksamkeit und Zuwendung in Form sexueller Aktivität kommen. Sachtypen zeigen sich häufiger fasziniert und sexuell stimulierbarer durch körperliche Formen und Bewegungen als die anderen Typen. Auch gibt es zahlreiche Äußerungen, die darauf hindeuten, dass gerade bei Sachtypen Sexualität auffallend oft mit gewollt-kontrollierter Aggressivität bis an die Grenzen des Erträglichen verbunden ist – vielleicht, weil nur so die innere Spannung auf- und wieder abgebaut werden kann oder weil nur durch solch starke Reize ausreichend Körperbewusstsein entsteht, um vom Geistigen Abstand zu bekommen. Essenziell scheint für Sachtypen jedoch die Dauer der sexuellen Aktivitäten zu sein, sodass sich unter Psychographen das Bonmot von „zwei Stunden davor, zwei Stunden dabei und zwei Stunden danach" verbreitet hat – was natürlich nicht den Normal-, sondern mehr den Idealzustand beschreibt. Sicher ist, dass der körperliche Aspekt der Sexualität für Sachtypen im Vergleich zu anderen Typen die höchste Bedeutung besitzt. Dies tritt jedoch ab und zu auch dadurch zutage, dass diese Bedürfnisse aufgrund unangenehmer Erlebnisse radikal verleugnet, verdrängt oder gegenüber dem Partner verschwiegen werden – vielleicht auch, um nicht in Abhängigkeit zu geraten und manipulierbar zu sein, nach dem Motto: „Die Oase nicht wissen lassen, dass sie eine solche ist." Es klingt womöglich im ersten Moment hart, aber aus diesen Beobachtungen lässt sich schließen (was auch von Sachtypen regelmäßig bestätigt wird), dass eine sexuelle Beziehung für Sachtypen nicht automatisch mit Liebe, fester Beziehung oder Familiengründung verbunden sein muss. Der Satz „Ich liebe dich" hat eine tiefe

Bedeutung für Sachtypen und scheint für sie erst nach einer sehr langen Zeit des Zusammenseins (durchaus einmal drei oder vier Jahre) ehrlich aussprechbar. Insofern verwundert es nicht, dass ein Sachtyp diesen Satz, wenn er bereits nach der ersten gemeinsamen Nacht oder sogar davor aus dem Mund eines Beziehungstyps kommt, fehldeuten muss. Aus seiner Sicht kann das ja nur heißen, dass sich der Beziehungstyp entweder weit aus dem Fenster lehnt, um etwas Bestimmtes zu erreichen, oder dass er in extrem kurzer Zeit gemerkt hat, was für ein besonderer Mensch man selbst (als Sachtyp) ist. Noch unverständlicher dürfte es dann für den Sachtyp sein, wenn derselbe, gerade noch entflammte Beziehungstyp schon wenige Wochen später denselben Satz zu jemand anders sagt und dem nun zum „guten Freund" degradierten Sachtyp voller Naivität davon erzählen kann.

Für Handlungstypen scheint Sexualität, wie schon angedeutet, zunächst eher eine körperliche Aktivität zu sein, was vor allem bei jüngeren Männern offenbar den Charakter einer sportlichen Betätigung annehmen kann und im „Erfolgsfall" wie der Ausgang einer urtümlichen Jagd den Trinkkumpanen verkündet wird. Da typischerweise weder das emotionale Herzzentrum berührt noch eine tief gehende geistig-erotische Seite angesprochen sein muss, dürfte es Handlungstypen auch am leichtesten fallen, sexuelle Dienstleistungen anzubieten – wobei hier nicht ausschließlich deren käufliche Variante gemeint ist. Gerade wenn attraktive Ziele (zum Beispiel die Familiengründung) oder Zielpersonen (ein potenzieller Vater oder eine potenzielle Mutter für den Nachwuchs) mit im Spiel sind, gehen Handlungstypen rasch aufs Ganze. Genauso kann es vorkommen, dass ein Handlungstyp in der sexuellen Zuwendung ein passendes Mittel sieht, etwa einen alten Freund oder eine deprimierte Freundin aufzuheitern – ohne dass damit eine tiefere Beziehung begründet oder weitere sexuelle Kontakte angekündigt werden. Daher rührt wahrscheinlich auch der (zum Beispiel in vielen Filmen) oft gehörte Satz „Das war doch nur Sex, keine Liebe" – ein Satz, der fast nur von Handlungstypen stammen kann. Selbst nach vielen Jahren Partnerschaft und Ehe kann man von Handlungstypen noch Aussagen hören wie „Ich weiß ja, wie ich sie (gemeint ist die Sachtyp-Partnerin) anzufassen habe, damit es ihr beim Sex gut geht" oder „Diese fünf Minuten bekommen wir auch noch herum" (gemeint ist dann, dass die eheliche Verpflichtung zum sexuellen Verkehr wie etwa das Fensterputzen „erledigt" wird). An einem weiteren Extremfall lässt sich – wiederum in der Interaktion mit einem Sachtyp – ein Verhalten illustrieren, das nur vor dem Hintergrund der oben beschriebenen Haltung gegenüber Sexualität verstanden werden kann: Eine Handlungstyp-Frau war aufgrund einer Operation und der nachfolgenden Erholungszeit länger nicht „in Stimmung" für solche Art der Zweisamkeit, sah jedoch, wie ihr Mann (den sie offenbar gut kannte) sehr unter diesem Entzug litt. Um nun jeglichen Annäherungsversuchen seinerseits einen Riegel vorzuschieben, gab sie ihm von ihrem selbst verdienten Geld größere Beträge mit dem Hinweis, er solle sich doch bitte das Gewünschte an entsprechender Stelle kaufen. Leider ist nicht überliefert, wie der Sachtyp-Mann auf diesen praktischen Vorschlag reagierte; ich könnte mir jedoch denken, dass er sich reichlich missverstanden fühlte – ihm hätte es womöglich genügt, sich gegenseitig verständnisvoll über die Situation auszutauschen.

Ein weiterer Punkt, der von Handlungstypen immer wieder im Zusammenhang mit der eigenen Sexualität geäußert wird, ist, dass sie ein Problem damit haben, locker zu sein, sobald größere Nähe entsteht und es sich nicht nur um „Sport" oder „Pflicht" handelt, sondern die weicheren, kindlichen und emotionalen Bereiche in ihnen angesprochen werden. Hier, auf dem für Handlungstypen (vor allem für jüngere) sehr dünnen Beziehungseis, holen sie sich offenbar gerne Unterstützung in Form von allerlei Hilfsmitteln, angefangen von einem Glas Sekt bis hin zu anderen Rauschmitteln. Tatsächlich sind manche Handlungstypen nach dieser Art der Vorbereitung kaum wiederzuerkennen: Plötzlich werden sie zugänglich, anschmiegsam oder extrem gesellig. Sie bringen mit schauspielerischem Talent die unglaublichsten Witze ins Spiel, entwickeln Fantasie, beichten ihre Träume und Sehnsüchte oder erzählen von ihrer Kindheit und von ihrer ersten Liebe. Mit etwas Glück und einem verständnisvollen Partner kann solch eine Stimmung aber auch ohne nebenwirkungsreiche Hilfsmittel ausgelöst werden und einen wirklich glücklichen Handlungstyp hervorbringen. Auch (Haus-)Tiere bewirken häufig eine veränderte Haltung bei Handlungstypen.

Gelingt dies jedoch nicht – so zeigen zahlreiche Berichte von Handlungstypen – ist die Neigung überdurchschnittlich groß, sich solche emotionalen Erlebnisse außerhalb der festen Beziehung oder Ehe zu suchen. Aus psychographischer Sicht und wenn man die Verhaltensmuster des Handlungstyps kennt, werden die Gründe für sein Fremdgehen verständlicher: Außerhalb der normalen, durch Verantwortung, Pflicht und gesellschaftliche Ansprüche charakterisierten Beziehung lässt sich im Anschluss an eine feucht-fröhliche Faschings- oder Betriebsfeier eben viel einfacher „Herz“ zeigen als im mit reichlich Schulden erbauten Reihenhaus, wo es immer etwas zu tun gibt und in dem direkt neben dem elterlichen Schlafzimmer die Kinder träumen und unberechenbar die eheliche Harmonie stören könnten. Eine Ausnahme stellt vielleicht ein Sonntagmorgen dar, wenn die Kinder bereits früh aus dem Haus und den ganzen Tag auf einer Sportveranstaltung sind oder sich bereits seit Samstag für das ganze Wochenende bei Freunden oder Tanten außer Hörweite befinden. Schade nur, wenn der Partner dann kein Handlungstyp ist und aus dieser ausgeruhten Sonntagsgelegenheit lieber ein ausgiebiges Ausschlafen (Sachtyp) oder einen langen Ausflug (Beziehungstyp) mit Picknick zu machen gedenkt.

Wichtig bei solchen forschenden Rückblicken ist, dass Sie stets den Gesamteindruck eines Menschen im Auge behalten und sich nicht an einzelnen, als typisch aufgeführten Punkten aufhalten. „Typus" heißt stets, dass hier ein vereinfachtes Gesamtbild wie auf einer Landkarte gezeichnet wird und die Landschaft selbst – der einzelne, individuelle Mensch – durchaus für einige Überraschungen gut sein kann und häufig in seinen Eigenheiten stark von seinem psychographischen Typus abweicht. Und es sei noch einmal an die beiden Blickwinkel erinnert, aus denen die Formulierung eines Typverdachts meistens besonders Erfolg versprechend ist: Häufig gezeigtes Normalverhalten und Reaktionen unter starkem Stress entlarven den ursprünglichen Typ eines Menschen am ehesten. Noch ein letzter Tipp: Falls Sie bereits mehrere Beziehungen hinter sich haben, kann es aufschlussreich und nützlich sein, zur Typerkennung auch Ähnlichkeiten zwischen den Expartnern zu beachten und sich vielleicht eine kleine Liste derjenigen anzulegen, von denen Sie den Typ bereits zu erraten glauben. Ideal ist natürlich, wenn man einen guten Freund oder eine langjährige Freundin hat, die einen die ganze Zeit über bereits kannte und sich vielleicht viele typische Geschichten gemerkt hat. Dann kann womöglich eine „Primatenforschung" zu zweit und mit einem Fotoalbum auf dem Tisch am ergiebigsten sein ...

Der „Vierte Bereich"

Neben typspezifischen Einflüssen gibt es innerhalb einer Beziehung natürlich auch solche, die von anderen Faktoren abhängig sind. Diese können gerade zu Beginn einer Beziehung besonders deutlich zutage treten, weshalb ihnen hier einige Zeilen gewidmet sein sollen. Unter Psychographen hat sich die Bezeichnung „Vierter Bereich" als Sammelbegriff für Lebensbereiche etabliert, die nicht in der Landkarte der Psychographie, dafür aber in der „Landschaft Mensch" auftauchen und die ebenfalls große Auswirkungen auf die Gesamtpersönlichkeit eines Menschen haben. Dazu gehören zum Beispiel die kulturelle und sprachliche Umwelt, in der wir aufgewachsen sind, die Religion, der wir uns zugehörig fühlen, oder Erfahrungen, die unserer einzigartigen Biografie entstammen. Hier können, auch entgegen den Typunterschieden, Ähnlichkeiten auftauchen und zum Eindruck der Zusammengehörigkeit beitragen – ebenso natürlich im umgekehrten Fall zu Fremdheitsgefühlen.

Manche dieser Faktoren aus dem Vierten Bereich übernehmen in der Anfangsphase einer Liebesbeziehung eine einflussreiche Rolle. Es scheint mir daher sinnvoll, diese zwar zur Kenntnis zu nehmen und zu respektieren, aber sie nicht vorschnell mit dem Typ eines Menschen in Verbindung zu bringen. Hier sollten Ähnlichkeiten weder als alleinige Basis für eine Partnerschaft überbewertet werden noch sollten Unterschiede als unüberbrückbares Hindernis betrachtet werden und den Blick auf die Gesamtpersönlichkeit versperren. Vermutlich werden zu Beginn einer Beziehung auch hauptsächlich mehr unbewusste Antriebe die Regie übernehmen und weniger die Frage, wie der andere etwa das Weihnachtsfest verbringt – im Gegenteil: Die anfängliche Verliebtheitsphase und die dabei bekanntermaßen auftretende Blindheit für die Schwächen des anderen können helfen, eigene Tabus zu brechen, beschränkte Sichtweisen zu erweitern und neue Erfahrungen zu ermöglichen. Angespornt und neugierig gemacht durch die Begegnung mit einem uns besonders berührenden (Handlungstyp), faszinierenden (Beziehungstyp) oder anregenden (Sachtyp) Menschen kann so manches in uns in Bewegung geraten. Vielleicht hinterfragen wir uns ehrlicher beim Blick in liebende Augen als beim Blick in den Spiegel der eigenen Überzeugungen. So könnte sich etwa ein bislang tierscheuer Zeitgenosse im Zuge der Begegnung mit seinem künftigen Partner auch mit dessen Haustieren anfreunden und innerhalb kurzer Zeit eine neue und liebenswerte Seite an sich entdecken.

Auf jeden Fall ist es kein Fehler, sich seiner eigenen Prägung in den folgenden Bereichen bewusst zu sein, diese nach und nach mit dem Partner zu teilen und sich auch mit dem Vierten Bereich des anderen einmal genauer auseinanderzusetzen.

Nachfolgend eine Auswahl von Faktoren des Vierten Bereichs mit kleinen Beispielen, wie sie auf eine beginnende Beziehung Einfluss nehmen können (in alphabetischer Reihenfolge):

1. **Beruf:** Welche zeitlichen Freiräume lässt der Beruf für die Partnerschaft? Welche Eindrücke bringt der Partner aus seiner Arbeit mit, die für die Partnerschaft belastend sein können (Psychiater, Polizist, Pfarrer, Politiker, Pädagoge, Privatier, Soldat, Manager, Schauspieler, Arzt etc.)?
2. **Ernährungsgewohnheiten:** Hat der Partner Vorlieben oder Abneigungen, die der eigenen Ernährungsweise völlig entgegenstehen? Ist er/sie bereit, diesen Unterschied im Alltag zu tolerieren oder sich darauf einzustellen?
3. **Ethische Einstellung:** Gibt es unterschiedliche ethische Einstellungen, durch die bei Differenzen zusätzliches Öl ins Feuer gegossen werden könnte (Haltung zu Abtreibung, zu Menschen anderer Hautfarbe, Sprache oder Nationalität, zu Menschenrechten)?
4. **Familientradition:** Ist es üblich, eine Bekanntschaft sehr früh der eigenen Familie vorzustellen? Wie häufig sind Besuche bei Eltern oder Geschwistern üblich?
5. **Festtage/Urlaubsgewohnheiten:** Werden Festtage oder Urlaube gewohnheitsmäßig an einem bestimmten Ort oder mit bestimmten Menschen verbracht (zum Beispiel mit der Großfamilie)?
6. **Freunde:** Welche Freunde mit welchen Gewohnheiten und Erwartungen spielen eine wesentliche Rolle im Leben des Partners? Wie werden diese Sie als neuen Partner aufnehmen (Konkurrenz)?

7. **Finanzieller Status:** Sind größere Summen an Vermögen oder Schulden vorhanden, die sich mit der Zeit bemerkbar machen könnten? Werden früher oder später aus dieser Ecke Begehrlichkeiten oder Einschränkungen auftauchen?
8. **Partnerschaftskultur:** Wie steht es mit Flirts, Seitensprüngen oder gar zusätzlichen Partnern (wie in manchen Kulturen/Religionen erlaubt)? Die hier vorhandenen Unterschiede können im Ernstfall eine enorme Dynamik entwickeln beziehungsweise bergen ein Potenzial für Verletzung oder gar Trennung.
9. **Politische Einstellung:** Zeigt einer der Partner extreme politische Meinungen, die den Vorstellungen des Partners entgegenstehen? Könnte die politische Haltung (oder das Desinteresse) des einen Partners den anderen massiv beeinflussen (zum Beispiel im Hinblick auf dessen Bekanntenkreis oder geschäftlichen Kontakte)?
10. **Religion:** Was sagen die Glaubensgrundlagen des Partners zur Frage, ob sexuelle Kontakte vor der Ehe erlaubt sind oder darüber, ob Ehepartner der gleichen Religion angehören (beziehungsweise zu ihr konvertieren) sollten?
11. **Suchtmittelverwendung (Nikotin/Alkohol/Drogen):** Welche Verhaltensweisen sind hier „normal" oder „noch normal"? Sind suchtartige Konsumgewohnheiten vorhanden, die den Partner stören oder zu Rettungsversuchen verleiten könnten?
12. **Tiere/Haustiere:** Hat oder wünscht sich der Partner Tiere bzw. Haustiere – eventuell solche, auf die der andere mit Angst oder Allergien reagiert?
13. **Vorhandene Kinder/-wünsche:** Bringt der Partner Kinder aus anderen Beziehungen mit in die Beziehung? Sind Kinderwünsche beim Partner vorhanden oder von vornherein ausgeschlossen?

All diese Aspekte können sich je nach Typzugehörigkeit abmildern oder verstärken, sind jedoch nicht Teil des Typs; daher gelten im Umgang mit Differenzen in diesem Bereich eher die lösungsorientierten Ansätze (siehe Seite 251 ff.) als hilfreich und weniger die typgerechten.

Kapitel 5: Wegweiser durch den Beziehungsdschungel

Werner Winkler

Den Partner auch als Typ verstehen, respektieren und lieben

Wenn man das Wissen um die Typunterschiede einbezieht, lassen sich Paarbeziehungen, vor allem ihr Beginn und Alltag, reicher gestalten und Problemlösungen werden leichter gefunden.

Mehr Verständnis für die eigene Person

Noch mehr als das Wissen um den Typ des Partners wird das Verstehen der eigenen Person als „Typ unter Typen" bedeutungsvoll. Häufig erkennt man: „Ich bin okay als der Typ, der ich bin – und du bist okay als der Typ, der du bist." Gerade die Erkenntnis der jeweils typeigenen Stärken (natürliche Voraussetzungen) und Schwächen (Ressourcen) verändert die Wahrnehmung der eigenen Person und Individualität deutlich, wie auch viele Äußerungen von Seminarteilnehmern oder Lesern früherer Psychographiebücher zeigen.

Eine andere Haltung gegenüber dem eigenen Lebenslauf

„Hier habe ich gelernt, dass ich normal bin und so sein darf, wie ich mich fühle. Und dass ich nicht die Erwartungen anderer erfüllen muss" – so brachte es eine Teilnehmerin nach einem mehrteiligen Psychographieseminar auf den Punkt. Indem sich viele Entscheidungen, Fehler oder Glücksmomente als typisch herausstellen, ändert sich häufig ihre Bedeutung und damit unsere Haltung ihnen gegenüber. Gerade im Rückblick auf frühere Beziehungen, wie im letzten Kapitel erläutert, erkennen wir neue Muster und Erklärungen für das, was scheinbar rätselhaft und unbeeinflussbar war.

Humor und Nachsicht

Das Verständnis bezieht sich dabei nicht nur auf die uneingeschränkt positiven Seiten der eigenen Person und des Partners, auch die Schwächen und Hürden, die wir und andere nehmen müssen, kommen so ans Licht. Gleichzeitig wird auch der Schrecken der Endgültigkeit mancher Schwächen oder die Annahme, etwas sei krankhaft, relativiert. Schwächen werden nun als normal und veränderbar angesehen. Diese Veränderungen sind zwar nicht so grundlegend, dass gleich ein neuer Mensch zum Vorschein kommt, aber doch sehr deutlich zu erkennen. Allerdings sind derartige Veränderungen – je älter wir werden – häufig nur durch enorme Anstrengungen zu erreichen. Immerhin geht es dabei um die Überwindung jahrelanger Vernachlässigungen, als ob jemand plötzlich mit der linken Hand schreiben sollte, obwohl er Rechtshänder ist. Falls es jedoch mindestens einem der Partner gelingt, sich seiner Ressourcen zu bedienen, dürfte man auch bei anfänglichen Misserfolgen sehr zuversichtlich sein. Wer nur ein wenig Beziehungserfahrung hat, weiß, dass beide Partner ihre Schwächen haben und auf einen toleranten und rücksichtsvollen Umgang miteinander angewiesen sind.

Bleiben dürfen, wie man ist

Der Typ sein, der man ist, und es auch bleiben zu dürfen wirkt sich beruhigend auf jeden aus; häufig gelingt es erst auf dieser Basis, sich in den vernachlässigten Bereichen weiterzuentwickeln, und nicht, wie häufig zu beobachten, durch Druck und Motivation von außen. Nicht nur bei zwei typverschiedenen Partnern, auch bei Paaren gleichen Typs ist es von großem Vorteil, sich grundsätzlich als okay zu empfinden und keinem Veränderungsanspruch sehr grundsätzlicher Art ausgesetzt zu sein. Manche Paare erschrecken (zumindest einer von beiden), wenn ich in einer Beratung äußere, die grundlegenden Eigenschaften des Partners ließen sich vermutlich nicht ändern und verfestigten sich sogar noch im Alter. Ohne grundsätzliche Akzeptanz der typischen und typbedingten Eigenschaften des anderen ist es jedoch schwer, eine vertrauensvolle Beziehung auf gleicher Augenhöhe dauerhaft zu erhalten.

Typ- und nicht typbedingte Eigenheiten

Als Modell zur Erklärung von Persönlichkeitsunterschieden eröffnet die Psychographie für die meisten Menschen, die sich mit ihr beschäftigen, eine völlig neue Sichtweise. Die Schlüsse und Querverbindungen, die durch sie möglich werden, ergänzen das bereits vorhandene Wissen um den Geschlechterunterschied, kulturelle Hintergründe oder biografische Muster.

Eine entspannte Beziehung zu Kindern

Nicht wenige Beziehungen werden durch eigene oder mitgebrachte Kinder vor große Herausforderungen gestellt. Viele der hierbei auftretenden Schwierigkeiten erhalten ein anderes Gewicht, wenn man Rücksicht auf die agierenden Typen nimmt. Entspannt sich die Beziehung zwischen den einzelnen

Familienmitgliedern, wirkt sich das sowohl auf die Kinder als auch auf die Eltern zunehmend positiv aus (mehr dazu im Buch „Warum Kinder so verschieden sind“, VAK-Verlag, 2006).

Probleme schneller lösen

Häufig sind Problemlösungen auch deshalb nur langsam umzusetzen, weil der Betreffende den Zugang zu seinen typeigenen Ressourcen nicht findet und stattdessen weiter nach dem gewohnten Muster handelt. Ein Unterschied im Verhalten oder bestimmte Einstellungen betreffend macht sich erst spät oder gar nicht bemerkbar – Paul Watzlawick und seine Kollegen bezeichneten gerade diesen Unterschied aber schon in den 1960er-Jahren in ihrer Forschung über Problemlösungen als ausschlaggebend für gelingende Lösungen. Dieser „Unterschied, der einen Unterschied macht“ kann dabei sehr klein und unscheinbar sein. Die Ursache liegt häufig in den vernachlässigten Ressourcen. Wenn man also über die typbedingten Unterschiede Bescheid weiß, alte Muster überwindet und erkennt, welche Ressourcen man aktivieren sollte, lassen sich viele Probleme ganz einfach lösen. Der Partner kann bei diesem Erkenntnisprozess eine große Hilfe sein, indem er darauf hinweist, welche Verhaltensweisen sich auch schon in der Vergangenheit als erfolgreich herausgestellt haben.

Respekt vor typspezifischen Grenzen

Wie in Kapitel 4 bereits ausführlich dargestellt, kann die Übertragung eigener Annahmen auf den Partner im Handumdrehen und ohne Absicht zu Verwicklungen weitreichendster Art führen, vor allem, wenn man dabei typbedingte und nur schwer zu überwindende Grenzen des anderen überschreitet beziehungsweise ihn dazu auffordert, sie seinerseits zu übergehen. Hier macht uns die Kenntnis der eigenen Schwächen rasch für den Aufwand sensibler, den der Partner betreiben muss, seinerseits vorhandene Defizite auszugleichen. Mancher Beziehungstyp zum Beispiel wird aufgrund seines psychographischen Wissens die aus seiner Sicht eher holprigen Bemühungen seines Handlungstyp-Partners, sich auf private und zu Herzen gehende Beziehungen zu fremden Menschen einzulassen, mehr würdigen können. Oder ein Sachtyp kann die Versuche des Beziehungstyps schätzen, sich einen Zeitplan zu erstellen beziehungsweise überhaupt nach vierzig Jahren zum ersten Mal konsequent einen Kalender zu benutzen. Nicht zu vergessen ist der Handlungstyp, der entgegen seiner früheren Gewohnheit plötzlich die Anstrengung bemerkt und respektiert, die es den Sachtyp kostet, energisch und zielgerichtet seinen Weg zu verfolgen.

Veränderte Gespräche über Dritte

Es fällt auf, dass sich bei Paaren mit Psychographiekenntnissen die Gespräche über Bekannte, Verwandte oder Kollegen nachhaltig ändern. Zum einen, weil sie immer wieder Hinweise auf die (vermutete) Typzugehörigkeit eines Menschen enthalten und so ein klareres Bild des Beschriebenen vermitteln, auch wenn einer der Partner diesen gar nicht kennt. Zum anderen aber auch, weil solche Beschreibungen das eigene Verhalten verdeutlichen und beeinflussen. Das Verständnis des Partners für das Erzählte wächst ebenfalls, etwa wenn die Sachtyp-Frau berichtet, wie es ihr mehr und mehr gelingt, mit einem für sie anstrengenden Beziehungs- oder Handlungstyp-Kollegen zurechtzukommen, wie sie mit verschiedensten Kunden angenehme Gespräche führt oder Beratungsstrategien entwickelt, die beiden Seiten zum Vorteil gereichen, weil sie die typspezifischen Bedürfnisse nicht außer Acht lässt.

Praktische Tipps für den Beziehungsalltag – was hilft, nützt und glücklich macht

Die hier versammelten Tipps sind selbstverständlich weder vollständig noch dogmatisch – sie sollen jedoch für alle sechs Paarkombinationen rasch auf wichtige Punkte hinweisen, die entscheidenden Einfluss auf die Qualität einer Beziehung haben. Meist finden Paare so zu dem Verhalten jener Zeit zurück, als sie noch frisch verliebt waren und es selbstverständlich war, auf die Bedürfnisse des anderen einzugehen und sorgsam mit der neu gefundenen Beziehung umzugehen. Sicher ist es für jedes Paar hilfreich, sich regelmäßig an diesen Erfahrungen und der konkreten Ausgestaltung ihrer Partnerschaft in dieser Anfangszeit zu orientieren und darauf aufbauend die inzwischen hinzugekommenen Erfahrungen mit einzubeziehen.

Beziehungstyp – Beziehungstyp

Für ein Paar bestehend aus zwei Beziehungstypen findet sich die Basis der Beziehung selbstverständlich im vertrauten und liebevollen Umgang miteinander. Doch genauso wichtig, vor allem für den Fortbestand der Partnerschaft, ist, die gemeinsamen Ressourcen im Bereich „Zeit" (siehe auch Landkarte der Psychographie, Seite 40) zu pflegen. Hier entscheidet sich, wie gut die Beziehung tatsächlich verläuft und ob sie gegenseitiges Wachstum fördert. Hilfreich ist also,

a) viel Zeit miteinander zu verbringen und die eigene Zeit ökonomisch einzusetzen.
b) den geistigen Austausch und die geistige Entwicklung zu ermöglichen.
c) sich mit den Interessen und Leidenschaften des Partners zu befassen und diese gemeinsam zu pflegen.

d) auf die erotischen Bedürfnisse des Partners einzugehen, sie nicht zu unterdrücken und eine gemeinsame Kultur in Bezug auf Sexualität zu entwickeln, selbst wenn zu Beginn der Beziehung noch wenig Erfahrung vorhanden sein sollte.
e) auf die finanziellen Aspekte zu achten, vor allem bei einem gemeinsamen Haushalt, und unrealistische Geschäftsideen und auf Schulden aufbauende Projekte zu vermeiden.
f) vorsichtig mit Risiken umzugehen und sich vorbeugend abzusichern.
g) sachliche Gespräche über heikle Punkte zu führen und sich nicht von Emotionen hinreißen zu lassen.

Sachtyp – Sachtyp

Bei zwei Sachtypen dürften anfangs Zweifel an der Beziehung normal sein, ebenso eine Portion Geheimniskrämerei und Vorsicht. Vor der Übernahme von so viel Verantwortung, wie sich aus einer Partnerschaft oder gar Ehe ergibt, braucht es ausreichend Zeit und Erfahrung, um Sicherheit über den weiteren Weg und das gemeinsame Ziel zu gewinnen. Nützlich für diese Paare ist zum Beispiel,

a) fest vereinbarte, regelmäßige gemeinsame Aktivitäten, vor allem sportlicher Art, zu betreiben.
b) körperliche Nähe und Intimität zu pflegen, Bedürfnisse in dieser Hinsicht deutlich zu äußern und klar zu kommunizieren, was nicht erwünscht und gewollt ist – vor allem wenn es um körperliche Zärtlichkeiten und Sexualität geht.
c) auf Ziele einzugehen, die mit der Partnerschaft verbunden sind, und sie frühzeitig auszusprechen, um spätere Überraschungen oder Enttäuschungen zu verhindern.
d) Urlaube gemeinsam zu verbringen, Interessen in der Freizeit zu pflegen und miteinander zu teilen.
e) gemeinsam den Haushalt zu führen und die zu erledigenden Aufgaben gerecht zu verteilen sowie Verantwortung jeglicher Art zu teilen.

Handlungstyp – Handlungstyp

Zwei Handlungstypen sind nach der bisherigen Statistik des Instituts für fachwissenschaftliche Psychographie die seltenste Kombination, was Psychographen kaum wundert. Schließlich dreht es sich bei Beziehungen heutzutage normalerweise um Liebes- oder Herzensangelegenheiten und nicht mehr um Arrangements mit geschäftlichen oder wirtschaftlichen Vorteilen. In Sachen „Liebe“ scheinen Handlungstypen aber gerne etwas Nachhilfe in Anspruch zu nehmen, wobei sie diese natürlich leichter von anderen Typen annehmen können als von ihresgleichen mit ähnlichen Hemmungen in Liebesdingen. Hat es dann aber doch einmal zwischen zwei Handlungstypen gefunkt, bleiben sie – wieder der Statistik zufolge – am längsten von allen Kombinationen zusammen. Um ihr Glück anhaltend zu bewahren, hilft es Handlungstyp-Paaren vor allem,

a) gemeinsame Gelegenheiten für Spiel und Spaß zu suchen.
b) der Arbeit nicht allzu viel Platz im gemeinsamen Leben einzuräumen und Privatleben und Arbeit in Balance zu halten.
c) sich ehrenamtlich, vor allem sozial, zu betätigen, dabei auch auf unbekannte Menschen zuzugehen und sich privat auf sie einzulassen.
d) sich den Umgang mit Tieren oder ein gemeinsames Hobby zu gönnen.
e) ausreichend Zeit für Schlaf, Wochenende und Urlaub einzuplanen.
f) rechtzeitig zum Arzt, Berater oder Seelsorger zu gehen und Schwächen nicht unter den Tisch zu kehren, sondern um Hilfe zu bitten.
g) sich mit Kultur, Kunst und Kindern zu umgeben (privat) und die eigenen kindlichen, leichten und spielerischen Seiten offensiv zu pflegen.
h) gegenüber dem Partner Schwächen und Zuneigung zu zeigen und sich gegenseitig Fehler und Fehltritte zu verzeihen.

i) sich nicht zu übertriebener Kreditaufnahme verleiten zu lassen, um ein Geschäft oder eine repräsentative Wohnung, ein großes Auto oder ein teures Haus vorzeigen zu können.
j) rechtzeitig nach einer anregenden Beschäftigung für die Rentenzeit Ausschau zu halten und sich auf die gemeinsame Zeit mit dem Partner ohne Ablenkung durch viel Arbeit oder Kindererziehung zu freuen.

Beziehungstyp – Sachtyp

In dieser Verbindung hat der Beziehungstyp mit dem Sachtyp als Partner seine Ressource ständig vor Augen, was einerseits anspornen, andererseits aber auch blockieren kann – je nachdem, wie sich der Sachtyp verhält. Er trägt in solch einer Beziehung deutlich mehr Verantwortung. Er selbst muss sich immer wieder um die eigenen Ressourcen (den Bereich des Handlungstyps) bemühen. Scheut er diese Anstrengung und verweilt im theoretischen und passiven Bereich, stets um Vorsicht bemüht, dann lässt er dem Beziehungstyp kaum Chancen, hier selbst Erfahrungen zu sammeln. Hilfreich wäre also für diese Typ-Kombination, gemeinsam auf die aktiven Seiten der Beziehung zu achten. Der Beziehungstyp muss wiederum gewährleisten, dass er dem Sachtyp hier genug Handlungsspielraum lässt und ihm auch nicht ständig Arbeit oder Verantwortung abnimmt und so verhindert, dass sich der Sachtyp selbst mit seiner Ressource beschäftigt. Stattdessen sollte sich der Beziehungstyp selbst bremsen, zurücknehmen und immer wieder die Haltung des Sachtyps einnehmen. Gleichzeitig könnte er neugierig darauf warten, bis dieser sich seine Ressourcen aneignet und den Handlungstyp-Bereich erobert hat – zum Beispiel indem er Dinge wie Aktivität, Mut, Risiko und Verantwortung trainiert. Lassen sich solche Verhaltensweisen beobachten, kann durch reichlich Aufmerksamkeit und Zuwendung gezielt eine Verstärkung herbeigeführt werden.

Beziehungstyp – Handlungstyp

Die Gefahr dieser Verbindung liegt darin, dass der Beziehungstyp dem Handlungstyp die Eroberung des von ihm besetzten Beziehungsbereichs verwehrt – dann kann es rasch passieren, dass sich der Handlungstyp dieses Mehr an Lebensqualität nicht beim Partner, sondern bei seinen Hobbys, Tieren, den Kindern oder sogar einer Außenbeziehung sucht. Für die Beziehung selbst bleibt dann womöglich nur pflichtbewusstes Versorgungsverhalten übrig, was für den Beziehungstypen nicht gerade dem entspricht, was er sich von einer Beziehung erträumt. Die Chancen für das Gelingen der Beziehung stehen jedoch deutlich besser, wenn der Beziehungstyp (er hat hier eindeutig mehr Einflussmöglichkeiten) sich nicht auf seinen typeigenen Lorbeeren ausruht, sondern dem Handlungstyp-Partner immer wieder den Beziehungstyp-Bereich überlässt. Dies kann etwa bei der Pflege sozialer Kontakte, bei Spiel und Spaß oder anderen schönen Dingen des Lebens der Fall sein. Da die natürliche Tendenz des Handlungstyps in diese Richtung geht, dürfte es nicht allzu schwer sein, ihn immer wieder konsequent den Vortritt zu lassen. Auch wenn er sich vielleicht anfänglich schwertut, etwa beim Spiel mit seinen kleinen Kindern, erfährt er nur so Glücksmomente und wird bestärkt, mehr in dieser Richtung zuzulassen und sein Herz öfter für Menschen zu öffnen oder seiner zwischenmenschlichen Kompetenz zu trauen.

Sachtyp – Handlungstyp

Bei einer Beziehung zwischen Sach- und Handlungstyp, einer der häufigsten Kombinationen, liegt der Erfolgsschlüssel beim Handlungstyp. Weigert dieser sich, dem aus seiner Sicht allzu oft unschlüssigen, antriebslosen und extrem langsamen Partner die benötigte Zeit und Gelegenheit zu gewähren, schwächt er ihn immer mehr. Automatisch wird der Handlungstyp wiederum stärker auf seine typeigenen Stärken verwiesen, was ihn selbst unglücklich und den Sachtyp-Partner immer unzufriedener macht. Entscheidend ist also, die Verantwortung für weite Teile des gemeinsamen Lebens (nicht nur für die Finanzen und Versicherungen) zumindest zeitweise dem Sachtyp zu überlassen. Dazu gehört auch die Genehmigung, Fehler zu machen und Erfahrungen zu sammeln, vor allem in praktischen oder geschäftlichen Angelegenheiten – genauso aber auch in Hinsicht auf körperliche Aktivität inklusive sexueller Bedürfnisse und Experimente. Beiden ist nicht geholfen, wenn der Handlungstyp immer schon genau weiß, wie es richtig gemacht wird, und er sein Schema durchsetzt – im tastenden, zögerlichen Vielleicht des Sachtyps liegen, wenn er schließlich tätig wird, große Ressourcen, nämlich an Unbekanntem, Neuem und Überraschendem, auch wenn dies Handlungstypen eher befremden und Sachtypen ängstigen kann. Wichtig ist für den Handlungstyp, sich selbst seine Ressourcen zu erarbeiten, sich dem Beziehungsbereich zuzuwenden und damit dem Sachtyp im Handlungsbereich Platz zu machen. Und zwar selbst dann, wenn es längere Zeit dauern sollte, bis der Sachtyp ihn einnimmt und er dabei lange nicht so perfekt agiert, wie dies vom Handlungstyp automatisch erwartet wird. Für den Sachtyp ist es auf der anderen Seite wichtig, selbst aktiv die eigenen Handlungstyp-Seiten auszuleben, deutlich Nein zu sagen, wenn der Partner zum Beispiel wieder einmal ein Ziel verfolgt, das nicht das eigene ist, aber die gemeinsame Beziehung oder die eigene Person massiv zu beeinflussen droht ...

Gos und Nos der drei Typen

Wie eine Landkarte bietet die Psychographie zwar eine zum Teil eher grobe, jedoch überaus hilfreiche Orientierung – auch im Beziehungsdschungel von Männern und Frauen, gleichgeschlechtlichen Paaren, Freunden oder Teamkollegen.

Die Psychographie beantwortet uns eine Frage, die uns – häufig unbewusst – meist unser ganzes Leben lang beschäftigt: Wie können wir Beziehungen erfolgreich und lösungsorientiert leben? Sie lehrt uns, andere Menschen richtig einzuschätzen, zu verstehen und mit ihnen so umzugehen, dass eine gute Beziehung entstehen kann. Dabei spielt es eine große Rolle, sich und andere als „Typ" zu verstehen – allein dieser sprachliche Kniff lässt viele angebliche Probleme in einem anderen Licht erscheinen und macht uns bewusst, das solche Unterschiede durchaus normal sind. Anstatt Missverständnisse entstehen zu lassen oder mit dem Kopf zu schütteln, lernen wir, uns der Welt des anderen, die uns bis dato weit gehend fremd erschien, anzunähern. Nachdem Sie die grundlegenden Typunterschiede gelernt haben zu akzeptieren und zu respektieren, möchten Sie sicher auch in der praktischen und alltäglichen Kommunikation so auf Ihren Partner eingehen, dass er sich möglichst gut verstanden fühlt. Wie das funktioniert, zumal in einer sehr intimen und auf Nähe basierenden Paarbeziehung, wird im Folgenden erläutert. Auf jeden Fall ist es keine Lösung, zwei oder drei einfache Sätze auswendig zu lernen! Entscheidend ist, sich über eine längere Zeit auf den jeweiligen Typ einzulassen, Fehler zu riskieren und sich Fremdartigem gegenüber offen zu zeigen. Nur so können Erfahrungen gemacht werden, die tatsächlich unsere eigenen sind und die uns dann auch dauerhaft zur Verfügung stehen. Um noch einmal auf die Landkarten-Landschaft-Metapher zurückzukommen: Selbst das beste Psychographiebuch oder -seminar kann nicht jene Momente ersetzen, in denen wir live und in Interaktion mit echten Menschen erfahren, dass psychographisches Wissen innerhalb von Beziehungen durchaus etwas verändern kann – und zwar positiv! Für mich ist so ein Moment zum Beispiel häufig zwischen Paaren zu erleben, wenn der Satz fällt: „Aha, er/sie ist also einfach so, weil es zu diesem Typ gehört und nicht, weil er/sie mich mit einem bestimmten Verhalten ärgern will." Häufig sehe ich dann ein Lächeln beim angesprochenen Partner, das mir zeigt, dass ein bisher dagewesenes Verständnis die Beziehung zu bereichern ginnt.

Um die einfachsten Regeln für das, was den drei Grundtypen wichtig ist, zusammenzufassen, hier auf einen Blick die Gos (mehr davon!) und Nos (möglichst zu vermeiden):

Gos im Umgang mit Beziehungstypen	**Nos im Umgang mit Beziehungstypen**
Interesse zeigen	Auslachen, für dumm oder inkompetent erklären
Ideen ernst nehmen	In Situationen bringen, in denen er hilflos ist
Kindliche Seite akzeptieren	Die gezeigte Hilfsbereitschaft unnötig ausnutzen
Zuneigung offen und regelmäßig zeigen	Nicht gehaltene Versprechen ankreiden
Wissen und Erfahrung freundlich teilen	

Gos im Umgang mit Sachtypen	**Nos im Umgang mit Sachtypen**
Zeit nehmen, Zeit lassen	Fehler ankreiden
Körperliche Bedürfnisse ernst nehmen (Essen, Berührung, Bewegung)	Ungefragt kritisieren
Geistige, spirituelle oder religiöse Themen ernst nehmen	Ignorieren, missachten oder den Zugang zu Informationen versperren
	Übertrieben konkurrieren

Gos im Umgang mit Handlungstypen	**Nos im Umgang mit Handlungstypen**
Klare Grenzen setzen, Freiräume respektieren Deutliche kommunizieren, auch Unangenehmes Harmonie fördern, indem man sich aktiv mit dem Problem auseinandersetzt, zum Beispiel Streitigkeiten offensiv austrägt, bis eine Einigung herbeigeführt ist Nach Positivem suchen und es betonen	Beruflich konkurrieren Ungefragt in Privates einmischen Die Beziehung anfangs mit zu viel Nähe und Freunden überfordern Blockieren, einengen, in die Ecke drängen, behindern

Kapitel 6: Geschichten, die das Leben schrieb

Petra Vogel

In der psychologischen Praxis, bei Seminaren oder in Gesprächen im Freundeskreis bekommt man einiges in puncto Beziehungsgeschichten zu hören. Folgende Erzählungen zeigen, wie sich typgleiche und typunterschiedliche Paare kennen und lieben gelernt haben. Die Namen und Details sind dabei so geändert worden, dass dem Diskretionsbedarf der handelnden Personen Rechnung getragen wird, ohne den Kern der Geschichten zu verändern.

Erfahrungsberichte von Paaren verschiedener oder gleicher Grundtyp-Konstellationen

Beispiel für zwei Beziehungstypen: „Hundert Prozent Flirtfaktor“

Ein sehr nettes Beispiel dafür, wie spontan und unkompliziert sich Schimpansen-Typen verlieben, liefern Brigitta und Brian:

Brigitta und Brian, beides Beziehungstypen, sahen sich im Supermarkt, in dem Brigitta immer einkauft, zum ersten Mal. Brian war dort gerade als neuer Verkäufer eingestellt worden. Beide hatten sofort Schmetterlinge im Bauch, als sie sich in die Augen sahen – Liebe auf den ersten Blick, im wahrsten Sinne des Wortes. Brian bot Brigitta spontan an, ihr die Lebensmittel persönlich nach Feierabend vorbeizubringen. Brigitta war begeistert und stimmte mit einem vielsagenden Lächeln zu. Als er auftauchte, machten sie es sich erst noch bei einer Tasse Kaffee gemütlich. Darauf folgte eine Flasche Wein und noch eine ... Sie verstanden sich prima, unterhielten sich über Gott und die Welt, lachten viel miteinander. Sie waren sich in allem so ähnlich. Brian blieb die ganze Nacht. Sie schmusten und kuschelten ewig lange, blödelten zwischendurch herum, bis die Nacht einen lustvollen Abschluss fand und sie eng umschlungen einschliefen. Von da an waren sie unzertrennlich und es dauerte kaum zwei Monate, bis Brian bei Brigitta einzog. Beide waren im siebten Himmel, total verliebt und überzeugt, dass dies eine Verbindung für die Ewigkeit sei.

So schön und verheißungsvoll diese Beziehung begann, so schnell war sie auch wieder zu Ende. Brian verliebte sich während einer Party in eine andere Frau und zog kurz danach zu ihr. Brigitta litt ein paar Wochen, tröstete sich dann aber schnell mit Klaus, mit dem sie mittlerweile sogar verheiratet ist.

Beispiel für zwei Sachtypen:
„Eine Liebe für immer und ewig“

Diese Liebesgeschichte zweier Orang-Utan-Typen veranschaulicht sehr klar, wie schnell es mitunter auch bei Sachtypen zu einer Annäherung kommen kann – sie verstehen sich oft, ohne viele Worte wechseln zu müssen.

Senta und Stefan haben sich eines Samstagnachts in einer Bar kennen gelernt. Stefan saß an der Theke, als Senta, stolz wie ein Pfau, auf der Bildfläche erschien. Als sie sich auf einem Barhocker niederließ, schlug sie die Beine übereinander, wobei ihr hochgeschlitztes Kleid den Blick auf den halben Oberschenkel freigab. Bei Stefan schlugen sofort alle Alarmglocken an. Er konnte seine Augen kaum abwenden. Senta dagegen genoss seine Blicke, da auch er ihr außerordentlich gut gefiel. Eine Weile machten sie einander so schöne Augen, ohne jedoch miteinander ins Gespräch zu kommen. Schließlich musste Stefan an die frische Luft. Kurz danach folgte Senta ihm. Sie spazierten eine Weile die Straße entlang und ehe sie wussten, wie ihnen geschah, fanden sie sich in einer unauffälligen Telefonzelle wieder. Sie küssten sich innig, fast ungestüm. Etwas umständlich, weil hektisch, legten sie die notwendigsten Körperteile frei und liebten sich leidenschaftlich. Als das euphorische Liebesspiel zu Ende war, zupften sie leicht verlegen ihre Kleidung zurecht und verließen eng umschlungen den Ort. Wie im Sexuellen verstanden sie sich auch ansonsten auf Anhieb, und zwar dauerhaft. Senta und Stefan heirateten zwei Jahre später. Sie hatten genau das gefunden, wovon sie immer geträumt hatten, und waren sich sicher, für immer zueinander zu gehören. Senta war von Haus aus vermögend und Stefan hatte einen hoch dotierten Job bei einer Bank. Über ihre finanzielle Existenz brauchten sich beide keine Sorgen zu machen. Ihre Erwartungen ans Leben deckten sich eins zu eins – alles schien perfekt, bis eine Krise ihr Dasein überschattete. Ein Jahr nach ihrer Hochzeit wurde Senta schwanger. Sie freuten sich sehr über den zu erwartenden Nachwuchs, doch es gab Komplikationen in den ersten Wochen der Schwangerschaft und der Arzt riet ihnen, die nächste Zeit auf Geschlechtsverkehr zu verzichten. Senta nahm die Warnung sehr ernst und auch Stefan zeigte sich ausgesprochen verständnisvoll. Etwa einen Monat später bekam Senta die gute Nachricht des Arztes, dass die Vorsicht nicht weiter angebracht sei. Die kritische Phase schien überstanden und Senta nahm sich vor, Stefan mit dieser Neuigkeit zu überraschen. Sie zog sich Reizwäsche an, die sie lediglich mit einem Trenchcoat verhüllte und machte sich auf den Weg, Stefan in seinem Büro zu besuchen. Es sollte eine Mittagspause der ganz besonderen Art werden – und das wurde es auch. Als Senta nämlich still und leise die Tür zu Stefans Büro öffnete, staunte sie nicht schlecht. Er war gerade dabei, seine Sekretärin auf dem Schreibtisch zu vernaschen. Die sexfreie Zeit hatte er doch eher weniger gut verschmerzt. Das war natürlich eine Tragödie. Senta war selbstverständlich zutiefst gekränkt, Stefan schämte sich in Grund und Boden. Es folgte eine schwierige Zeit. Senta war hin- und hergerissen. Sie litt Höllenqualen. Einerseits ertrug sie den Gedanken kaum, nicht mehr die einzige Frau im Leben ihres Mannes zu sein, andererseits liebte sie Stefan abgöttisch und wollte ihn nicht verlieren. Stefan war restlos verzweifelt, denn die Sekretärin interessierte ihn eigentlich nicht. Es war so über ihn gekommen, er konnte es sich selbst kaum erklären. Auch er wollte Senta keinesfalls verlieren und versuchte sie von seiner Liebe zu überzeugen. Von da an kam Stefan überpünktlich nach Hause, entließ seine Sekretärin und demonstrierte den absoluten Vorzeigeehemann. Er brachte ihr Blumen, half ihr im Haushalt, ging kaum noch aus. Doch Senta konnte den Schmerz nur schwer überwinden. Sie sah die einzige Chance für ihre Beziehung darin, in eine andere Stadt zu ziehen – weg von dem Ort, an dem sie alles an Stefans Seitensprung erinnerte. Stefan ließ sich daraufhin von seinem Chef versetzen. Langsam, ganz langsam wuchs Sentas Vertrauen in Stefan wieder. Es dauerte viele Monate, aber der Einsatz hat sich für beide gelohnt. Heute haben sie zwei Kinder, sind wieder glücklich und zufrieden. Vergessen wird Senta diesen Ausrutscher von Stefan jedoch niemals.

So ist alles noch einmal gut gegangen. Gerettet hat die Beziehung offensichtlich, dass es Stefan gelungen ist, sich nicht länger als Opfer der Umstände zu betrachten, sondern aktiv zu werden und um Sentas Liebe zu kämpfen. Senta erkannte daraufhin irgendwann, dass es besser ist, sich nach vorn zu orientieren und lieber an der gemeinsamen Zukunft zu arbeiten, als sich an leidvolle Erinnerungen zu klammern.

Beispiel für zwei Handlungstypen:
„Mit Vollgas in die gemeinsamen vier Wände“

Eine Liebesbeziehung zwischen zwei Handlungstypen bahnt sich da ein wenig anders an und die Motivation für ein gemeinsames Leben weicht von der der Beziehungs- und Sachtypen ebenfalls ab.

Hagen und Halina sind seit fünfzehn Jahren ein Paar. Sie lernten sich in einer Kneipe kennen. Halina flüchtete vor einem aufdringlichen Verehrer, der ihr nicht von der Pelle rücken wollte, obwohl sie ihn mehrmals sehr deutlich zurückgewiesen hatte. Sie stürmte wütend aus der Kneipe auf den Parkplatz und sah Hagen in seinem Auto sitzen. Da der Liebestolle sie verfolgte, stieg sie kurz entschlossen in Hagens Wagen. Er war ihr kein Unbekannter, sie hatte ihn schon öfter an seinem Motor herumschrauben sehen, da er in ihrer unmittelbaren Nachbarschaft wohnte. Er kannte bis dahin immerhin ihren Ford Fiesta, den sie manchmal unverschämt parkte. Darüber diskutierten sie nach kurzer Klärung der Situation heftig und fanden es dabei sehr praktisch, dass sie offensichtlich dieselbe Sprache zu sprechen schienen. Es gab keine Missverständnisse, keine Umschweife, immer wurde frei Schnauze gesprochen und jeder wusste schnell, was der andere nicht leiden konnte.

Nach kurzer Kennenlernphase beschlossen sie, zusammen in eine Wohnung zu ziehen. Das wäre doch viel wirtschaftlicher, meinten sie, und zudem könnten sie die bereits vorhandenen Bausparverträge rascher auffüllen. Tatsächlich funktioniert es einfach perfekt zwischen den beiden, obwohl (oder gerade weil?) es schon ab und zu richtig kracht. Vor allem schön sind dann wieder die Versöhnungen. Viel Zeit für ein solches Miteinander bleibt jedoch kaum, denn für beide sind ihre Arbeit und zwangsläufige Überstunden nicht wegzudenken. Da ist es dann von Vorteil, wenn Kämpfe vor allem am Wochenende ausgefochten werden ...

Das nächste Beispiel zeigt, dass sich Probleme auch verfestigen können, wenn es einem nicht gelingt, sein Verhalten zu ändern und einmal etwas anderes auszuprobieren:

Beispiel für Beziehungs- und Handlungstyp: „Ein Paar wie Feuer und Eis“

Als Henning (Handlungstyp) Bilitis (Beziehungstyp) kennen lernte, dachte er, er wäre im siebten Himmel angelangt. Sie war warmherzig, fantasievoll und sprühte vor Temperament. Das tat ihm so gut, nachdem ihn seine letzte Freundin von heute auf morgen einfach abserviert hatte – und das nach sieben Jahren Beziehung. Er ließ sich gerne von Bilitis verwöhnen, wenn er von der Arbeit kam, und genoss die gemütlichen Stunden in trauter Zweisamkeit. Aber mit der Zeit fehlte ihm etwas. Als er eine Weile darüber nachgedacht hatte, stellte er fest, dass sie keine gemeinsamen Interessen hatten. Er hätte sich gerne mit ihr über Kultur, Geschichte und vor allem über seine Arbeit ausgetauscht. Aber Bilitis interessierte das alles eher nur am Rande. Tief gehende Gespräche fand sie anstrengend oder langweilig und wechselte immer schnell das Thema. Eine Zeit lang ertrug Henning ihr scheinbares Desinteresse

und ihre Sprunghaftigkeit, in der Hoffnung, dass sich doch noch etwas ändern würde. Aber er dachte auch, dass es wohl unausweichlich sei, ein ernstes Gespräch mit ihr darüber zu führen. Das tat er dann auch. Er war sehr direkt und bestimmt, alles was er sagte, schien Hand und Fuß zu haben. Bilitis litt so sehr unter dem Gefühl der geistigen Unterlegenheit, dass ihr kaum sinnvolle Argumente einfielen. Für Henning schien alles geklärt und das Gespräch war für ihn beendet. Anfangs bemühte sich Bilitis, auf Hennings Wünsche einzugehen, doch es fiel ihr sehr schwer. Versuchte sie, mit ihm zu diskutieren, hatte sie stets das Gefühl, er würde sie nicht ernst nehmen und sie schlicht für dumm halten. Immerhin hatte sie es auch zu etwas gebracht. Eine kleine Parfümerie war ihr Eigen, worauf sie sehr stolz war. Henning unterstützte sie zwar in organisatorischen und kaufmännischen Angelegenheiten, doch egal, was Bilitis tat, er hatte immer etwas an der Art, wie sie ihr Geschäft führte, auszusetzen. Als dann ein großer Drogeriemarkt in ihrer Nachbarschaft eröffnete, was den sicheren Ruin für ihr kleines Lädchen bedeutete, fühlte sich Henning in seiner Annahme noch bestätigt.
Das verhärtete die Fronten zunehmend. Bilitis war immer weniger daran interessiert, sich mit Henning zu unterhalten oder etwas mit ihm zu unternehmen. Sie fand es auch sehr langweilig, sich stets seine Geschichten über Marketing, Verkaufsstrategien oder irgendwelche trockenen Bilanzen anzuhören. Für sie gab es wichtigere Dinge im Leben. Sie wollte etwas erleben, einfach Spaß mit ihm haben. Er hatte dafür wenig Verständnis. Ein gutes Beispiel dafür war das letzte Geburtstagsgeschenk, welches Bilitis Henning machte. Sie hatte Eintrittskarten für einen Freizeitpark besorgt und wollte ihm einen Tag voller Ausgelassenheit und Unbeschwertheit schenken. „Nett“, war Hennings einziger Kommentar. Ihm war das entschieden zu albern. Als er dann noch drei Tage vorher absagte, weil

ihm angeblich ein wichtiger Geschäftstermin dazwischengekommen sei, war Bilitis zutiefst enttäuscht. Sie weinte bitterlich und konfrontierte Henning mit allem, was ihr auf der Seele lag. Er war über diesen Gefühlsausbruch wirklich erschüttert. Sein Harmoniebedürfnis war sehr ausgeprägt und er sah sich außerstande, die Situation und letztendlich die Beziehung zu retten. Immerhin suchte er daraufhin einen psychologischen Berater auf. Schließlich sollte ihm niemand vorwerfen können, er hätte nicht alles für die Beziehung getan. Bilitis wurde ebenfalls zu einer Sitzung eingeladen. Der Paarberater erklärte den beiden anhand der psychographischen Typen, dass ihre Schwierigkeiten mit ihrer unterschiedlichen Typzugehörigkeit zu erklären seien. Er gab ihnen Ratschläge, wie eine Lösung der Probleme herbeizuführen sei. Das wollten sie versuchen. Nach einiger Zeit merkten sie jedoch, dass die Beziehung trotz alledem nicht das war, was sie sich beide wünschten, und trennten sich. Für Bilitis waren die ersten Wochen sehr schwierig. Die Beziehung war zu Ende, das Geschäft stand vor dem Bankrott. Doch da griff Henning ihr noch einmal unter die Arme. Er organisierte ihr ein kleines Ladengeschäft in einem benachbarten Ort, half ihr beim Aufbau und besorgte ihr sogar eine kleine Wohnung ganz in der Nähe. Bilitis war gerührt und dankbar, denn sie selbst hätte in der Situation nicht die Kraft aufgebracht, das alles zu managen. Hennings Unterstützung kam aber nicht ganz uneigennützig. Er brauchte seine Wohnung für sich allein, denn in den letzten Wochen hatte er den Kontakt zu einer Handlungstyp-Kollegin vertieft ...

So etwas kann passieren. Aber das heißt nun nicht zwangsläufig, dass es zwischen unterschiedlichen Typen immer schwierig oder gar unmöglich ist, eine harmonische und erfüllende Beziehung zu führen. Lassen Sie sich im Vergleich dazu von der kurzen Geschichte von Stanley und Babsi bezaubern.

Beispiel für Sach- und Beziehungstyp: „Als die Prinzessin den Frosch küsste"

Stanley (Sachtyp) versteht es eigentlich bis heute nicht, wie er so ein Glück haben konnte, von Babsi (Beziehungstyp) eines Tages angesprochen zu werden. So viel Mut hätte er nie im Leben aufgebracht und sie brachte ihn durch ihre Offensive auch ziemlich durcheinander. Sie wiederum fand seine zurückhaltende Art, für ihn unerklärlicherweise, sehr anziehend und suchte immer wieder den Kontakt zu ihm. Stanley tat das gut, denn er war einige Zeit allein gewesen und empfand es als eine Fügung des Schicksals, dass sie zusammenkamen. So spontan, erfrischend und lebendig wie Babsi wäre er auch gerne, für ihn ist klar, dass sie ihn aus seinem etwas „verstaubten" Dasein rettete. Babsi dagegen ist stolz, einen Mann zu haben, von dem sie so viel lernen kann, der sich immer viel Zeit für sie nimmt und sehr geduldig mit ihr umgeht. Dabei genießt Stanley es, wenn sie wie gebannt an seinen Lippen hängt, während er ihr etwas erklärt oder Geschichten aus seinem Leben erzählt. Auch im sexuellen Bereich ergänzen sich die beiden ausgezeichnet. Babsi hat Temperament und Feuer, Stanley Ausdauer und vor allem Erfahrung. Das erlaubt Babsi, die die geborene Verführerin ist, sich ihm bis zur letzten Konsequenz hinzugeben; in ihren früheren Beziehungen ließ sie das nur äußerst selten zu.

Beispiel für Handlungs- und Sachtyp: „Wie Mut die Ketten sprengte"

Spannend ist auch, wenn sich ein Gorilla- mit einem Orang-Utan-Typus einlässt. Darüber, dass sich ein Handlungstyp das Verlieben schwer macht, weil er trotz seinem Interesse an einer Frau die Etikette wahrt, erzählt Dimi Lazaridis:

Ich bin ein Handlungstyp. Als Unternehmer arbeite ich sehr viel und bin froh, dass es eine Menge für mich zu tun gibt. Aus diesem Grund führte ich schon länger keine Beziehung mehr. Meine Zeit investierte ich voll und ganz in den Aufbau der Firma. Kontakt zu Menschen, insbesondere Frauen, besaß ich nur auf rein geschäftlicher Basis. Eines Tages fand das Meeting einer Projektgruppe statt. Als ich der Gastgeberin begegnete, staunte ich nicht schlecht: eine Frau, die, wie sich später herausstellte, ganz nach meinem Geschmack war. Sie hatte eine positive Ausstrahlung, schien intelligent und selbstsicher und stand mit beiden Beinen im Leben. Das übte großen Reiz auf mich aus. Gleichzeitig fragte ich mich, ob sie in festen Händen sei. Mein Anstand verbot es mir jedoch, ihr indiskrete oder allzu direkte Fragen zu stellen. So beschränkte ich mich darauf, ihr Interesse mit einem Mitbringsel zu wekken. Mit einem Gastro-Guide, den unsere Agentur herausgab, wartete ich als Geschenk für alle auf. Interessiert beschäftigten sich alle Teilnehmer damit, während ich einige Zeit darauf wartete, ob von der Gastgeberin ein Signal käme, welches mir etwas mehr Klarheit verschaffen würde. Vertieft in das Gutscheinbuch hüllte sie sich jedoch in Stillschweigen. Als ich schon fast nicht mehr daran glaubte, brach sie plötzlich ihr Schweigen, und zu meinem Erstaunen ging sie in die Offensive. Dass man zu zweit sein müsse, um die Gutscheine einzulösen, und dass sie gar nicht wüsste, wen sie da mitnehmen sollte, vernahm ich plötzlich. Das war die Herausforderung, auf die ich gelauert hatte! Meine Alarmglocken läuteten Sturm, alles in mir sah rot und ich war bereit zum Angriff: „In besonderen Fällen stellt sich der Chef der Agentur sogar persönlich als Begleitservice zur Verfügung“, antwortete ich ihr und erntete ein verschmitztes Lächeln. Gerne wäre ich weiter darauf eingegangen, aber wir waren schließlich nicht zum Vergnügen hier, sondern um zu arbeiten. Nach fast zwei

Stunden kreativem, geschäftlichem Austausch ging das Meeting dem Ende zu. Um am Ball zu bleiben, habe ich mich anschließend mit ihr über ihre Rosenzucht unterhalten und wir verblieben so, dass ich mich auf jeden Fall bei ihr melden würde. Der Anker war gesetzt. Tagelang suchte ich nach einem Grund, um bei ihr anrufen zu können, ohne dass mein Interesse an ihrer Person zu offensichtlich würde. Wie der Zufall es wollte, ergab es sich, dass ich beruflich ihren Rat gut gebrauchen konnte, und so griff ich sofort zum Hörer. Und wieder überraschte sie mich, indem sie mich in ihren Garten einlud, um die Sache persönlich zu besprechen. Es war ein toller Abend und ich nutzte fortan jede Gelegenheit, die sich mir bot, um sie zu sehen. Es war um mich geschehen. Und nach zwei Wochen intensivsten Werbens hatte ich das Herz meiner Sachtyp-Frau erobert. Welch ein Glück ich hatte, wurde mir erst später klar, als sie mir erzählte, dass sie normalerweise ein Hasenfuß sei und sich niemals getraut hatte, Männer anzusprechen. Während unserer Begegnung hatte sie lange überlegt, wie sie mein Interesse wecken konnte. Doch bei dem Gedanken, die Initiative zu ergreifen, schlug ihr das Herz bis zum Hals und die Worte wollten nicht über ihre Lippen kommen. Den Ausschlag gab der Blick auf die Uhr. Sie wusste, dass unsere gemeinsame Zeit an diesem Tag begrenzt war und die Gelegenheit womöglich einmalig. So nahm sie allen Mut zusammen und – hatte Erfolg.

Dieser Handlungstyp hatte doppeltes Glück, da seine Auserwählte sogar als Sachtyp-Frau den notwendigen Mut für den ersten Schritt in eine Beziehung aufbrachte.

Kapitel 7: Komm und spiel mit mir!

Werner Winkler

In unangenehme Situationen geraten, ohne es zu wollen – „Spielchen“ zwischen den verschiedenen Typen

Wohl jeder kennt das: Ohne ersichtlichen Anlass gerät ein gerade noch harmonisches Gespräch ins Stocken, wird aus einem Missverständnis ein ganzes Knäuel davon und am liebsten würde man noch einmal von vorn beginnen. Dabei hat niemand dem anderen etwas Böses gewollt oder sich unverständlich ausgedrückt!

Wenn wir die Typunterschiede auch dahingehend ernst nehmen, dass jeder Typ seine eigene Sprache spricht und versteht, wird klar, dass wir es, um es mit einer Metapher auszudrücken, mit drei Fremdsprachen und bis zu 81 Dialekten (die der Untertyp-Kombinationen, siehe ab Seite 171) zu tun haben. Dass uns dies nicht sofort auffällt, hängt einerseits damit zusammen, dass die Sprecher dieser anderen Sprachen dieselben Worte benutzen wie wir selbst, wenn sie ihnen auch teilweise andere Bedeutungen geben. Andererseits hat es damit zu tun, dass wir ein Leben lang gelernt haben, diese Fremdsprachen und Dialekte automatisch zu übersetzen. Manchmal jedoch versagt dieser automatische Übersetzungsvorgang, zum Beispiel, wenn es im Gespräch um sehr komplexe, uns eher fremde oder aber auch sehr nahegehende Inhalte geht. Auf der anderen Seite kennen und erleben wir Gespräche, die uns leichtfallen, bei denen wir uns mehr oder weniger auf der gleichen Wellenlänge wähnen oder uns fast blind verstehen. Das alles sind Anzeichen dafür, dass unser Gegenüber dem gleichen psychographischen Typ und ähnlichen Untertypen angehört. Konkret: Je mehr die psychographischen Bevorzugungen zweier Menschen übereinstimmen, desto leichter gelingt ihnen die Kommunikation. Im optimalen Fall, wenn Grundtyp und alle drei Untertypen identisch sind – in der Fachsprache der Psychographen spricht man von „psychographischen Zwillingen" –, kann dies bis zu einem Grad von Übereinstimmung führen, der fast unheimlich ist. Zahlreiche Berichte von solchen „Zwillingen" bestätigen diese Theorie immer wieder. Interessanterweise ist den forschenden Psychographen bisher noch kein einziges Liebespaar, bestehend aus einem Zwillingspaar, begegnet. Möglicherweise ist bei so großer Ähnlichkeit der Reiz zu gering, den anderen näher kennen zu lernen.

Doch zurück zu den Fällen, bei denen die Kommunikation nicht reibungslos gelingt und sich Verhaltensmuster zeigen, die von Psychologen als „Spiele" oder „Spielchen" bezeichnet werden. Eric Berne, der in den 1970er-Jahren mit „Spiele der Erwachsenen" einen weltweiten Bestseller landete, hat sich dieses Themas ausführlich angenommen. Bei Berne tauchen allerdings viele negative Aspekte dieser Muster auf – was bei ihm als (vermutetem) Handlungstyp nicht weiter verwundert.

Im Gegensatz dazu möchte ich die Normalität solcher wiederkehrenden Interaktionsmuster hervorheben. Berne wusste nichts von den Unterschieden zwischen den hier beschriebenen Typen und so verwundert es nicht, dass bei ihm zum Teil wenig Verständnis für die Normalität der Verhaltensweisen von Sach- und Beziehungstypen vorhanden scheint.

Ungewöhnliche Interaktionsmuster entstehen stets *zwischen* Menschen – jeder für sich allein mag noch so ungewöhnliche Verhaltensweisen an den Tag legen, er wird ohne Kontakt zu anderen Menschen keines der folgenden Spielchen beginnen können. Ich betone diese Selbstverständlichkeit, um gleich zu Beginn zu verdeutlichen, dass stets beide „Spielpartner" für das Zustandekommen und die Fortdauer eines Spielchens verantwortlich sind – und dass nicht etwa einer von beiden „gestört" oder gar „verrückt" ist. Jedes Spielchen ist so lange normal, bis einer der Beteiligten unter Ausmaß oder Dauer dermaßen leidet, dass er es gerne beendet sähe. Diese Definition steht ebenfalls im Gegensatz zu Berne, bei dem man den Eindruck gewinnen kann, fast jedes menschliche Verhalten in der Beziehung zu anderen beinhalte bereits krankhafte Züge und bedürfe der Therapie!

Die hier gewählte Einteilung der Spielchen in sechs Gruppen (für die sechs Grundtyp-Konstellationen) bedeutet nicht, dass diese nur in diesen Typkombinationen vorkommen können – aber dort treten sie besonders deutlich und häufig in Erscheinung.

Spielchen zwischen zwei Beziehungstypen

Unter „Schimpansen" gibt es eine Reihe von typischen Spielchen, die mit ihren typischen Eigenschaften einfach zu erklären sind:

„Ich habe keine Zeit."

Hier signalisiert einer der Beteiligten dem anderen, er sei an ihm, seinen Themen oder Aktivitäten interessiert, jedoch durch die Vielzahl der Angebote zeitlich gerade nicht in der Lage, sich darauf einzulassen. Das geschilderte Interesse gilt also offenbar dem Erhalt eines Kontakts auf „kleiner Flamme“ und nicht einem zeitintensiven Miteinander. Beim Beziehungstyp kann man von der einfachen Regel ausgehen, dass die Zeit, die er in eine Angelegenheit investiert, relativ sicher darüber Auskunft gibt, wie wichtig ihm diese Sache momentan ist. Die unterschwellige Botschaft dieses Spielchens heißt also: Unser derzeitiger Kontakt ist für mich ausreichend und ich freue mich, von dir zu hören, will aber nicht mehr Zeit mit dir verbringen oder die Intensität unserer Beziehung verändern. Gegenüber einem Sachtyp kann solch ein Verhalten auf Dauer zum stillen Abbruch der Beziehung von Seiten des Sachtyps führen, da dieser mit solch eher oberflächlichen Kontakten kaum etwas anfangen kann. Handlungstypen wiederum könnten es als normal, gewöhnlich oder positiv auffassen, dass jemand trotz so umfangreicher Betätigung noch einen Kontakt aufrechterhält – ihnen dürften auch kleinere „Beziehungshäppchen“ durchaus angenehm sein.

„Ich finde dich toll!“

Dieses Spielchen ist unter Beziehungstypen eine Art „soziale Fellpflege“, die auch den echten Schimpansen den Zusammenhalt sichert. Gleichzeitig ermöglichen überschwängliche Komplimente für den, der sie ausspricht, den Abbau vorhandener Neidimpulse, denn sobald man eine Beziehung zu anderen pflegt, hat man in gewissem Sinne auch Anteil an ihren als wertvoll wahrgenommenen Gütern, Freunden, Erkenntnissen oder Erlebnissen. Es könnte durchaus sein, dass dieses Spielchen in freier Wildbahn wesentlich dramatischer verläuft und auch dazu verleitet, sich die Wertsachen anderer (oder die Beute) anzueignen. Beim Beziehungstyp ist davon zumindest das „Habenwollen“ übrig geblieben. Dank unserer zivilisierten Gesellschaft, in der man Dinge kauft und verkauft, sind die meisten dieser Spielimpulse harmlos, es sei denn, nicht teilbare oder sehr reizvolle Besitztümer (oder Beziehungspartner) stehen auf dem Spiel. Von Sachtypen kann solch ein Neidverhalten leicht als bevorstehender Angriff missdeutet und durch Distanzierung präventiv abgewehrt werden; von Handlungstypen dürfte es wiederum eher positiv aufgefasst und als Bestätigung des eigenen guten Geschmacks oder Erfolgs gewertet werden.

„Ich bin doch noch ein Kind!"

Dieses Spiel wird schon früh von Beziehungstyp-Kindern praktiziert und ist als Methode zur Beziehungsanbahnung unter Beziehungstypen akzeptiert. Hier wird die erlebte Hilflosigkeit, Inkompetenz oder gar Unwissenheit offensiv nach außen kommuniziert, um sowohl mit anderen in Kontakt zu treten als auch Unterstützung zu gewinnen. Bei Kindern wird dieses Verhalten von Erwachsenen meist freundlich beantwortet, bei Frauen (man denke nur an die bekannten Tankstellen-Szenen) sogar bis an ihr Lebensende, auch wenn es sich nicht um Beziehungstypen handelt. Erwachsenen Männern steht es allerdings schlecht zu Gesicht, da sie in den meisten Kulturen so stark und schlau wie möglich zu sein haben, um anerkannt zu werden. Dabei kann diese Art von Interaktion Beziehungstypen auch im Erwachsenenalter durchaus nützlich sein, wenn sie absichtlich und ernsthaft eingesetzt wird. Bei einem Sachtyp dürfte solches Verhalten im privaten Bereich nicht auf Begeisterung stoßen, da die Annahme der Spieleinladung doch meist zu Zeit- und Kraftaufwand ohne ersichtliche Gegenleistung führt; auf geschäftlicher Ebene jedoch freuen sich Sachtypen uneingeschränkt, wenn sie etwas von ihrer Kompetenz gegen Honorar abgeben und darüber hinaus sogar noch mit der Dankbarkeit ihres Kunden rechnen dürfen.

Bei Handlungstypen wird ziemlich häufig deren automatischer Reflex ausgelöst, Verantwortung zu übernehmen und den anderen zu bemuttern – das wird jedoch vom Beziehungstyp meist als unerwünscht abgelehnt, da er dadurch seine Hilflosigkeit wiederum verstärkt sieht. Ziel des Beziehungstyps ist, bei diesem Spielchen Zuwachs an Wissen und Verständnis zu gewinnen, und keinesfalls der Rückfall in die Kinderrolle mit überragenden Eltern, die eigenes Erwachsenwerden unnötig machen.

Eine Sonderform dieses Spielchens sind Äußerungen, die das Erotische betreffen. Hierbei kann es – je nach Situation – als zusätzlicher Anreiz gelten, es kann aber auch als Abwehr („Willst du mich etwa gegen meinen Willen zu erwachsenem Verhalten inklusive Sex drängen?") oder als Hinhaltetaktik eingesetzt werden, solange noch Unsicherheit bezüglich der Emotionen besteht, .

Spielchen zwischen zwei Sachtypen

Wenn Sachtypen unter sich sind, scheinen sie für Nicht-Sachtypen regelmäßig ungewöhnliche Verhaltensweisen an den Tag zu legen. Sie selbst haben damit allerdings gar kein Problem und verstehen durchaus, wie es gemeint ist. Drei Beispiele hierzu:

„Ich armes Opfer leide sehr an meinem unveränderlichen Problem."

Dieses Verhaltensmuster dürfte unter Sachtypen das auffallendste sein, vor allem dank der Ausdauer, mit der es kultiviert wird. Probleme oder Phänomene, die zu einem Problem erklärt werden (wie etwa die Unzufriedenheit mit dem eigenen Misserfolg beim anderen Geschlecht, der dominante Vorgesetzte oder die Abhängigkeit von einer Erwerbstätigkeit), sind unter Sachtypen Anlass genug, um Stundenlang darüber zu lamentieren. Währenddessen bestätigen sie sich dann die ganze Zeit darin, dass der Betroffene, völlig unschuldig und ohne eigenes Zutun, geschweige denn eigene Verantwortung, zum Opfer wurde. Fazit ist meist aber auch, dass der geduldige und verständnisvolle Zuhörer seinerseits nicht über die Macht verfügt, mehr für den anderen zu tun, als schlicht zuzuhören,

die Sache ernst zu nehmen und vielleicht hin und wieder vernehmlich zu seufzen. Das Praktische an diesen Gesprächen ist, dass sie über einen längeren Zeitraum geführt werden und sich regelrecht entfalten können, eingeleitet etwa durch die Begrüßung „Und, immer noch nichts Neues in Sachen ...?". Möglicherweise handelt es sich also überhaupt nicht um den Versuch, ein Problem zu lösen (wie dies Handlungs- oder Beziehungstypen vermutlich interpretieren würden), sondern um eine Art sachlicher Berichterstattung, wie die Dinge liegen. Vielleicht schwingt manchmal noch der Hintergedanke mit, etwas über besondere Qualitäten, wie etwa die Leidensfähigkeit, zu kommunizieren.
Bevor ich etwas über Sachtypen bzw. die Typunterschiede wusste, meinte ich (als Beziehungstyp) natürlich, es ginge darum, diesen armen Menschen bei ihren Problemen zu helfen. Heimlich wunderte ich mich zwar, weshalb gerade ich auserwählt wurde oder nur ich den Ernst der Lage erkannt hatte. Dabei hätte es mich nachdenklich machen müssen, spätestens als mir auffiel, wie jedem Lösungsvorschlag elegant ausgewichen wurde, oder dass mir andere Bekannte des betroffenen Sachtyps ebenso detailliert über seine Problemlage berichten konnten. Einen Ausweg aus diesem Spielchen bzw. einen Test, wie Problemschilderungen von Sachtypen gemeint sein könnten, ermöglicht die Frage „Welches ist denn dein Ziel in dieser Sache?". Anhand der Antwort oder auch der nicht gegebenen Antwort lässt sich relativ rasch erkennen, wie eine potenzielle Lösung für den Klagenden aussieht – und ob man auf dem Weg dorthin irgendeine gewichtige Rolle zugedacht bekommt ...

„Ich würde gerne, aber kann (noch) nicht."

Dieses Spielchen ist mit dem Opfer-Spielchen verwandt oder taucht parallel dazu auf. Ich möchte aber noch einmal betonen, dass keines der beschriebenen Verhaltensmuster übertrieben oder gar krankhaft ist, sondern dass es sich für einen Sachtypen um ganz normales Alltagsverhalten in Stresssituationen handelt und dass es ihm dabei hilft, Problemlösungen zu finden! Hinter der Aussage „Ich kann nicht" kann sich zum Beispiel der Eindruck verbergen, noch nicht genügend zu wissen oder nicht ausreichend motiviert zu sein, sich noch auf der Suche nach Unterstützung zu befinden oder nötige Energie zu sammeln. Vielleicht bedeutet es auch, dass er einen existenziellen Tiefpunkt, von dem aus dann ein Gegenangriff gestartet wird, noch nicht erreicht hat. All diese Phasen dauern beim Sachtyp gewöhnlich etwas länger und werden extremer ausgelebt als bei den anderen Typen. Also ist entscheidend, auch hier den Sachtypen nicht zu überholen oder zu bedauern, sondern eher den Blick auf das zu richten, was er schon kann, wozu er motiviert ist und wie der nächste kleine Schritt aussieht. Eine vermeintlich passende Antwort wie „Du könntest schon, wenn du nur wolltest" führt mit großer Wahrscheinlichkeit zu nichts oder zum Gegenteil des Bezweckten, denn nun kommt ja zum Nichtkönnen noch das Nichtwollen hinzu – beides Schwächen, deren sich Sachtypen durchaus bewusst sind, womit sie sich aber vor übertriebenen Kraftanstrengungen und Erschöpfung schützen.

„Bitte, unterstütze mich, ich bin so schwach!"

Diese Aufforderung ist eine wunderbare Einladung, gerade in Beziehungsdingen. Wer so angesprochen wird, erhält das Vorrecht, am angestrebten Erfolg zu partizipieren und sich durch seine Beteiligung die Freundschaft und Dankbarkeit dessen zu verdienen, der um Unterstützung gebeten hat. Für Handlungstypen ist solch eine Bitte fast eine absurde Vorstellung, denn Kraft ist doch – bis auf wenige Ausnahmemomente im Leben – stets genügend vorhanden. Wenn hingegen ein Beziehungstyp auf solch eine Spieleinladung reagiert, kommt es häufig dazu, dass er beginnt, den anderen zu bemuttern, anstatt ihm eine partnerschaftliche und auf Gegenseitigkeit beruhenden Hilfestellung anzubieten. Dabei ist es für den Sachtyp, der zu diesem Spielchen einlädt, doch selbstverständlich, dass bei nächster Gelegenheit ein Wort genügt, um die Rollen zu vertauschen. Denn ein Hauptproblem aller Menschen – so meint der Sachtyp ohne Kenntnis der Typunterschiede – ist selbstverständlich die manchmal nicht ausreichende Kraft. Die angemessene Reaktion auf seinen Wunsch kann daher nur sein, ihm etwas von den möglicherweise vorhandenen überschüssigen Kraftressourcen zur Verfügung zu stellen und sich geehrt zu fühlen, ihm bei etwas Wichtigem helfen zu dürfen, mit der Gewissheit, sein Kräftekapital gut verzinst angelegt zu haben.

Spielchen zwischen zwei Handlungstypen

Während Spielchen für Beziehungstypen tatsächlich meistens Spielcharakter haben und bei Sachtypen sehr dezent und hintergründig ablaufen, haben sich bei Handlungstypen scheinbar kämpferische Züge ausgebildet, die Nicht-Handlungstypen womöglich leicht als Rangkämpfe, wie sie im Tierreich üblich sind, deuten könnten. Gelegenheiten, um solche Szenen zu beobachten, finden sich bei Handlungstyp-Paaren, in Firmen zwischen Handlungstypen auf gleicher hierarchischer Stufe beziehungsweise wenn die „Rangfolge" nicht ganz geklärt ist, und auch schon im Kindergarten oder in der Schule, wo sie noch lange mit viel Körpereinsatz ausgetragen werden.

„Der Chef hier bin ich!"

Vor allem wenn die Rangordnung in einer Gruppe oder bei einem Paar nicht von vornherein (zum Beispiel durch Alter, Größe oder Macht) eindeutig geklärt ist, spielen Handlungstypen gerne das „Chef-Spielchen". Dabei übernimmt der Handlungstyp wie selbstverständlich die Chefrolle und testet, ob er damit durchkommt. Selbst wenn es Widerstand oder anderweitige Ansprüche auf den Chefposten geben sollte, stört ihn das nicht – im Gegenteil: Erst so wird es spannend und fördert den sozialen Kontakt untereinander. Status und Statussymbole nehmen für Handlungstypen eine zentrale Rolle ein – Größe, Preis oder Leistungskraft (zum Beispiel eines Hauses, Urlaubs oder Autos) gelten dabei als ausreichende Indikatoren für einen höheren Rang und die automatisch damit einhergehenden Rechte. Notfalls tut es auch ein Trinkwettkampf, um in der Kneipe zu klären, wer tatsächlich „der Größere" ist (oder vor der Kneipe mithilfe einer handfesten Prügelei – in früheren Zeiten sogar per tödlichem Duell). Frauen unseres Kulturkreises scheinen hingegen mittels teurer Kleider, Schmuck oder Markenartikel den eigenen Wert nach außen zu kommunizieren („Ich kann mir das leisten, weil ich so viel arbeite").

In Paarbeziehungen richten solche Verhaltensmuster regelmäßig enormen Schaden an, da eine Partnerschaft im Verständnis vieler Menschen und Kulturen auf gleicher Augenhöhe stattfindet und dominante wie unterwürfige Gesten weit gehend als unzeitgemäß empfunden werden.

„Die Regeln stehen fest."

Für Handlungstypen spielen bekanntlich Ordnung, Recht und klare Regeln für ein harmonisches Miteinander eine weit größere Rolle als für die anderen Typen. Kommt ein Handlungstyp nun in eine neue Gruppe, die er zu dominieren gedenkt, oder geht er eine Paarbeziehung ein (in der er sich automatisch auch für den Chef hält), bleibt es nicht aus, dass er versucht, seine mitgebrachten, gewohnten Regeln und Abläufe beizubehalten. Zum Glück sind diese Regeln unter Handlungstypen häufig sehr ähnlich, sodass bei einem Paar, bestehend nur aus Handlungstypen, nicht ständig darum konkurriert werden muss, wer nun Recht hat. Denn da es für den Handlungstyp nur ein Richtig gibt, liegt es nahe, dass die eigenen Ansichten die richtigen sind und alle anderen diese zu übernehmen haben. Um dies zu unterstreichen, können diese Regeln dann noch damit begründet werden, dass sie familiär erprobt, von der eigenen Lebenserfahrung bestätigt oder religiös vorgegeben sind. Zwischen zwei Handlungstypen wird ein Streit um Regeln, sollte dieser doch einmal vorkommen, allerdings meist als normal und gerechtfertigt angesehen und gefährdet kaum die Beziehung – es scheint klar zu sein, dass es nur einen Regelkatalog geben kann und dass jeder so gut es geht für seinen eigenen kämpfen darf. Und da Handlungstypen auf der anderen Seite auch innerhalb kürzester Zeit fähig sind, völlig neue Regelwerke für sich zu übernehmen (zum Beispiel, wenn diese an einem neuen Arbeitsplatz vorgegeben werden und es kein Richtig oder Falsch gibt, sondern nur verschiedene Verhaltensweisen), lässt dies darauf schließen, dass es weniger um die Inhalte dieser Regelwerke geht als um die Sicherheit, sich *richtig* zu verhalten und die Harmonie innerhalb der Gruppe oder Partnerschaft langfristig zu sichern. Ein ähnliches Verhalten lässt sich unter echten Gorillas beobachten, bei denen durch klare Regeln Disharmonien weit gehend vermieden werden.

„So etwas tut man nicht."

Dieses Spielchen ist eine Unterform des vorgenannten Regelspielchens, nur hier in Form von Verhaltensweisen beziehungsweise Verboten ausgedrückt. Beide Varianten sind typisch für Handlungstypen. Zu Beginn einer Partnerschaft kann dies für reichlich Stress sorgen, da häufig der Korridor dessen, was „richtiges Verhalten" ist, nur durch Versuch und Verstoß (und die folgende Abmahnung) abgesteckt werden kann. Selbstverständlich dürfte dies für einen Handlungstyp-Partner leichter sein, da viele Nos von ihm sowieso von vornherein als solche akzeptiert und damit eher ausgeschlossen sind. Sach- oder Beziehungstypen müssen sich die gewünschten Verhaltensweisen in der Gegenwart eines Handlungstyps erst mühsam erarbeiten. Wichtigste Frage dürfte hier sein, wie es denn anstatt des Verbotenen oder Unerwünschten vor sich gehen soll – und da kann durchaus einmal eine körperlich ausgetragene Auseinandersetzung einer sachlichen Diskussion oder eine Kissenschlacht einer zarten Berührung vorgezogen werden ...

Spielchen zwischen Beziehungs- und Sachtyp

Im Gegensatz zu Spielchen unter gleichen Typen, die sehr offensichtlich ablaufen – vor allem für außenstehende, typverschiedene Beobachter –, sind Spielchen zwischen verschiedenen Typen in der Regel komplexer und durch ein vielfaches Hin und Her bestimmt. Es gibt selten eine klare Rollentrennung zwischen Täter und Opfer oder zwischen dem, der angefangen hat, und dem, der sich auf ein Spielchen einlässt. Auch ist häufig unklar, wer von beiden welchen Nutzen daraus zieht.

Zwischen Beziehungs- und Sachtypen wechseln sich zum Beispiel Spielchen unter den Mottos „Du bist so schlau!" und „Sei einfach mein Freund" (Beziehungstyp in Richtung Sachtyp) mit „Du bist so forsch!" und „Überroll' mich bitte nicht so!" (Sachtyp in Richtung Beziehungstyp) ab. Hierin kommen deutlich die unterschiedlichen Stärken und Schwächen zum Ausdruck, wobei aus Sicht des Beziehungstyps der Sachtyp auf geistigen Gebieten sehr viel besser ausgebildet erscheint und von ihm bald als Hort der Weisheit, Geduld, des Tiefgangs und Verständnisses (und der Erotik) verehrt wird. Andersherum findet der Sachtyp das Spontane, Leichte und Spielerische des Beziehungstyps sehr erfrischend und wünscht sich manchmal einen so netten und kontaktfreudigen Menschen an seiner Seite – aber auf Dauer kann es auch sehr anstrengend für den Sachtyp sein, weil die Geschwindigkeit des Beziehungstyps so gar nicht der eigenen entspricht oder der leichtfertige Umgang mit ganz allgemeinen, aber auch ernsten Themen, Geld und Zeit ihn doch eher überrollt. Auch eventuelle Annäherungen mit dem Ziel sexuellen Kontakts werden vom Beziehungstyp häufig mit einem lächelnden Verweis auf Müdigkeit, eine bestehende enge Freundschaft oder dem Wunsch, ihn, den Weisen, Verständnisvollen, lieber als Freund denn als Bettgenossen im eigenen Beziehungstyp-Kosmos wiederzufinden, abgewehrt.

Spielchen zwischen Beziehungs- und Handlungstyp

Die Dynamik zwischen diesen Typen geht eindeutig zulasten des Handlungstyps, da dieser vom „Vorsprung" des Beziehungstyps ausgebremst wird und so dazu neigt, sich anhaltend in den eigenen vertrauten Bereich von Arbeit, Regeln und Verantwortung zurückzuziehen. Dabei fing doch alles so gut an, und Spielchen nach dem Motto „Du bist so freundlich und nett!" oder „Schmücke mein Leben mit deiner Freundlichkeit!" wurden vom Handlungstyp inszeniert, um das Interesse des Beziehungstyps auf sich zu lenken. Bald jedoch dürfte der Beziehungstyp die Vorgaben gemacht haben, vermutlich eher unauffällig, doch umso wirkungsvoller. Nun hießen die Spielchen „Sei mal locker und vergiss die Arbeit!" oder „Das war doch alles nicht so ernst gemeint mit uns!". Typisch für den Beziehungstyp ist auch folgendes Verhalten: Zuerst versucht er den Partner durch die eigene Liebe zu „retten" – was manchmal durchaus gelingt und dem Handlungstyp einige Jahre ohne Liebeskummer beschert. Falls dann aber doch Probleme auftauchen und die Beziehung zu misslingen droht, zieht sich der Beziehungstyp gerne zurück und flüchtet sich in Unverbindlichkeit, um der zunehmenden Hilflosigkeit zu entkommen.

Spielchen zwischen Sach- und Handlungstyp

In dieser Kombination ist kein Beziehungstyp beteiligt, sodass viele Spielchen ziemlich undramatisch und scheinbar ohne tiefere emotionale Beteiligung ablaufen (zumindest anfangs). Sachtypen bewundern natürlich Handlungstypen, da diese ihre „Fleisch gewordene Ressource“ darstellen. Bewundernd opfern sie ihnen das eigene Leben vorbehaltlos auf und geben alle zu treffende Entscheidungen und alle zu tragende Verantwortung an sie ab. Selbstverständlich ist dies zugespitzt formuliert, aber Spieleinladungen unter dem Motto „Du bist so stark – bitte (er)trage mich!“ oder „Kannst du das bitte für mich regeln?“ stehen früh auf dem Programm. Sie werden jedoch bald von den Spielchen des Handlungstyps abgelöst, die da heißen können: „Aus dir wird schon noch was!“ Oder – nachdem man sich arrangiert, das unveränderliche Wesen des Sachtyps akzeptiert und seine Stärken gewürdigt hat: „Du gibst mir Ruhe, bitte bleibe, wie du bist!“ Letzteres ist natürlich mehr als ein Spielchen, stellt diese uneingeschränkte Akzeptanz doch auch eine Falle dar, durch die (natürlich ohne böse Absicht) die Entwicklung des anderen verhindert oder zumindest verlangsamt wird. Dabei spielt die Angst eine Rolle, dass sich der Sachtyp allzu sehr in Richtung seiner Handlungstyp-Ressource entwickeln könnte und es dann vorbei wäre mit der Ruhe, den Absprachen und Rücksichtsnahmen. Es kämen Forderungen und Wünsche zutage, die für unberechenbare Verwicklungen sorgen und zu einer ziemlich lebendigen Beziehung führen könnten. Glücklicherweise kommt das hin und wieder vor, vielleicht auch weil Sachtypen ausdauernder und verständnisvoller sind als die anderen Typen und so der Falle, stillzustehen und sich nicht weiterzuentwickeln, heimlich entkommen ...

Die Spielchen der Untertypen

Auch die (ab Seite 171 beschriebenen) Untertypen pflegen wie selbstverständlich ihre jeweils eigenen Spielchen und sind sich deren Eigenarten genauso selten bewusst wie ihrer Regelmäßigkeit. Sie werden jedoch von den anderen Untertypen leicht erkannt, da sie entweder als reizvoll, fremd oder als belästigend erlebt werden. Zu jedem der Untertypen folgt nun ein Beispiel, um auf ihre Differenzierung einzustimmen:

- *Du-bezogen:* „Du bist alles, was ich habe; ohne dich bin ich nichts!"
- *Ich-bezogen:* „Ich sorge einfach gut für mich und wünschte, du tätest das auch!"
- *Wir-bezogen:* „Wir sind doch eine große Familie, da kann auf Einzelne keine Rücksicht genommen werden!"

- *Gegenwartsorientiert:* „Der Augenblick ist alles, vergiss doch endlich, was war, und denke nicht darüber nach, was noch kommt."
- *Vergangenheitsorientiert:* „Das vergesse ich dir nie, auch wenn du noch so viel dafür tust!"
- *Zukunftsorientiert:* „Im Wesentlichen ist schon alles geplant und vorausberechnet – die augenblicklichen Zustände können also ignoriert werden."

- *Fühler:* „Nimmst du denn gar nicht wahr, was ich mir wünsche?"
- *Denker:* „Ich denke Tag und Nacht an uns – wozu soll ich dich da noch anrufen und mit dir sprechen?"
- *Macher:* „Wieso machen wir nicht einfach einmal, was ich vorschlage, und sehen dann weiter?"

Wie reagiert man am besten auf solche Spielchen?

Sind solche Grundhaltungen und Spieleinladungen im Alltag meist harmlos, kann sich daraus in Krisensituationen durchaus ein Potenzial entwickeln, das einen oder beide Partner überfordert und unnötige Schwierigkeiten macht. Daher zum Schluss noch vier Tipps für den Umgang mit unerwünschten Spieleinladungen, inspiriert durch die „Spielunterbrecher", die von Dietmar Friedmann erstmals beschrieben wurden:

- **Einfache, harmlose Spielvarianten:** Ignorieren Sie einfach freundlich das Verhalten des anderen – zum Beispiel die regelmäßig stattfindenden Männerabende Ihres Liebsten.
- **Mittelernste Spieleinladungen:** Schlagen Sie dem potenziellen Spielpartner ein alternatives Spielchen vor, das für Sie beide angenehmer ist als das von ihm vorgeschlagene. Beispiel: Ihr Liebster verbringt nicht nur einen Abend in der Woche, sondern fast jedes Wochenende mit seinen Freunden. Suchen Sie nach Gelegenheiten, an den gemeinsamen Aktivitäten teilzunehmen, diese Wochenenden mit ihm vorzubereiten oder ihm sogar reizvollere Alternativen der Freizeitgestaltung anzubieten.
- **Schwer wiegende Spieleinladungen:** Konfrontieren Sie den potenziellen Spieler mit seinem Verhalten und bremsen Sie ihn so aktiv aus! Beispiel: Wenn Ihr Partner so gut wie seine ganze Freizeit ohne Sie verbringt, sprechen Sie ganz offen mit ihm darüber, dass das für Sie nicht in Ordnung ist. Gegebenenfalls holen Sie sich Rat bei einem Paarberater. Wenn Sie nichts tun, nehmen Sie die Spieleinladung (hier zu einer distanzierten Beziehung) an und dürfen sich dann nicht wundern, wenn sich nichts an Ihrer Situation ändert.
- **Gefährliche Spieleinladungen:** Holen Sie sich Unterstützung. Beispiel: Obwohl Sie Ihrem Partner deutlich gemacht haben, dass Sie eine andere Vorstellung von Partnerschaft haben, verstärkt er sein Verhalten in inakzeptabler Weise, bleibt zum Beispiel tagelang weg, ohne sich zu melden. Nun

ist ein Gespräch mit einer dritten Person notwendig (etwa mit einem gemeinsamen Bekannten, einem Berater und im ernstesten Fall sogar mit einem Rechtsanwalt). Mancher „Spieler" erkennt erst in der härtesten Konsequenz, dass er sich in einer Weise verhält, die auch ihm letztlich schadet, und ändert sich dann.

Ziel dieser Maßnahmen sollte sein, wieder eine normale, erträgliche Beziehung zu ermöglichen, und nicht, jemanden über die Maßen zu verdächtigen, bloßzustellen oder zu diskriminieren. Durch die Kenntnis der Typunterschiede und der hierdurch entstehenden starken Dynamik zwischen bestimmten Typen kann es möglicherweise leichter sein, Verständnis für solche Verhaltensweisen oder ihre Heftigkeit aufzubringen und gelassener damit umzugehen. Viele Eskalationen sind auch zu großen Teilen vom „Opfer" mit gefördert und zu verantworten, auch wenn die Gegenreaktionen (oder das Ausbleiben derselben) unbewusst dazu beitragen, Öl ins Feuer zu gießen.

Beliebte und typische Fettnäpfchen

Die Unterschiede zwischen den psychographischen Typen sind enorm und tief gehend, wie aus den bisherigen Beschreibungen ersichtlich wird. Es lässt sich daraus leicht ableiten, dass diese Unterschiede umso stärker zum Tragen kommen, je näher sich Menschen stehen. Nun ist das besonders Tückische an den im Folgenden aufgeführten Fettnäpfchen, dass sie nicht aus Unkenntnis irgendwelcher Benimmregeln, sondern aus absolut gut gemeintem Normalverhalten des jeweiligen Typs heraus entstehen. Sie werden auch erst dann zum Stolperstein, wenn sie beim Partner auf einen Nerv treffen, von dem der andere nichts ahnt, weil er selbst damit überhaupt kein

Problem hätte. Vermutlich sind eine Reihe der immer wieder zu beobachtenden peinlichen Situationen zwischen Paaren nicht nur von einem Partner verursacht beziehungsweise zu lösen, sondern treten nur im Zusammentreffen zweier (typ-) verschiedener Menschen auf – weshalb es auch Paaren, die sich bereits länger kennen, häufiger gelingen dürfte, sie mehr und mehr zu vermeiden. Wenn wir jedoch in den Typunterschieden den eigentlichen Grund dieser Verwicklungen erkennen, lassen sie sich nicht nur vermeiden, sondern auch verstehen und souveräner handhaben – und vielleicht sogar in ein privates Comedy-Vergnügen umdeuten.

Die im letzten Abschnitt angeführten Spielchen stellen ein unendliches Reservoir an potenziellen Missverständnissen zur Verfügung. Hinzu kommt die Schwierigkeit, dass sich jeder Mitspieler als völlig authentisch, ehrlich und konsequent („Ich bin nun mal, wie ich bin") erlebt und sich keines Fehlers, geschweige denn Vergehens bewusst ist. Es ist auch kein zusätzliches Beziehungsproblem nötig, um in Fettnäpfchen zu treten beziehungsweise diese bereitzustellen – es reicht oftmals einfach nur, da zu sein, sich gehen zu lassen, keine Rolle mehr zu spielen, sondern aus sich heraus zu agieren oder reagieren. Kein Wunder, dass sich viele Paare in der Beratung erstaunt ansehen, wenn ich ihnen eröffne, sie hätten gar kein schweres Beziehungsproblem, sondern befänden sich in guter Gesellschaft vieler Paare (oder Geschäftspartner), denen dasselbe passiert, und zwar wiederholt und ohne böse Absichten.

Es folgen einige Beispiele – weitere können Sie selbst aus den beschriebenen Typunterschieden jederzeit zusammenstellen, falls Bedarf besteht:

Etwas einfordern, das zum eigenen Typus passt, nicht aber zu dem des Gegenübers

„Er schafft es einfach nicht, mich in einer Weise zu verführen, wie ich es gerne hätte", so die Aussage einer Handlungstyp-Frau über ihren Sachtyp-Mann nach dreißig Jahren Ehe. Er habe einfach nicht genug „Kraft“ und „Deutlichkeit“, erläutert sie. Was sei ihr da übrig geblieben, als hin und wieder ihr Glück bei einem anderen Mann zu suchen, der ihr das Vermisste scheinbar leicht und selbstverständlich schenkte? Anschließend habe sie dann mit schlechtem Gewissen einen Weg zurück in den Alltag suchen müssen und irgendwie auch gefunden, vielleicht nur, um einen erneuten Versuch zu starten, ein ähnliches Verhalten bei ihrem eigenen Mann zu wecken. Was sie natürlich nicht wissen konnte und was ihr, erst nachdem sie die Typunterschiede kennen gelernt hatte, schlagartig bewusst wurde, war, dass ihr Sachtyp-Mann nicht „kompliziert“ oder „schüchtern“ ist, sondern einfach ein anderer Typ als sie selbst – und auch als ihr Liebhaber! Durch das ständige Einfordern ihm eher fremder Verhaltensweisen hatte sie ihn natürlich nicht nur überfordert, sondern auch übersehen, welche Potenziale er stattdessen besaß!

Das Ergebnis des sicher oftmals notwendigen radikalen Umdenkprozesses in einer Beziehung beschreibt eine andere Handlungstyp-Frau als Folge eines Psychographieseminars so: „Ich habe meinen Sachtyp-Mann die ganzen Jahre häufig nur ertragen. Nun, da ich seine typischen Stärken und Schwächen als solche wahrnehme, kann ich sagen, dass ich ihn erst lieben gelernt habe.“

Die eigenen Ressourcen vermeiden und sie vom Gegenüber ausgelebt haben wollen

Angenommen mir wird als Beziehungstyp bewusst, dass ich kein Händchen für den Umgang mit Geld, Versicherungen oder gar der Altersvorsorge habe. Also überlasse ich diesen Part meinem Partner und erwarte, dass er sich für mich darum kümmert. Kein Problem, wie sich immer wieder zeigt, wenn der so Beauftragte Sachtyp ist und dies quasi mit links erledigt, vielleicht sich sogar noch freut, dass endlich jemand seine wahren Stärken erkannt hat. Handelt es sich jedoch um einen Handlungstyp, dürfte die Freude weitaus geringer ausfallen und vielleicht sogar in einen Ordnungswahn inklusive (ehr-) geiziger Sparziele ausarten. Und wendet man sich mit seiner Aufforderung gar an einen zweiten Beziehungstyp, wird in vielen Fällen gar der Bock zum Gärtner gemacht. Um das zu vermeiden, kann also nur geraten werden, sich zunächst selbst um die vernachlässigten Bereiche zu kümmern und danach zu entscheiden, welche davon man besser in andere oder professionelle Hände abgibt.

Die eigenen Stärken beim Gegenüber automatisch voraussetzen

Genau das Gegenteil des zuletzt beschriebenen Fettnäpfchens tritt aber ebenso häufig in Erscheinung: Vielfach gehen Menschen nämlich davon aus, ihre eigenen Stärken seien auch die Stärken ihres Gegenübers. Die im Folgenden beschriebene Szene soll als Beispiel dienen: Die Sachtyp-Frau merkt während des Kennenlernens, wie großzügig und spendierfreudig sich ihre neue Eroberung zeigt, wie er ihr jeden Wunsch von den Augen abliest und sogleich übereifrig erfüllt. Von sich selbst ausgehend muss sie nun annehmen, im Partner einen sehr finanzstarken Menschen kennen gelernt zu haben und dass er ernsthaftes Interesse an ihr bekundet, denn sonst würde ein Mensch, so ihre Schlussfolgerung aufgrund Kenntnis ihrer eigener Verhaltensweisen, nicht so reagieren. Dass jemand sich für das Ziel, eine Partnerin zu erobern, bereitwillig verschuldet wie ein Handlungstyp oder das wenige vorhandene Geld mit vollen Händen und einem Lächeln im Gesicht nur zum Spaß ausgibt wie ein Beziehungstyp, darauf dürfte sie erst mit einiger Lebenserfahrung kommen. Durch solche Szenen wird deutlich, welchen Unterschied es macht, sich selbst und den anderen mitsamt den typeigenen Stärken und Schwächen zu kennen – und wie viel unnötiger Ärger in Beziehungen auf diesem Weg vermieden werden kann. Falls die Sachtyp-Frau im obigen Beispiel nämlich erkennt, dass sie es tatsächlich mit einem Sachtyp-Mann zu tun hat, kann sie doch ihr Glück umso mehr auskosten und ihre möglicherweise aufkeimenden Ängste ad acta legen.

Die eigenen Lösungsstrategien als für jeden gültig ansehen

Ähnlich wie die Stärken können auch eigene Lösungskompetenzen und -strategien als für jedermann gültig angesehen werden, und das kann ebenfalls zu unerwarteten Verwicklungen führen. Angenommen ein Handlungstyp hat herausgefunden, dass ein eleganter Lösungsweg darin besteht, Dinge und Vorgänge zu relativieren, Recht einmal Recht sein zu lassen und Unordnung als normales Phänomen und nicht als Grund für sofortigen Aktivismus anzusehen. Nun trifft er mitsamt dieser für ihn so wertvollen Erkenntnis und Haltung auf einen Sachtyp und möchte ihm automatisch zu Ähnlichem raten. Im Handumdrehen blockiert er auf diese Weise sein Gegenüber auf dessen typeigenem Entwicklungsweg. Gleichzeitig wird der betreffende Sachtyp natürlich merken, dass es keinen Fortschritt bringt, sich so zu verhalten wie geraten, und womöglich seinen eigenen, schon bekannten Lösungswegen folgen. Unbewusst, indem er seine Ressourcen (nämlich die Handlungstyp-Bereiche) aktiviert, verhält er sich genau gegensätzlich, stachelt den Handlungstyp in seinem typeigenen Verhalten weiter an und setzt ihn noch zusätzlich unter Druck, nachdem er ihm schon eine kleine Demütigung verpasst hat, weil er seinen gut gemeinten Ratschlag nicht befolgte. Mit einem Beispiel könnte man das so beschreiben: Der Handlungstyp sagt am Samstagabend, die Hausarbeit könne man auch einmal liegen lassen und stattdessen ein schönes Gläschen Wein miteinander trinken. Er selbst steht dann selbstverständlich am Sonntag spätestens um 10 Uhr auf und erledigt die Arbeit, während der Sachtyp, seinem Rat vom Vorabend folgend, das Schläfchen noch bis in den Mittag hinein ausdehnt, auch um seinen enormen Kater loszuwerden. Um die Nachmittagszeit wird der Sachtyp dann von seinem schlechten Gewissen und dem bevorstehenden Besuch der Freunde zum

Abendessen dermaßen angestachelt, dass er den Handlungstyp zu einer Putz- und Aufräumorgie ungeahnten Ausmaßes mitreißt und ihm so die vielleicht noch vorhandene Vorfreude auf einen zweiten gemütlichen Abend in Folge unsanft zerstört. Zufrieden, etwas getan zu haben, begrüßt der Sachtyp seine Gäste, während der Handlungstyp ganz geschafft ist und am liebsten nur noch fernsehen oder lesen möchte. Stattdessen muss er sich, nachdem er all seine Kraft und Energie bei der Hausarbeit verbraucht hat, auch noch dem Stress aussetzen, auf weit gehend fremde Menschen in seinem privaten Heim einzugehen.

Sich über „die Art" des anderen beklagen und hoffen, dass er sie ablegt beziehungsweise ändert

„Wir sind mit Ihrer Arbeit sehr zufrieden, nur mit Ihrer Art kommen wir nicht klar", so der Brief eines Vorgesetzten an eine Angestellte. Ohne zu wissen, dass hier ein Handlungstyp einem Sachtypen schreibt, stünde man (zumindest als Beziehungstyp) vor einem gewaltigen Rätsel: Wie kann ein Vorgesetzter sich so unsensibel verhalten? Für den Handlungstyp hingegen, der solche Zeilen verfasst, scheint die Lage klar: Der Mitarbeiter braucht ein wenig mehr Motivation, sprich: einen kleinen Tritt vors Schienbein, dann wird er sich schon auf seine eigentlichen Möglichkeiten besinnen und sich mit aller Kraft für die Firma einsetzen. Ein Handlungstyp bezeichnet mit der „Art" eines Menschen vor allem dessen typische Verhaltensmuster – und ein Verhalten ist seiner Ansicht nach leicht zu verändern. Er versteht also nicht, wie ein Sachtyp nicht realisiert, was mit seiner klaren Aussage gemeint ist. Im Vergleich dazu definiert der Sachtyp seine „Art" mehrheitlich durch Komponenten des Seins und eben nicht durch sein Verhalten. Das Sein eines Menschen lässt sich allerdings kaum noch manipulieren, nachdem er einmal die Pubertät hinter sich gelassen hat (oder bereits davor). Dem Sachtyp muss eine solche Kritik seines Seins folgerichtig als ungeheuerliche

Gemeinheit und schlichtes Mobbing vorkommen – worauf er sehr rebellisch oder langatmig reagieren kann, was die Situation nicht immer verbessert. Ein Ausweg aus solchen Missverständnissen ist – auch ohne Typkenntnis –, deutlich zu kommunizieren, was in Ordnung ist (möglichst in Verhaltensbegriffen) und wovon man gerne ein wenig mehr sehen würde. Denn positive Aspekte sind bereits mit Sicherheit vorhanden und zeigen beiden Seiten, dass es im Rahmen der Möglichkeiten liegt, diese zu verbessern. Gleichzeitig vermeidet man dadurch auch den häufigen Fehler, dass nur gesagt wird, was nicht in Ordnung ist, ohne Lobenswertes hervorzuheben und erwünschte Alternativen aufzuzeigen.

Die eigenen Maßstäbe auf das Gegenüber übertragen

Neben den Stärken und Lösungsstrategien sind auch die Maßstäbe, Grundwerte und Moralvorstellungen der Typen sehr verschieden, zum Teil sogar gegensätzlich. Folgende (fiktive) Szene beschreibt beispielsweise die Bedeutung von Religion, die für eine Beziehung zur Zerreißprobe werden kann: Eine Handlungstyp-Frau gehört einer Religionsgemeinschaft an, bei der eine recht hohe Erwartungshaltung besteht, dass ihre Mitglieder andere Mitglieder dieser Gemeinschaft heiraten und keine Andersgläubigen. Nun lernt sie bei einer beruflichen Fortbildung einen Sachtyp kennen, der ihr Herz berührt, und sie wirft alle Bedenken bezüglich seiner Religionszugehörigkeit über Bord. Um jedoch ihrer Familie und vor allem ihrer Mutter keinen unnötigen Ärger zu bereiten, fragt sie den bisher keiner Religion zugehörigen, aber spirituell sehr ernsthaft suchenden Verlobten, ob er ihr den Gefallen tun würde, pro forma um die Aufnahme in ihre Religionsgemeinschaft zu bitten. Sie formuliert es so: „Du musst nur so tun, als ob, und die entscheidenden Sätze im richtigen Moment sagen – daran wirklich glauben brauchst du nicht." Ernsthaft, wie Sachtypen in der Regel nun einmal sind, besonders in spirituellen Dingen, bereitet dieser sich auf das Gespräch mit dem

Würdenträger intensiv und zeitlich enorm aufwändig vor. Er erlernt Teile einer ihm fremden Sprache, um in der Liturgie keinen Fehler zu machen, und findet überraschend für sich, aber erschreckend für seine künftige Frau, solchen Gefallen und solche Erkenntnisschätze in den zu lesenden Schriften, dass eine unerwartete Eigendynamik entsteht. Als sie nun die Notbremse ziehen und verhindern möchte, dass sie das Schicksal ihrer Mutter erleidet, die ihr Leben lang ihren Mann mit den heiligen Büchern zu teilen hatte, fühlt er sich – aus seiner Sicht völlig zu Recht – verkannt und betrogen. Denn für ihn hielt das Schicksal doch offensichtlich nicht nur eine Partnerin, sondern gleichzeitig noch einen Weg zu innerem Frieden und vielleicht gar Erleuchtung bereit. Warum sollte er darauf verzichten? Außerdem fühlte er sich in der Gemeinschaft der Gläubigen aufgehoben wie nie zuvor irgendwo sonst! Seine Handlungstyp-Frau beurteilte das allerdings ganz anders: Sie sah in seinem Interesse Anzeichen von Zwanghaftigkeit, während der Sachtyp-Mann es vielmehr als Freiheit empfand, sich für diese Religion zu entscheiden. Außerdem befürchtete sie die Konkurrenz um liebende Zuwendung, der Sachtyp-Mann erwartete dagegen viel eher eine Verstärkung der Bindung durch die gemeinsame Religion. Beide Befürchtungen der Handlungstyp-Frau beschreiben eigene Schwächen, die sie automatisch auf den Partner übertrug.

Hoffen, dass mich der andere automatisch richtig versteht

Noch immer ist für viele, vielleicht für die meisten Menschen, das alte Sender-Empfänger-Modell die Grundlage ihrer Kommunikation. Sie glauben, dass das, was man in Worte fasst, beim anderen auch genauso ankommt, wie es gemeint ist. Dass dem nicht so ist, stellen wir regelmäßig fest, nicht nur im Gespräch mit Menschen anderer Muttersprachen, sondern auch in unserem nächsten Umfeld, wenn wir meinen, die gleiche Sprache zu sprechen. „So habe ich es nicht gemeint“ oder „Ich habe das anders verstanden“ sind Sätze, die auf allen

Gesellschaftsebenen regelmäßig fallen, um jenes Fehlverstehen zu entschuldigen, das scheinbar unausweichlich in jeder Kommunikation lauert. Nicht nur Typunterschiede, sondern schon die Kenntnis, dass einzelne Wortbedeutungen und -assoziationen von Mensch zu Mensch variieren, müsste uns verdeutlichen, wie wichtig es in Gesprächen ist, sich auf den Empfänger zu fokussieren. Es sollte daher normal sein, sich eine Rückmeldung über das geben zu lassen, was der Angesprochene gehört hat, und auch darüber, welche Konsequenzen, Emotionen und Nachfragen dies bei ihm auslöst. „Es ist ein Wunder, dass wir uns überhaupt verstehen!", soll ein Sprachforscher einmal gesagt haben, als ihm die Komplexität unserer Kommunikation allein in Bezug auf Sprache bewusst wurde. Wenn wir nun noch die Unterschiede zwischen den Typen hinzunehmen und berücksichtigen, welche unterschiedliche Bedeutung Wörter und Sätze haben können, dann wird uns das ganze Ausmaß der Gefahr, sich misszuverstehen, bewusst. Aber genau diese Erkenntnis fördert den Respekt gegenüber den vielfältigen Bedeutungsmöglichkeiten innerhalb einer Kommunikationssituation und man geht nicht mehr automatisch davon aus, dass der andere einen schon richtig versteht. So lernen wir, die Reaktion des anderen abzuwarten, nachzufragen oder hinzuhören, wie er antwortet. Ein Beispiel aus dem Paaralltag zur Illustration: Eine Handlungstyp-Frau hat sich auf einer Firmenfeierlichkeit sehr nett mit einem ihr bisher unbekannten Kollegen aus einer anderen Abteilung unterhalten, während beide am Büfett anstanden. Typisch für einen Beziehungstyp meldet sich der Kollege gleich am Montag darauf telefonisch bei ihr zuhause, nachdem er die private Telefonnummer recherchiert hat. Dieses Verhalten, für einen Beziehungstyp völlig normal und nicht als Übergriff zu verstehen, kommt jedoch bei ihr denkbar falsch an, zumal gerade in dem Moment, als sie ans Telefon geht, ihre Großmutter nach ihr ruft, die im selben Haus wohnt und bettlägerig ist. Als Handlungstyp geht sie spontan von einer eher unerwünschten Verlagerung der beruflichen Bekanntschaft ins Private aus. Da bei ihr noch keine positiven Emotionen ausgelöst wurden, gleichzeitig aber ihr verantwortungs- und pflichtbewusstes Verhaltensmuster gegenüber der Großmutter in diesem Moment einsetzt, ist ihre Reaktion vorprogrammiert. Durch die Leitung kommt ein schnell hingeworfenes „Entschuldigung, aber ich kann gerade nicht telefonieren" beim Beziehungstyp in wenig freundlichem bis gestressten Ton an. Kurz darauf entdeckt sie jedoch eine fast kindliche Überraschung im Rückblick auf seinen Anruf: „Sollte er sich wirklich für mich interessieren?" Sie fühlt sich geschmeichelt. Am anderen Ende der Leitung hat ihre Antwort jedoch eine gerade aufgekeimte Neugier jäh erstickt und die bereits vorhandene Vermutung, dass es ein Fehler gewesen sein könnte, auch im Privaten den Kontakt zu suchen, bestärkt. „Auf keinen Fall", so der Entschluss des Beziehungstyps, „werde ich mich noch einmal blamieren und einen zweiten Versuch starten, sie näher kennen zu lernen. Falls sie ebenso viel für mich empfindet, ist es jetzt an ihr." Dabei hätte wahrscheinlich gerade der zweite, ebenfalls ins Private zielende Versuch die Umworbene umstimmen und sie von der Ernsthaftigkeit seines Interesses überzeugen können – denn, so ihre Folgerung, „ein erstes Nein muss sein, um die Spreu vom Weizen zu trennen". Angesichts solcher Hürden könnte man sich vielleicht fragen, wie Paarbeziehungen überhaupt zustande kommen, oder in der Attraktivität, die Männer und Frauen aufeinander ausüben, ein Notprogramm der Natur sehen, um diese Sprachbarrieren zu überwinden.

Eigenschaften zu Unrecht als „typisch Mann" oder „typisch Frau" titulieren

Dass Menschen nicht gleich sind, sondern verschieden, fällt einem früher oder später auf – es sei denn, man lebt völlig allein und zurückgezogen am Ende der Welt. Nun ist es allzu menschlich, für etwas Beobachtetes auch eine Erklärung zu suchen und Dinge miteinander in Zusammenhang zu bringen. Schließlich möchte man bei anderen, ähnlichen Begebenheiten fähig sein, den weiteren Fortgang der Geschehnisse vorherzusehen und angemessen zu reagieren. Die erste Unterscheidung zwischen Menschen, die wir kennen lernen, dürfte die Differenzierung zwischen Kind und Erwachsenem (beziehungsweise „klein" und „groß") sein. Später lernen wir noch „bekannte" und „unbekannte" Menschen und Verhaltensweisen zu unterscheiden. Bald kommt noch ein weiteres Unterscheidungskriterium hinzu, das jedem Kind und jedem Erwachsenen fest zugeordnet ist: Mädchen oder Junge, weiblich oder männlich, Frau oder Mann. Schon in der Sprache ist dies festgelegt und – wie wir früh merken – auch in den Namen, die uns unsere Eltern gegeben haben. Also ist es auch für Kinder sehr früh nahe liegend, alle Unterschiede zwischen sich und anderen Kindern, die weder auf „Kind – Erwachsener" noch „bekannt – fremd" zurückzuführen sind, versuchsweise den Geschlechterunterschieden in die Schuhe zu schieben. Wahlweise stehen natürlich noch andere Unterscheidungsmerkmale wie Religionszugehörigkeit, Haar- und Augenfarbe oder die Nationalität zur Auswahl, notfalls sogar die regionale Zugehörigkeit oder Herkunft inklusive anhaftendem Dialekt. Eng wird es jedoch, wenn ich bestimmte Eigenschaften, die mir etwa bei bisher allen blonden, südschwedischen, protestantischen Mädchen aufgefallen sind, nun bei der neuen Urlaubsbekanntschaft, die genau diese Merkmale trägt, ins Gegenteil verkehrt vorfinde! Jedes Jahr fand sich jemand, der mit mir Eis essen, tanzen und plaudern ging, und keiner wollte mehr als ein bisschen flirten. Und nun steht plötzlich eine Einladung zu den Eltern an, die neue Freundin drängt auf körperliche Liebesbekundungen und äußert ihre sehr zielstrebigen Pläne einer Familiengründung – und das alles im Alter von gerade mal 17 Jahren! „Aha", so könnte man denken, „sie war schon längere Zeit mit einem Jungen zusammen und weiß nun, was sie will." Dabei wäre die Deutung „Handlungstyp und zukunftsorientiert“ sehr viel passender und erklärte auch die trotz allem scheinbar fehlende emotionale Beteiligung und schließlich die ausbleibenden Antwortbriefe. Leider werden in ähnlicher Weise häufig Erwartungshaltungen an jede Frau und jeden Mann herangetragen, die doch nur von einem oder zwei Typen einigermaßen und selbstverständlich erfüllt werden können und die zumindest einen der drei Typen auf Dauer überfordern. Bestsellerautoren haben aus Sicht der Psychographie Unrecht, wenn sie von sich (als Sachtyp-Mann) auf alle anderen Männer schließend verkünden, Männer wollten vor allem viel Sex und sich möglichst wenig an der Hausarbeit beteiligen. Genauso Unrecht haben Sie, wenn sie (als Beziehungstyp-Frau) davon ausgehen, Emotionen, der Umgang mit Kindern oder soziale Kompetenz seien allen Frauen gleichermaßen in die Wiege gelegt. Hier geht die Psychographie tatsächlich einen bisher unbekannten, wenn auch mühevollen Weg und ordnet eine Reihe von Basiseigenschaften nicht mehr Männern und Frauen, sondern Beziehungs-, Sach- und Handlungstypen zu.

Keine neuen Wege beschreiten

Die größten Fettnäpfchen stellen wir uns sicher selbst auf, wenn wir bei Misserfolgen der scheinbar logischen Regel folgen, bisherige Versuche einfach ein wenig kraftvoller, länger, nachdrücklicher oder konsequenter auf die gleiche Art und Weise zu wiederholen. Solch ein Verhalten ist ja auch in vielen Situationen hilfreich, zum Beispiel beim Schieben eines schweren Autos, beim Rütteln an einem Ast oder bei sportlichen Wettkämpfen aller Art. Nur – und das ist der große Unterschied – geht es hier um Beziehungen, und in diesem Lebensbereich gelten häufig völlig andere Regeln, wie Dietmar Friedmann immer wieder betont, wenn es um die Typen und ihre Handlungsstrategien geht. Ein „Mehr desselben“ kann in einer Partnerschaft rasch zum Ende der Beziehung führen, da beide Beteiligten ein Vetorecht haben und fähig sind, die

Beziehung zu beenden – keiner hat mehr als fünfzig Prozent Einfluss und ist somit auf den anderen Partner angewiesen. Da ist es weitaus sinnvoller, sich zu erinnern, was schon einmal, wenigstens in Ansätzen, funktioniert hat, und dies erneut zu versuchen. Wenn es sich um den gleichen Typ Mensch handelt, ist das sogar oft sehr Erfolg versprechend. Hierzu ein Beispiel: Aus ihrer langjährigen Ehe mit einem Sachtyp wusste eine Beziehungstyp-Frau, was dieser Typ Mann zu Beginn einer Bekanntschaft besonders schätzt: Zeit, Aufmerksamkeit und gemeinsame Unternehmungen, die seine Ressource „körperliche Aktivität" herausfordern und ihm Gelegenheit geben, zu zeigen, wie kraftvoll und ausdauernd er sein kann. Also stellte sie ihre eigenen, mehr aufs Romantische zielenden Vorstellungen zunächst zurück und wandte ihr Erfolgsrezept wiederholt an – bei Sachtyp-Männern hatte sie damit auch weiterhin großen Erfolg.

Unbewusste Motive im Bereich „Liebe und Partnerschaft"

Wenn wir einen anderen Menschen einladen, uns kennen zu lernen oder selbst einer solchen Einladung folgen – egal, um welche Art von Beziehung wir uns dabei „bewerben" –, spielen wir gewissermaßen ein uraltes Spiel und versuchen dem anderen unsere Erfahrungen, Wünsche und Regeln mitzugeben. Auf keinen Fall möchten wir in einer neuen Beziehung selbst zu Schaden kommen und wir möchten das Kennenlernen so weit wie möglich kontrollieren und notfalls auch abbrechen können beziehungsweise eine Pause einlegen dürfen. Diese Bedürfnisse sind uns auch durchaus bewusst – zumindest in den stilleren Momenten, wenn wir uns selbst oder unserer besten Freundin gegenüber weit ehrlicher sind als gegenüber dem neuen Spielpartner. Aber neben dem bewussten Wollen und Planen, Entscheiden und Abwägen übt auch das Unbewusste großen Einfluss auf uns aus. Um sich dessen sicher zu sein, genügt ein Blick auf die Erkenntnisse von weit über hundert Jahren Forschungsarbeit der Psychologie oder Gehirnforschung. Neben biologischen Motiven, die auf den Fortbestand des eigenen Lebens und unserer menschlichen Art gerichtet sind, dürften auch eine Reihe anderer Motive eine große Rolle spielen. Diese Motive sind geprägt durch unsere individuellen Erfahrungen, unsere Familiengeschichte oder Wertvorstellungen, die wiederum unserer kulturellen Umwelt entsprechen, und sie beeinflussen unsere bewussten Entscheidungen mehr, als uns lieb ist. Hinzu kommen noch jene typspezifischen Motive, die zwar größtenteils anfänglich unbewusst, jedoch durch Information und Selbstreflexion bewusst zu machen sind. Sie sollen das Thema dieses Abschnitts sein, während ich für die anderen aufgeführten unbewussten Motive auf entsprechende Fachliteratur verweisen möchte, die in jeder Buchhandlung oder Bibliothek reichlich zu finden ist, besonders aber auf Henry Ellenbergers *Die Entdeckung des Unbewussten*.

Um unsere typspezifischen Motive in Bezug auf Beziehungen zu verstehen, müssen wir unser unbewusstes Verhalten erforschen und einen Blick auf den (noch hypothetischen) Ursprung der Typunterschiede werfen. Obwohl es derzeit und vermutlich auch in absehbarer Zeit keinen Beweis für die folgende These zur Entstehung der Typunterschiede gibt beziehungsweise geben wird, sprechen doch zahlreiche Indizien, die den Rahmen dieses Buches sprengen würden, dafür.

Ich vermute, dass durch die unterschiedliche Lage (relativ zur Schwerkraft) der sich in die Gebärmutter einnistenden Embryonen ein erster Startimpuls gegeben wird. Dieser scheint bestimmte Genabschnitte zu aktivieren oder zu deaktivieren und die weitere Entwicklung zu einem von drei Phänotypen (die hier beschriebenen Grundtypen) auszulösen. Wenn man davon ausgeht, dass der Embryo zum Zeitpunkt seiner Einnistung ein Ziel verfolgt, nämlich die mütterlichen Blutgefäße anzuzapfen und so nach dem Aufbrauchen des mitgeführten Dottersacks weiterzuleben und zu wachsen, muss man die möglichen unterschiedlichen Positionen des Embryos in der Gebärmutter berücksichtigen. Als Hilfskonstrukt können wir uns einen Raum vorstellen, hinter dessen Wänden Wasserleitungen mit niedrigem Druck verlegt sind. Der in diesem Raum Lebende – in diesem Fall der Embryo – muss nun versuchen, ein Loch zu bohren, um nicht zu verdursten. Es gibt drei Positionen und drei Möglichkeiten für den Embryo, sein Überleben zu sichern:

1. Der Kontakt kommt „unten" zustande, dann spielt die Sorge um Kontaktverlust kaum eine Rolle, hingegen muss das Blut durch Arbeit (das Herz schlägt zu diesem Zeitpunkt bereits) in den eigenen Kreislauf gespeist werden. Je mehr Arbeit, desto größer der Erfolg – das ist das Grundmuster des Handlungstyps.
2. Der Kontakt kommt „oben" (in Bezug auf die Schwerkraft gesehen) zustande, dann hilft die Schwerkraft zwar, das Blut von der Mutter zum Embryo zu transportieren, gleichzeitig muss er jedoch darauf achten, festzuhalten, um den Kontakt nicht wieder zu verlieren. Insgesamt aber entsteht der Eindruck, alles sei in Ordnung und man werde willkommen geheißen – die Grunderfahrung der Beziehungstypen.
3. Der Kontakt kommt „seitlich" zustande, was dazu führt, dass kleinste Bewegungen der Mutter (vermutlich handelt es sich um einen alles entscheidenden Zeitraum von wenigen Minuten bis Stunden) zu einer Änderung der Lage führen: Gerade noch kam der Blutstrom wie von selbst und bequem zum Embryo, im nächsten Moment führt auch intensives Pumpen nur geringfügig zum Erfolg. Also hilft nur zweierlei: geduldiges, Kraft sparendes Ausharren und konzentriertes Aufnehmen und Einlagern von Nährstoffen. Leidensfä-

higkeit und Ökonomie sind also die zentralen Begriffe, hinzu kommen noch ein Gefühl der Bedrohung, da die Abrutschgefahr groß ist (seitliche Scherkräfte sind tückischer als bei senkrechter Verankerung), und die Angst vorm Verhungern – hier spiegeln sich die Grundängste der Sachtypen wider.

Dass die dadurch auftretenden Persönlichkeitsunterschiede im Ergebnis an die drei uns nahe verwandten Primaten erinneren, ist möglicherweise kein Zufall: Gorillas, Orang-Utans und Schimpansen sind analog zu diesen drei Phänotypen genau mit den Eigenschaften ausgestattet, die ihnen die Umweltbedingungen abverlangen. Grob gesagt: Gorillas müssen Ruhe haben, um regelmäßig zu essen (zu arbeiten), Schimpansen sichern ihr Überleben durch starke Beziehungen (in der Gruppe) und Orang-Utans müssen Meister der Ökonomie und des richtigen Zeitpunkts sein, um ihr Überleben im ressourcenarmen Urwald zu sichern.

Viele meiner Seminarteilnehmer identifizieren sich ebenfalls mit einer dieser drei Grunderfahrungen und fühlen sich als Typus verstanden. Für unser Beziehungsverhalten bedeutet das Folgendes:

Beziehungstypen sehen in ihren Partnern wichtige Spielpartner, die ihnen automatisch und ohne Grund das zukommen lassen, was sie zum Leben benötigen. Vordringliche Aufgabe ist, die Beziehung zu erhalten, selbst über den Zeitpunkt der Exklusivität hinaus oder wenn keine Absichten in Hinblick auf eine feste Partnerschaft bestehen. Sind jedoch diese minimalen Beziehungsbedürfnisse erfüllt, braucht es sehr starke Gründe, einen Kontakt weiter zu vertiefen. Das Gleiche gilt für Beziehungen, die sich auf der persönlichen Ebene eher negativ auswirken, auch wenn sie materiellen Gewinn und Versorgung versprechen. Beziehungstypen gehen hier wohl automatisch davon aus, recht bald einen neuen Partner zu finden, der auf angenehmere Weise ihre Bedürfnisse zu stillen in der Lage ist. Zusammengefasst lautet das Motto des Schimpansen-Typus also: Beziehungen sind positiv, sie geben sehr viel und sind notwendig, um zu überleben. Diese Haltung wird natürlich auch vonseiten des Beziehungstyps in eine Beziehung eingebracht und auf den Partner übertragen. Beziehungstypen erwarten von ihrem Partner, dass dieser dieselben Grundmotive für eine Beziehung in sich trägt.

Beziehungsmotive des Beziehungstyps	**Beziehungserwartungen des Beziehungstyps in Richtung seiner Ressource**
Spaß zu haben, gemeinsam zu spielen, sich etwas Gutes zu tun oder etwas zu schenken	Ernst genommen zu werden, einen kritischen Gesprächspartner zu haben
Träume und Fantasien auszutauschen, Unternehmungen	Geistige Reife zu stärken, gemeinsame Themen zu finden und zu vertiefen
Abwechslung, Aufregung, Spontaneität	Haushalten zu lernen (mit Zeit und Geld), aufeinander aufzupassen
Die Welt, Menschen oder Tiere zu retten	Sexuelle Erfahrungen zu sammeln, emotional anspruchsvolle Beziehungen zu leben

Sachtypen benötigen eine Beziehung nicht allein aufgrund der zwischenmenschlichen Komponente. Sie sehen in ihr eher einen Weg, um die eigene, ständig als bedroht und unsicher erlebte Existenz zusätzlich zu sichern. Zudem versprechen ihnen Beziehungen, vor allem die, die mit Nähe verbunden sind, auch körperliche Aufmerksamkeit, die der Sachtyp so dringend braucht. Erfüllt die Beziehung diese Anforderungen nicht, beginnen Sachtypen an der Partnerschaft zu zweifeln. Die Beobachtung von Sachtypen in Paarbeziehungen lässt den

Schluss zu, dass schon ein leerer Kühlschrank oder die Zurückweisung körperlicher Nähe zur ernsthaften Gefährdung einer Beziehung beitragen und zu Unzufriedenheit und Rückzug führen kann.

Beziehungsmotive des Sachtyps sind	**Beziehungserwartungen des Sachtyps in Richtung seiner Ressource**
Zeit miteinander zu verbringen, intensive und konzentrierte Nähe	Anstoß zu Aktivitäten, Motivationsschübe, Entscheidungshilfen
Interesse für die Themen des anderen, Verständnis, Mitleid	Finanzielle Besserstellung (Steuern), Versorgung (Essen)
Ökonomisches Wirtschaften, Gemütlichkeit, Sicherheit – auch fürs Alter	Gemeinsame Familiengründung trotz Risiken, Verantwortungsteilung
Regelmäßige körperliche Zuwendung, keine Hektik und kein Stress	
Geld zu sparen, bewusstes und vorsichtiges Leben	

Handlungstypen hingegen müssen arbeiten, um zu leben – so schreibt es ihnen offenbar ihr eingeschriebenes Startprogramm vor. Und da sie den Wert von Beziehung, Kontakt, Festhalten und Nähe erst später erfahren, bleiben diese Aspekte auch langfristig weniger beachtet, wenngleich überaus reizvoll (als Ressource). So wird der Handlungstyp seine erste Pflicht, nachdem er selbst versorgt ist, auch darin sehen, seinen Partner oder seine Familie zu versorgen – und zwar steht bei ihm vor allem die körperliche und materielle Bedürfniserfüllung im Vordergrund. Auf dem zweiten Platz rangiert die Wunsch beziehungsweise die Bemühung, persönliche Nähe zuzulassen. Auch dieser Bereich wird noch als Teil der Pflichten und Verantwortung wahrgenommen und nicht als etwas, das mit Spaß und Freude zu tun hat. Kein Wunder also, dass Handlungstypen mit diesem Standardverhalten auf Sachtypen so anziehend wirken (wie natürlich gleichermaßen Beziehungstypen auf Handlungstypen und Sachtypen auf Beziehungstypen), da hier auf unbewusster Ebene das Versprechen auf konstante Erfüllung der eigenen Defizite als Spieleinladung ausgesprochen wird. Folgenreich ist dabei jedoch, dass dieser starke Reiz von anderen entscheidenden Faktoren wie soziale, geistige oder körperliche Harmonie ablenken und so den Grundstein einer von Beginn an „schiefen" Beziehung legen kann.

Durch die Dreiteilung (und nicht Dualität) des Typenmodells kann es nicht zu jener idyllischen gegenseitigen Ergänzung zwischen Mann und Frau kommen, von der oft ausgegangen wird. Vielmehr sieht ein Partner (bei typgemischten Paaren) im anderen die eigene Ressource und ein mit der Zeit zunehmend nervenaufreibendes Miteinander. Dieses Empfinden von Defiziten muss dann mühsam durch andere attraktive Faktoren ausgeglichen werden, um den Zusammenhalt zu gewährleisten. Wie unterschiedlich die Beziehungsmotive des Handlungstyps von den anderen beiden Typen sind, zeigt die folgende Tabelle:

Beziehungsmotive des Handlungstyps	**Beziehungserwartungen des Handlungstyps in Richtung seiner Ressource**
Gemeinsame Zielerreichung, Familiengründung „Nestbau“, Kinderwunsch	Grund zu haben, die eigene Arbeit zu unterbrechen oder Süchte einzugrenzen
Ordentlichkeit, Verlässlichkeit, Wochenend- und Urlaubsgestaltung	Einen Menschen zu haben, dem man vertrauen kann, der nicht lügt
Kultur, Genuss, Status, Harmonie, genügend Schlaf	Gemeinsam emotionale Blockaden zu überwinden
Freundschaft (da sonst wenig nahe Freunde), Nähe durch Auseinandersetzung	Jemanden zu haben, der einen nicht nur aushält, sondern auch liebt, der die kindlichen Seiten zulässt
Gemeinsame Aktivitäten (zum Beispiel Sport, Hausbau, Wohnungs- oder Autopflege)	Respekt, Freiräume, Treue (Treuegrund), ans Herz gehende Liebe
	Die Beziehungsfähigkeit durch den Partner zu erweitern

Abschließend kann also gesagt werden, dass Spielchen und Spieleinladungen größtenteils auf unbewussten, typbedingten Grundmustern des jeweiligen Erlebens und Verhaltens aufbauen – jedoch durch Information, Selbsterkenntnis und Einsicht viel von ihrer Zwangsläufigkeit verlieren, da andere Teile der Persönlichkeit bewusster und absichtlich eingebracht werden können. Außerdem erhöht sich durch psychographisches Wissen das Verständnis für typbedingte Verhaltensweisen des Partners, die bisher nicht nachvollzogen werden konnten. Zudem können einmal als erfolgreich befundene Lösungswege gezielt eingesetzt werden, auch präventiv. Vielleicht gelingt es beiden Partnern so, ihre typeigenen und berechtigten Basiswünsche an eine Beziehung frühzeitig zu kommunizieren und notfalls auch, ohne dass der Partner zwangsläufig daran beteiligt sein muss, zu erfüllen.

Kapitel 8: Warum einfach, wenn es auch kompliziert geht?

Petra Vogel

Die Untertypen der Psychographie: Angeborene Stärken und Entwicklungspotenziale

Nun mag der Eindruck entstanden sein, Beziehungen seien eine mehr oder weniger einfache Sache, sobald man Männer und Frauen den drei psychographischen Typen zugeordnet hat. Dieser Illusion muss ich Sie leider ein Stück weit berauben. Sie wissen nunmehr zwar etwas über die Typunterschiede sowie eine Menge rund um Beziehungen und deren Zusammenhänge. Möglicherweise ist es Ihnen aber auch so ergangen, dass Sie beim ersten Lesen der Typbeschreibungen einerseits zustimmend gelächelt haben, während Sie sich oder andere darin wiedererkannten, andererseits waren Sie vielleicht verwirrt, da Ihnen einige Eigenschaften oder Verhaltensweisen eher fremd erschienen. Ihre Wahrnehmung hat Sie aller Wahrscheinlichkeit nach nicht getrogen. Das, was Sie in Kapitel 1 über den Gorilla-, Schimpansen- und Orang-Utan-Typus gelesen haben, spiegelt einen Teil der Grundeigenschaften des jeweiligen Typus wieder. Diese Eigenschaften und daraus folgende Verhaltensweisen können jedoch zum einen durch die unterschiedlichen Lebenserfahrungen jedes Einzelnen, zum anderen aufgrund weiterer Faktoren mehr oder weniger deutlich sichtbar sein. Wie sehen diese Faktoren aus? Es wird also noch einmal richtig spannend und etwas komplizierter. Aber keine Bange, es ist nur halb so schwierig, wie es vielleicht anfangs scheint, und die jeweiligen Untertypen, von denen nun die Rede sein soll, wurden ja auch bereits an der ein oder anderen Stelle in diesem Buch angedeutet. Die drei Grundtypen lassen sich also auf drei unterschiedlichen Ebenen noch weiter unterteilen, und zwar auf der Beziehungs-, der Zeit-, und der Tätigkeitsebene. Die bereits erwähnte Landkarte der Psychographie wird diesen verschiedenen Bereichen gerecht, hier noch einmal zur Erinnerung:

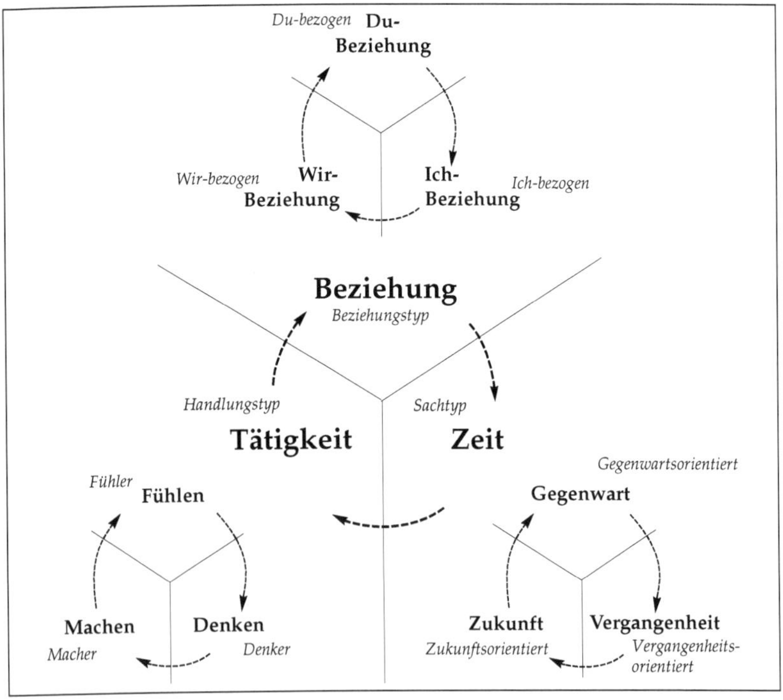

Sie haben verschiedene Möglichkeiten, sich mit den Untertypen auseinanderzusetzen. Vielleicht mögen Sie im Folgenden zunächst nur diejenigen Abschnitte genau lesen, in denen Sie sich oder Ihren Partner wiedererkennen? Und vielleicht finden Sie dann später Ihre Freunde und Freundinnen im Text wieder, wenn Sie sich noch einmal mit den Details aller Untertypen beschäftigen.

Bevor Sie nun aber die einzelnen Untertypen kennen lernen, möchte ich Sie noch darauf hinweisen, dass die Zuordnung zu einem der jeweils drei Unterbereiche nicht vom Grundtyp abhängt, sondern separat ermittelt werden muss.

Unterbereich „Beziehung“: Von Spiegelbildern, Einzelgängern und Rudelführern

Möglicherweise wird Ihnen das Folgende bekannt vorkommen: Den einen Gesprächspartner empfinden Sie als ausgesprochen angenehm, da er Ihnen kaum widerspricht und Ihre Meinung bedingungslos teilt. Mitunter haben Sie aber auch schon einmal den Gedanken, dass Ihnen jemand besonders egoistisch erscheint, oder Sie haben den Eindruck, dass Ihr Gegenüber sich mehr für das Drumherum interessiert als ganz exklusiv für Sie? Eine Erklärung für derartige Beobachtungen könnten die drei verschiedenen Persönlichkeitsausprägungen im Bereich „Beziehung“ liefern. Innerhalb des Beziehungsbereichs unterscheiden wir drei verschiedene Bevorzugungen:

- die Du-Beziehung,
- die Ich-Beziehung und
- die Wir-Beziehung.

Die folgende Beschreibung dieser drei Bereiche wird Ihnen wahrscheinlich ein weiteres Aha-Erlebnis bescheren.

„Wie du mir, so ich dir“ – der Du-Bezogene

Du-Bezogene fallen insbesondere dadurch auf, dass sie ihrem Gegenüber außerordentlich zugewandt sind. Sie meinen stets nachvollziehen zu können, was im anderen vor sich geht. Wundern Sie sich also nicht, wenn Sie einem Du-Bezogenen eine traurige Geschichte, die Sie erlebt haben, erzählen und er sein Bedauern oder seine Bestürzung darüber kundtut – ohne jedoch in die Sache involviert gewesen zu sein. Ebenso wird er sich mit Ihnen über eine angenehme Nachricht freuen. Hierzu passend gibt es ein schönes Sprichwort, in dem man den „Freund“ ebenso durch einen „Du-Bezogenen“ ersetzen könnte: „Ein Freund wird stets fröhlich mit dir singen, wenn du auf der Spitze des Berges bist, und schweigend neben dir durchs Tal gehen.“ Schnell identifiziert und solidarisiert sich der Du-Bezogene mit seinem Gegenüber – dessen Meinung oder Ansicht zu einer Sache ist auch die seine. Dies mag einerseits als sehr angenehm empfunden werden, andererseits kann dieses Verhalten auch Zweifel verursachen, denn so viele Parallelen zwischen beispielsweise zwei Personen, die sich womöglich gerade erst kennen gelernt haben, sind zwar denkbar, aber auch kritisch zu betrachten. Oft passiert es, wenn man einen Du-Bezogenen nach seiner Meinung fragt, bevor man sich selbst geäußert hat, dass dieser unsicher wird. Ohne die Möglichkeit, sich dem anzuschließen, was der andere vorgegeben hat, fühlt der Du-Bezogene sich zunächst hilflos. Zu realisieren, was ihm selbst guttut, hilft oder weiterbringt, ohne die Auseinandersetzung mit einer zweiten Person und deren anschließender Zustimmung, stellt eine Hürde für den Du-Bezogenen dar. Das liegt daran, dass er sich selbst und seine Bedürfnisse für weniger relevant erachtet und mit der Beantwortung dieser Frage echte Schwierigkeiten hat. Die Auseinandersetzung mit der eigenen Person und das Einfordern dessen, was in erster Linie ihm selbst gut gefällt, wird vom Wunsch, dem anderen gerecht zu werden, oft in den Hintergrund gedrängt. Der Du-Bezogene empfindet sich als egoistisch, wenn er tatsächlich einmal nur an sich denkt. Durch seine angeborene Gabe, auf andere einzugehen und sich um ihr Wohl zu bemühen, ist es jedoch eher unwahrscheinlich, dass aus einem Du-Bezogenen überhaupt jemals ein Egoist wird. Somit wäre es ein Schritt nach vorn, wenn es dem Du-Bezogenen gelingen würde, sich öfter selbst in den Mittelpunkt zu stellen und auf sich und seine Bedürfnisse stärker zu achten. Wagen Sie als Du-Bezogener doch das Abenteuer, Ihr Ich einmal in den Vordergrund zu stellen, und lernen Sie sich selbst (besser) kennen. Des Weiteren profitieren Du-Bezogene davon, neu erworbene Erkenntnisse vor anderen Menschen zu vertreten. Üblicherweise fällt es Du-Bezogenen aber leichter, über andere zu reden als über sich selbst. Deshalb ist es auch ein gutes Training, in Gesprächen Sätze mit „Ich" zu beginnen. So ist man automatisch dazu angehalten, seine eigene Meinung zu äußern. Denn oft ist es so, dass Du-Bezogene sich in der Du-Form äußern, selbst wenn sie von sich erzählen. Beispielsweise: „Da denkst du, jemand versteht dich ..." anstelle von „Ich dachte, man würde mich verstehen ...". Möchte jemand einen Du-Bezogenen kennen lernen, wird ihm dies nicht so leichtfallen. Zunächst freut man sich eventuell, weil man schnell das Gefühl hat, auf einer Wellenlänge zu sein. Gelingt es dem Du-Bezogenen jedoch nicht, sein eigenes, wahres Gesicht zu zeigen, ist es sehr wahrscheinlich, dass der andere das bald als unangenehm empfindet. Häufig realisiert der Du-Bezogene allerdings irgendwann von allein, dass er zu viel dem anderen zuliebe tut und selbst zu kurz kommt – insbesondere wenn seine Erwartungshaltung, dass der andere dasselbe für ihn tut, unerfüllt bleibt. Dieser nimmt den Unmut des Du-Bezogenen dann wahrscheinlich früher oder später wahr und wundert sich. Einerseits ist er womöglich davon ausgegangen, alles sei für den Du-Bezogenen in Ordnung, da er sich ja auch stets einverstanden gezeigt hat. Andererseits könnte er selbst vielleicht den Eindruck gewinnen, dass sein Gegenüber extrem angepasst, etwas farblos und nur wenig selbstständig sei. Diese Annahme ist logisch, denn wer sich selbst zu wenig fordert, kaum eigene Entscheidungen trifft, sich keine eigene Meinung bildet und sich insgesamt nicht als wertvolles Individuum betrachtet, wird von außen auch nicht als solches wahrgenommen. Vielleicht ist es eine Hilfe für den Du-Bezogenen, wenn wir eine weitere Folge, die aus dieser Zugewandtheit entstehen kann, aufzeigen: Abgesehen von der Tatsache, dass er sich in gewisser Weise von anderen abhängig macht, können ungewollte Konflikte entstehen – beispielsweise, wenn man seinen Partner, Freund, Kollegen oder andere für eigene Empfindungen verantwortlich macht, obwohl dies jeglicher Grundlage entbehrt. Du-Bezogene neigen dazu, Unzufriedenheit gegenüber anderen so zu äußern, dass dies mitunter als Vorwurf verstanden wird. Auch hier empfiehlt es sich für den Du-Bezogenen, zunächst den möglichen Eigenanteil an der Sache zu hinterfragen und im Anschluss so genannte Ich-Botschaften zu versenden. In der Regel wirkt sich dies positiv auf alle Beteiligten aus, denn selten ist nur einer schuld. Ein passendes Statement hierzu gab Eleanor Roosevelt einst ab: „Ohne deine Zustimmung kann kein Mensch bewirken, dass du dich minderwertig fühlst."

Ein Paradebeispiel für eine Du-Bezogene ist Doreen:

Doreen hat ein sehr sprunghaftes Wesen. So zumindest empfindet es der Großteil ihrer Freunde und Bekannten, was sie selbst allerdings gar nicht verstehen kann. Ihre Partner wussten nie so recht, woran sie bei ihr waren – vielleicht ein Grund, weshalb viele ihrer Beziehungen nicht lange hielten. Anfangs verlief es immer sehr harmonisch, alles schien im gegenseitigen Einvernehmen zu geschehen. Doreen verstand es, die Wünsche des anderen von seinen Augen abzulesen und „Meinungsverschiedenheit" war ein Fremdwort für sie. Sie konnte sich stets sehr gut anpassen, was das Zusammenleben natürlich ziemlich erleichterte und sehr angenehm gestaltete. Es erweckte für beide Partner den Anschein, dass einer langfristigen glücklichen Partnerschaft nichts mehr im Wege stehe. Selbstverständlich waren die Männer, die Doreen mit so viel Verständnis und Einfühlungsvermögen beglückte, begeistert und dachten, die Liebe ihres Lebens gefunden zu haben. Es dauerte aber meist nicht lange, und Unzufriedenheit machte sich in Doreen breit. Sie, die sonst immer so ausgeglichen schien, wurde mürrisch. Sie wurde von dem Gefühl gequält, dass alles nur zum Vorteil des anderen ablief und niemand sie nach ihrer Meinung oder ihren Bedürfnissen fragte. Auch argwöhnte sie, von ihrem aktuellen Liebhaber ausgenutzt oder bevormundet zu werden. All das gefiel ihr gar nicht und ihr Selbstbewusstsein sank gegen null. Ließ sie diese Stimmungen dann an ihrem Gegenüber aus und erntete daraufhin verständnislose Blicke, benahm sie sich nur noch „zickiger". So schaukelte sich das Ganze innerhalb weniger Tage hoch, bis einer der beiden, meistens der Mann, den Schlussstrich zog – und das, obwohl sie doch alles für den anderen getan hatte.

Doreen machte stets ihre Partner für ihre Unzufriedenheit verantwortlich. Sie erwartete vom anderen, dass er sie nach ihren Wünschen fragte. Dass es jedoch allein ihre Aufgabe gewesen wäre, ihre Bedürfnisse und Vorstellungen zu äußern, hat sie erst im Gespräch während meiner Beratung erkannt. Mittlerweile ist sie glücklich verheiratet. Sie lernte einen sehr geduldigen Sachtyp-Mann kennen, der es in Kauf nahm, dass Doreen, die gerade ihr Ich entdeckte, zunächst ziemlich damit auftrumpfte und fast trotzig ihre Meinung vertrat. Mit der Zeit hat sie ein gesundes Maß gefunden und somit erlebt sie ihre erste wirklich beglückende Beziehung.

Ganz anders verhalten sich Ich-Bezogene, von denen sich der Du-Bezogene des Öfteren ein Scheibchen abschneiden könnte. Sie stellen auch seine vernachlässigte Ressource dar:

„Ich kam, ich sah, ich siegte“ (Caesar) – der Ich-Bezogene

In Gesprächen fällt ein Ich-Bezogener meist dadurch auf, dass er fast ausschließlich über sich selbst spricht – wenn er spricht. Seine Sätze beginnen oft mit „Ich bin/möchte/habe ...“. Geschickt versteht er es, das Thema immer wieder in seine Richtung zu lenken, und ehe man es sich versieht, ist man wieder bei seinen Interessen angelangt. Es ist aber bereits als Fortschritt zu betrachten, wenn der Ich-Bezogene anderen Menschen Einblicke in seine Welt gewährt. Häufig behält er seine Gedanken für sich, löst Konflikte unter Ausschluss der Öffentlichkeit und ist ein richtiger Eigenbrödler. Vollkommen natürlich ist für ihn, sein Augenmerk auf die eigene Person zu richten. Er sieht sich als Dreh- und Angelpunkt und meint oft, die Welt müsste ausschließlich um ihn kreisen. Obwohl die Stärke seines Ich angeboren ist, möchte sein Ego ständig genährt werden und verlangt nach Handlungsspielraum und Anerkennung. Dabei definiert es sich gerne über das, was der Ich-Bezogene tut (Handlungstyp), über sein Wesen (Sachtyp) oder über emotionale Zuwendung (Beziehungstyp). Fehlt dem Ich-Bezogenen die Bestätigung, beginnt er sich infrage zu stellen. Trotzdem ist er ausgesprochen autonom. Entscheidungen trifft er selbstständig, er geht seinen Interessen nach und die Meinung eines anderen lässt ihn oft unberührt. Das ist sehr verständlich, wenn man bedenkt, dass der Ich-Bezogene von sich selbst und der Richtigkeit seines Denkens, Handelns und seiner Wahrnehmung überzeugt ist. Wenn es nötig sein sollte, vertritt er seinen Standpunkt und findet es normal, Belange anderer als sekundär zu betrachten. Oft bekommt man von ihm zu hören: „Selbst schuld!“ Oder: „Das ist doch nicht mein Problem!“ Das Vertrauen in die eigene Kompetenz trauen Ich-Bezogene automatisch auch jedem anderen zu und halten es aus diesem Grund nicht für nötig, sich für andere einzusetzen. Wobei dem Ich-Bezogenen sicher kein Zacken aus der Krone fiele, wenn er ab und zu mehr auf die Bedürfnisse seiner Mitmenschen einginge. Beim Gang zur Kaffeemaschine, wenn er im Begriff ist, sich selbst ein Tässchen zu genehmigen, könnte er bestimmt Pluspunkte verbuchen, wenn er einmal nachfragen würde, ob auch jemand anders gerne eine Tasse Kaffee hätte. Abgesehen davon, dass solch ein Verhalten höflich und aufmerksam ist, würde solch ein kleiner Schritt das Wohlergehen der gesamten Gruppe in den Vordergrund rücken und sicher von Beifall begleitet werden. Möglicherweise erfährt der Ich-Bezogene wohlwollende Aufmerksamkeit für solch eine Geste, was ihm durchaus schmeichelt. Sein Lebensmotto „Wenn jeder mehr an sich selbst denken würde, ginge es uns allen besser" könnte durch folgenden Spruch ergänzt werden: „Was kann ich selbst dafür tun, dass es allen besser geht?" Aber für solch eine Einsicht muss es dem Ich-Bezogenen schon enorm wichtig sein, Eindruck zu schinden. Deswegen mag es den Anschein haben, dass der Satz „Jeder ist sich selbst der Nächste" von einem Ich-Bezogenen geprägt wurde. Es wird ihm oft unerschütterliches Selbstbewusstsein nachgesagt, manchmal sogar Rücksichtslosigkeit, Ignoranz oder Überheblichkeit, wobei diese Eigenschaften häufig nur bedingt zutreffen. Gerät der Ich-Bezogene in eine Gruppe von Menschen, kann es passieren, dass sein Bollwerk an Selbstüberzeugung wie ein Kartenhäuschen in sich zusammenfällt. Wo der Einzelne beim Ich-Bezogenen wenig Eindruck hinterlässt, kann ein Kollektiv durchaus etwas an seiner Sichtweise oder Meinung bewegen, sie verändern oder zumindest beeinflussen – vorausgesetzt, es handelt sich um Menschen, die ihm lieb und teuer sind. Ansonsten besteht die Gefahr, dass sich der Ich-Bezogene in einer kontroversen Diskussion über seine Ansichten persönlich angegriffen fühlt, in den Gegenangriff übergeht (als Handlungstyp), in den Verteidigungsmodus wechselt (als Sachtyp) oder sich sofort fluchtartig zurückzieht (als Beziehungstyp). In fremden Gruppen wird sich der Ich-Bezogene deshalb eher zurücknehmen und das Geschehen lieber vom Rand aus verfolgen wollen. Die Auseinandersetzung mit dem Wir tut dem Ich-Bezogenen in aller Regel jedoch gut und er sollte versuchen, sich darauf einzulassen. Es kann seine Beziehung zu seinem Gegenüber letztendlich sehr erleichtern, wenn er versucht, seine oft rigide wirkenden Vorstellungen und Betrachtungsweisen einmal aus verschiedenen Blickwinkeln zu betrachten und öfter Entscheidungen zum Wohl einer Gemeinschaft zu treffen beziehungsweise an das Wohl aller Beteiligten zu denken. Man stelle sich vor, welche Bedeutung diese veränderte Haltung für eine Liebesbeziehung haben könnte. Mögliche Bedenken, sich in Wir-Bezügen zu verlieren, können weit gehend ausgeschlossen werden. Sollte es dem Ich-Bezogenen zu brenzlig werden, wird er sich wahrscheinlich automatisch zurückziehen. Mit etwas Training in puncto Kompromissbereitschaft und Teamgeist wird es dem Ich-Bezogenen zunehmend leichterfallen, sich selbst etwas in den Hintergrund zu stellen und anderen den Vortritt zu lassen. Tief in seinem Inneren behält er aber auch dann die Gewissheit, dass das Leben an sich doch meistens nach seinen Vorstellungen abläuft – denn dafür sorgt er selbst.

Ein weiteres Beispiel aus meiner Beratungspraxis zeigt sehr deutlich, wie eine Ich-Bezogene (Irena) ihr Leben meisterte. Wirklich erfüllend wurde ihre Beziehung zu einem Mann erst, als sie entdeckte, dass zu jeder Form von Gemeinschaft mehr als nur eine Person gehört und es wichtig ist, darauf zu achten, dass die Belange aller Beteiligten berücksichtigt werden.

Irena ist eine äußerst selbstbewusste Frau. Sie hat immer recht klare Vorstellungen von dem, was sie möchte, und schaut, dass diese weit gehend realisiert werden. Und sie findet das auch ganz in Ordnung so. Den meisten Männern, die sie in der Vergangenheit kennen lernte, imponierte dies zunächst – eine Frau, die genau weiß, was sie will. Wenn es jedoch innerhalb einer Beziehung Schwierigkeiten gab – meist dann, wenn ihr Partner auch einmal seinen Willen durchsetzen wollte –, knallte es mächtig. Irena kannte kein Pardon, zeigte sich wenig kompromissbereit

> und stritt bis aufs Blut, um ihren Willen durchzusetzen. Daran zerbrachen einige Beziehungen. Doch eines Tages traf sie Winfried, in den sie sich unsterblich verliebte und der es schaffte, sie etwas aus ihrer Selbstbezogenheit zu lösen. Er träumte von einer Familie und sie fand das, angesichts der Tatsache, dass sie mittlerweile schon 34 war, sehr reizvoll. Als sie kurz darauf schwanger war, wurde ihr bewusst, dass sie nicht nur auf sich selbst, sondern auch auf das ungeborene Leben in ihrem Bauch zu achten hatte. Immer mehr forderte die Schwangerschaft den Verzicht auf individuelle Wünsche. Sie merkte, dass sie untrennbar mit dem Baby verbunden war und dass es nicht mehr um das Ich und Du, sondern um das Wir ging. Dieses neue Wir-Gefühl übertrug sich auch auf die Partnerschaft mit Winfried. Er genoss es sehr und als das Baby auf die Welt kam, waren sie die unschlagbaren drei.

Sicher können Sie sich schon denken, was nun folgt. Wo der Ich-Bezogene an seine Grenzen stößt, ist der Wir-Bezogene klar auf dem Vormarsch, seine Eigenschaften sind die Ressource des Ich-Bezogenen.

„Einer für alle, alle für einen" – der Wir-Bezogene

Der manchmal entstehende Eindruck, dass jemand überall und doch nirgendwo zu sein scheint, bezieht sich wahrscheinlich auf den Wir-Bezogenen. Er genießt es, sich in einer Traube von Menschen zu bewegen, geht völlig unbefangen mit solch einer Situation um und blüht darin sogar richtig auf. Das ist seine Welt. Er liebt es, Netzwerke aufzubauen, Interessengemeinschaften zu bilden und Menschen um sich zu sammeln. Meist gelingt es ihm auch spielend, andere Menschen mitzureißen und sie von etwas zu überzeugen (als Handlungstyp), für etwas zu begeistern (als Beziehungstyp) oder für etwas zu gewinnen (als Sachtyp). Dass er aber auch dazu tendiert, plötzlich als Sprachrohr für die gesamte Gruppe zu fungieren und sich als ihr Anführer zu betrachten, ohne dass er vielleicht darum gebeten wurde, ist ihm meist nicht bewusst. Solidarität und Verbundenheit mit der Familie, dem Freundeskreis, ganzen Völkern oder gar der gesamten Menschheit zu erleben ist nichts Ungewöhnliches für ihn. Selbst in bereits bestehende Gruppen einzutreten und sich in die Gemeinschaft einzufügen entspricht seiner Natur. Man könnte ihn somit als Allrounder auf der Beziehungsebene bezeichnen. Dieses Gefühl der Zugehörigkeit und des Zusammenhalts drückt der Wir-Bezogene selbst mit Worten aus wie „Wir möchten ...“, „Man sollte ...“, „Uns gefällt ...“. Nur ist damit nicht immer die Meinung oder Ansicht eines Kollektivs ausgesprochen. Wir-Bezogene neigen dazu, andere in ihre Äußerungen und in ihr Erleben zu integrieren, obwohl es manchmal um sie selbst oder um Belange eines Einzelnen geht. Genau das ist auch die Schwäche des Wir-Bezogenen. Er meint zwar zu wissen, was für alle gut respektive weniger gut ist, übersieht jedoch dabei, dass man dies nur mit Zustimmung jedes Einzelnen tatsächlich gewährleisten kann. Der Wir-Bezogene sollte sich bemühen, auch in einer Gruppe öfter das einzelne Gegenüber wahrzunehmen und sich auf das Du einzulassen. Da er jedoch stets die Gesamtsituation im Fokus hat, übersieht er diese Möglichkeit viel zu oft. Der Wir-Bezogene könnte beispielsweise ein Gegenüber des Öfteren um ein direktes Feedback zu seiner Person bitten. So dürfte es ihm leichterfallen, zu erkennen, wie er auf den Einzelnen wirkt, was er eventuell versäumt hat und was er verbessern könnte. Auf sein Wohlbefinden wirkt sich solch ein Verhalten sicher positiv aus. Insbesondere in der Partnerschaft könnte das ihm am nächsten stehende Du, nämlich die/der Liebste, eine Menge Gutes für ihn bewirken. Bildlich gesprochen könnte man sagen, dass der Wir-Bezogene seine Vogelperspektive aufgibt, indem er das Geschehen am Boden näher heranzoomt. Somit verschwimmt die Gesamtsicht, die Sicht auf das Wesentliche beziehungsweise den Einzelnen wird aber schärfer. Ihm selbst würde die Fokussierung auf Einzelnes mehr Ruhe verschaffen und davon entbinden, alles gleichzeitig wahrnehmen zu müssen. Folgende Aussage eines Wir-Bezogenen unterstreicht dieses Empfinden: „Ich bin mittlerweile dazu übergegangen, nicht mehr die Zeitung ‚Die Welt' zu lesen, sondern mich auf den Regionalteil unserer Tageszeitung zu beschränken." So können Wir-Bezogene das Gefühl haben, im Kleinen etwas zu bewirken, ohne sich immer um die ganze Welt sorgen zu müssen.

Dazu eine Geschichte von Wiebke, einer Wir-Bezogenen:

Wiebke hat sich schon von klein auf immer sehr wohlgefühlt, wenn sie mit mehreren Personen gleichzeitig zusammen sein konnte. Sowohl im Kindergarten oder später in der Schule, wo die Clique stets im Vordergrund stand, als auch in der Familie. Am Erwachsenwerden fand sie besonders reizvoll, dass sie mit mehreren Männern gleichzeitig anbändeln konnte. Sich jedoch für einen Einzigen zu entscheiden vermochte sie nicht. Am liebsten hätte sie alle auf einmal genommen – weniger aus dem Wunsch heraus, viele Liebhaber ihr Eigen nennen zu können, als vielmehr, weil für sie der Einzelne weniger attraktiv war als die Gesamtheit aller. Damit waren die Männer natürlich nicht einverstanden, was Wiebke in gewisser Weise einleuchtete. Irgendwann traf sie eine Entscheidung und war auch sehr bemüht, sich auf diesen einen Mann und das damit verbundene Du-Gefühl einzulassen. Es war zu Beginn etwas schwierig, dennoch merkte sie, dass es ihr guttat. Und dennoch ist es nach wie vor so, dass Wiebke, wenn sie mit Freunden zusammen ist, ihrem Partner in dieser Runde keinen gesonderten Stellenwert zukommen lässt. Sie betrachtet ihn dann wie alle anderen als Rädchen im Uhrwerk, welches nur dann läuft, wenn alle Rädchen funktionieren.

Unterbereich „Zeit“: Von Spontis, Archivaren und Visionären

„Von einem Tag in den anderen“ leben, ständig dieselben „ollen Kamellen ausgraben“ oder schon „im Voraus die Pferde scheu machen“, das sind Redewendungen, die als Hinweise auf drei unterschiedliche Verhaltensweisen und Einstellungen im Zusammenhang mit Vergangenheit, Gegenwart und Zukunft verstanden werden können. Tatsächlich ist es in der Regel so, dass Menschen sich bevorzugt innerhalb eines dieser Zeiträume bewegen. Das Erleben jedes Einzelnen wird durch seinen bevorzugten Zeitbereich deutlich beeinflusst, was natürlich auch für seine Beziehungen nicht folgenlos bleibt.

„Carpe diem“ – der Gegenwartsorientierte

Gehören Sie vielleicht zu den Menschen, die permanent ihren Schlüssel verlegen, von einem zum anderen Augenblick vergessen haben, was sie eigentlich gerade sagen wollten, oder denen beim Betreten eines Raumes entfällt, was sie dort wollten? Und ist es so, dass es Ihnen hilft, sich zu erinnern, wann und wo Sie Ihren Schlüssel zum letzten Mal gebraucht haben, um ihn dann wiederzufinden, dass Sie den kurz vorher ausgesprochenen Satz wiederholen müssen, um den Gesprächsfaden wieder aufgreifen zu können, und dass ihnen die Rückkehr in den zuletzt betretenen Raum nützt, damit ihnen wieder einfällt, warum sie ihn gewechselt haben? Sollten Ihnen diese oder ähnliche Geschichten häufig passieren, ist die Gegenwart wahrscheinlich Ihr bevorzugter Zeitraum, und das, was Ihnen hilft, wenn Sie einmal orientierungslos sind, weist auf Ihre vernachlässigte Ressource hin – die Vergangenheit. Um diesem Hinweis genauer nachzugehen, beschäftigen wir uns nun näher mit den alltäglichen Phänomenen, welche die Gegenwartsorientierung verdeutlichen: Was gestern war, ist am heutigen Tag vergessen, der Augenblick hingegen wird als sehr präsent erlebt. Gegenwartsorientierte Menschen entdecken ihre Welt, ihr Leben und die Liebe ständig neu. Spontaneität und Anpassungsfähigkeit an aktuelle Situationen sind ihre besondere Gabe. Pläne, die eventuell gemacht wurden, sind allerdings schnell wieder über den Haufen geworfen und im Nu ist ein Gegenwartsorientierter bei einer neuen Sache. Vorteilhaft sind diese Eigenschaften in Bezug auf Erlebnisse, die der Gegenwartsorientierte als belastend empfindet: Auch sehr tragische, traurige Erlebnisse geraten schnell in Vergessenheit oder werden zumindest verschmerzt. Sollte man sich mit einem Gegenwartsorientierten zu einem Date verabredet haben, empfiehlt sich, ihn zeitnah noch einmal daran zu erinnern. Schade ist Vergesslichkeit allerdings dann, wenn etwas ungewöhnlich schön ist. Viel zu schnell gerät dieser Glücksmoment ins Hintertreffen und kann nur schwer konserviert werden. Bücher, die gelesen, oder Filme, die angeschaut werden, kann sich der Gegenwartsorientierte nach einiger Zeit getrost noch einmal zu Gemüte führen. Inhalte kehren lediglich verschwommen zurück oder sind sogar ganz aus dem Gedächtnis verschwunden. Besonders ärgerlich ist jedoch, wenn man sich etwas auf jeden Fall merken möchte, um es später weiterzuerzählen, oder wenn man sich gar erinnern muss, weil die Umstände es verlangen. Man denke nur an Prüfungssituationen. Wochenlang wird der Lernstoff gepaukt und im erwünschten Moment ist plötzlich alles Wissen wie weggeblasen. Womöglich hat den Spickzettel ein Gegenwartsorientierter erfunden. Ein kluger Schachzug, denn Notizblock, Diktiergerät, ein Kalender oder gar ein Tagebuch sind nützliche Hilfsmittel, um sich Dinge wieder ins Gedächtnis zu rufen. Vergangenes zu konservieren ist also die Schwäche des Gegenwartsorientierten und sollte trainiert werden. Aufzeichnungen jeglicher Art, auch Fotosammlungen, sind ideale Möglichkeiten dafür. Ein geeignetes Training für den Alltag kann auch sein, sich für den Lebensmitteleinkauf eine Liste zu schreiben und trotzdem zu versuchen, ohne sie auszukommen. An Worte, die er einmal aufgeschrieben hat, erinnert sich der

Gegenwartsorientierte leichter. Tagebücher sind eine besonders wertvolle Quelle, um Erinnerungen festzuhalten und wieder wachrufen zu können. Insbesondere wenn man an einem Problem knabbert, ist es hilfreich, sich an bereits erprobte Lösungswege zu erinnern oder einmal Fehlgeschlagenes zu vermeiden, um stattdessen etwas anderes auszuprobieren.

Sie werden nun Gerald kennen lernen. Er ist ein typischer Gegenwartsorientierter, der stets die Gunst der Stunde nutzt und weder über gestern noch über morgen besonders viel nachdenkt:

> Gerald kennen zu lernen ist eine sehr angenehme Sache. Er gibt seinem Gegenüber stets das Gefühl, in dem Moment des Zusammenseins das Wichtigste für ihn zu sein – so empfindet er es meistens auch selbst. Er widmet sich ganz der Frau, die gerade an seiner Seite ist, und genießt den Augenblick in vollen Zügen. In diesem Moment gibt es für ihn niemand anders. Was er manchmal allerdings bedauert, ist, dass die eben noch Auserwählte wieder relativ schnell in Vergessenheit gerät. Angenehme Stunden haben eher selten anhaltende Wirkung auf ihn. Deshalb muss diejenige, die an ihm interessiert ist, stets am Ball bleiben und ihn immer wieder an sich erinnern, sollte sie ihm näherkommen wollen. Sinnvoll ist deshalb, wenn die Dame seiner Wahl ihm bereitwillig ihre Telefonnummer gibt oder er ihr seine, damit man leicht in Kontakt bleiben kann. Man sollte allerdings nur wenig Zeit verstreichen lassen, bis man anruft. Meldet man sich bei ihm, kann es vorkommen, dass er kurz überlegen muss, zu wem der Name oder die Stimme am anderen Ende der Leitung gehört. Aber nach ein oder zwei Stichwörtern fällt es ihm wieder ein und er zeigt sich mehr oder weniger erfreut über den Anruf. Verabredungen trägt sich Gerald wohlweislich immer in seinen Terminkalender ein.

In einer Beziehung verhält es sich mit seinem Erinnerungsvermögen ähnlich: Schöne Augenblicke kann man stets mit ihm wiederholen, es ist für ihn immer wie beim ersten Mal. Weniger gute Erlebnisse und Erfahrungen hat er ebenso schnell vergessen, und das hat den Vorteil, dass er so gut wie nie nachtragend ist.

Über das, womit der Gegenwartsorientierte so seine Schwierigkeiten hat, lächelt der Vergangenheitsorientierte nur müde, denn seine Stärken hat er genau da, wo der Gegenwartsorientierte ins Straucheln gerät.

„Der Blick in den Rückspiegel" – der Vergangenheitsorientierte

Erinnerungen sind elementare Bestandteile im Leben der Vergangenheitsorientierten. Erlebnisse geraten selten in Vergessenheit und sind meistens sehr leicht wieder abrufbar. Oftmals genügt ein Stichwort, und der Vergangenheitsorientierte fühlt sich in alte Zeiten zurückversetzt. Er ist in der Lage, fast alles, was ihm einst passiert ist, detailliert zu rekonstruieren und, wenn er möchte, auch wiederzugeben. Als Phänomen erscheint es manchmal den anderen Untertypen, dass der Vergangenheitsorientierte wie aus dem Nichts Tränen in den Augen haben kann, obwohl das, was diese Reaktion ausgelöst hat, mitunter zwanzig Jahre zurückliegt. Ganz automatisch speichert er Geschehnisse und trennt sich selten von alten Sachen, die einen Erinnerungswert für ihn haben. Festhalten an Vertrautem und Gewohntem ist eine Selbstverständlichkeit für ihn. Das können Kleidungsstücke sein, Gebrauchsgegenstände, Personen oder Dinge, die geliebte Menschen in seinem Gedächtnis lebendig halten. Sich von etwas oder jemandem zu trennen ist ausgesprochen schwierig für den Vergangenheitsorientierten. Er trauert lange um Expartner und Verstorbene, was sich vor diesem Hintergrund leicht verstehen lässt. Selbst wenn er sich mit der Tatsache eines Verlustes scheinbar abgefunden hat, wird es häufig Situationen geben, in denen die alte Wunde wieder aufbricht. In der Erinnerung eines Vergangenheitsorientierten stirbt selten wirklich etwas oder jemand, Vergangenes kommt immer wieder zum Vorschein. Wie gesagt, ein Stichwort, wenn überhaupt nötig, genügt, um Erinnerungen zu wecken. Nehmen Sie es ihm also bitte nicht übel, wenn er sorgfältig seine Schatzkiste mit verstaubten Liebesbriefen hütet oder des Öfteren alte Beziehungsgeschichten wieder aufwärmt. Diese ausgeprägte Merkfähigkeit ist einerseits ein Segen, andererseits ein Fluch. Ein Segen ist sie deshalb, weil einmal Gelerntes fest abgespeichert ist, von positiven Erlebnissen lange gezehrt werden kann und Erlebtes niemals vergessen wird. Der Vergangenheitsorientierte tappt eher selten zweimal in dieselbe Falle, da er sich sehr gut daran erinnert, was schon einmal funktioniert hat oder was eben nicht. Ein Fluch ist die Unfähigkeit, zu vergessen, weil er unter Negativem lange leidet, Fehler schwer verzeiht und sie dem anderen immer wieder aufs Butterbrot schmiert. Nicht nur sein Umfeld oder der Partner kann diese Eigenschaft des Vergangenheitsorientierten als äußerst belastend empfinden, auch er selbst leidet hin und wieder darunter, von der Vergangenheit festgehalten zu werden. Hilfreich ist für ihn ein Fenster in die Zukunft. Pläne schmieden, sich überlegen, was er gerne in den nächsten Jahren erleben möchte und was er dafür tun kann, sind zunächst Hürden für den Vergangenheitsorientierten. Gelingt es ihm jedoch, diese zu überwinden, wird es für ihn ein großer Fortschritt sein – ähnlich einem Menschen, der Zeit seines Lebens im gleichen Dorf lebt, jeden Winkel, alle Einwohner und ihre Geschichten kennt. Irgendwann gibt es nichts mehr zu entdecken, es sei denn, ein Fremder verirrt sich dorthin oder ein Baby wird geboren. Traut sich dieser Mensch irgendwann zu, dieses Dorf zu verlassen und womöglich in eine Großstadt zu gehen, wird er zunächst ängstlich, verwirrt und orientierungslos sein. Dennoch wird er erkennen, dass hier das Leben pulsiert und von Fortschritt geprägt ist. Es eröffnet sich ihm eine völlig andere Perspektive, die ihm ganz neue Möglichkeiten aufzeigen kann. Egal ob er in der Stadt bleibt oder in sein Dorf zurückkehrt – diese Erlebnisse werden Spuren hinterlassen und sich auf seine Gegenwart positiv auswirken.

Eine typische Vergangenheitsorientierte wird in der folgenden Geschichte beschrieben:

> Vanessa wirkt eher ruhig und zurückhaltend. Oftmals erweckt es den Anschein, als ob sie verträumt, sehr nachdenklich oder nicht richtig anwesend sei. Das macht es für andere schwer, sie kennen zu lernen, denn sobald Männer ihr Interesse signalisieren, verstärkt sich dieser Wesenszug. Nur wenn jemand vorsichtig und in kleinen Schritten eine Annäherung wagt und geduldig ist, hat er vielleicht eine Chance. Bis sie ihn aber nahe an sich herankommen lässt, kann schon einige Zeit vergehen. Da spielt ihr ihr gutes Gedächtnis nicht selten einen Streich, denn Vanessa zehrt sehr lange von früheren Erlebnissen oder leidet unter ihnen. Sie ertappt sich auch öfter dabei, dass sie ihren aktuellen Partner mit früheren vergleicht. Gleichzeitig sorgt sie sich auch, dass sich negative Geschehnisse wiederholen könnten. Aus diesem Grund lässt sie sich eher zögerlich auf zukunftsträchtige Beziehungen ein und fühlt sich zu gleichen Zeit in ihrer Vergangenheit gefangen. Sie davon zu überzeugen, dass es künftig auch ganz anders werden könnte, erfordert sehr viel Geschick. Gelingt es jedoch, sie aus ihrem Dornröschenschlaf zu wecken und ihr neue Perspektiven aufzuzeigen, kann man eine ganz andere, mutige und hoffnungsfrohe Vanessa kennen lernen.

„Mit dem Fernglas unterwegs" – der Zukunftsorientierte

Den Blick in die Ferne gerichtet, bereits im Voraus eine Vorstellung zu haben, was die nächsten Jahre sein wird, oder sich Gedanken zu machen, was man bis an sein Lebensende noch erreichen möchte, ist typisch für Zukunftsorientierte. Sie tüfteln an Plänen für später eintretende Ereignisse und bereiten sich lange im Voraus auf bestimmte Situationen vor. Manchmal sehen sie Bilder ihrer Zukunft vor sich und verspüren dazugehörige Stimmungen. Der Satz „Wenn ich an das nächste Jahr denke, habe ich ein gutes/schlechtes Gefühl ..." ist somit nichts Ungewöhnliches. Es ist für sie völlig normal, wenn sie einen neuen potenziellen Partner kennen lernen, sich vorzustellen, ob oder dass man mit demjenigen alt werden kann, eine Familie gründen wird oder Ähnliches. Raum für Wachstum und Entwicklung wird dadurch unbewusst untergraben, da der Zukunftsorientierte zielstrebig seine Vorstellung verwirklichen möchte, obwohl es zuerst notwendig wäre, die Basis dafür in der Gegenwart zu schaffen. Diese permanente Vorausschau wirkt sich natürlich auch auf die Termindichte im Kalender eines Zukunftsorientierten aus. Automatisch sorgt er dafür, dass er bereits sehr früh ausgebucht ist. Hat man also den Wunsch, sich mit einem Zukunftsorientierten zu treffen, sollte man sich sehr früh dafür anmelden, sonst kann es leicht passieren, dass er an diesem Tag schon anderweitig vergeben ist. Spontane Verabredungen zu treffen ist eher schwierig für Zukunftsorientierte. Gerne verschieben sie solche Dinge auf einen späteren Zeitpunkt. Diese sehr nützliche Redewendung sollte sich der Zukunftsorientierte ruhig öfter einmal zu Herzen nehmen: „Was du heute kannst besorgen, das verschiebe nicht auf morgen" – denn die Gegenwart zu leben stellt seine Ressource dar.

Dass der Kalenderkauf eines solchen Frühplaners bereits im September oder spätestens Oktober für das kommende Jahr nötig ist, kann man sich vorstellen. Wie es da passieren kann, dass trotzdem ein Termin verschusselt wird? Dieses Missgeschick lässt sich leicht erklären. Nehmen wir beispielsweise einen vergessenen Geburtstagsgruß. Meist ist es so, dass der Zukunftsorientierte bereits zwei Monate vorher daran denkt, drei Wochen zuvor vielleicht auch noch. Am Tag des Jubiläums aber ist der Gedanke daran nicht mehr präsent. Wahrscheinlich denkt oder plant der Zukunftsorientierte bereits für den nächsten Geburtstag, der erst zwei Monaten später stattfindet. Genau hier zeigen Zukunftsorientierte ihre Schwächen. Sie versäumen oft den Moment, die Gegenwart. Immer auf dem Sprung zum nächsten Ereignis, können sie den Augenblick nur schwer genießen. Ein Wochenendtrip ist für den Zukunftsorientierten eigentlich schon vorbei, bevor er begonnen hat. Bereits freitags ist er in Gedanken schon bei Montagmorgen und meint, dass sich das Auspacken des Koffers im Prinzip gar nicht lohnt, da man ohnehin gleich wieder einpacken müsse. Auf andere Zeitgenossen wirken Zukunftsorientierte deshalb oft gehetzt oder unruhig. Den Augenblick intensiver wahrzunehmen empfindet der Zukunftsorientierte zunächst als Stillstand und somit als unangenehm. Sollte es ihm dennoch gelingen, sich etwas mehr Zeit zu nehmen, um aktuelle Geschehnisse tatsächlich und nicht nur im Vorbeihuschen zu erleben, bewirkt dies oft ein wohltuendes Aufatmen. Gegenwärtiges stärker in Betracht zu ziehen kann den Zukunftsorientierten auch vor bösen Überraschungen schützen. So ist es schon geschehen, dass er lange im Voraus einen Urlaub gebucht hat, dann jedoch versäumt hat, im Betrieb die gewünschten Ferien rechtzeitig abzustimmen und festzulegen. Wichtig für Zukunftsorientierte ist also, ihr Augenmerk auch darauf auszurichten, was in der Gegenwart zu tun oder zu bedenken ist, damit das geplante Vorhaben reibungslos über die Bühne gehen kann. Hierzu gehört natürlich, sich bewusst zu machen, wo man gerade steht. „Welches Datum ist heute eigentlich?" ist eine Frage, die man von Zukunftsorientierten häufig hört und die nicht selten aus der Annahme hervorgeht, es sei bereits eine Woche später. So entsteht unnötiger Zeitdruck. Meistens ist es so, dass durch das Erfragen des aktuellen Datums deutlich wird, dass eigentlich noch ausreichend Zeit vorhanden ist, sich um die Einhaltung des Geplanten zu kümmern. Nur darf der Zukunftsorientierte dann nicht in die für ihn typische Falle tappen und das Erledigen wiederum auf später verschieben. Ansonsten findet er sich im Teufelskreis der Zeitnot oder der verpassten Gelegenheiten wieder.

Die zukunftsorientierte Zarah ist das beste Beispiel für jemanden, der immer einen Schritt voraus ist und dabei Wesentliches im Augenblick versäumt:

Zarah hat ein sicheres Gespür dafür, ob aus dem flüchtigen Kennenlernen eines Mannes mehr werden könnte. Intuitiv steuert sie dann auch sehr rasch und zielstrebig auf die Umsetzung ihrer Vorahnung zu, was den Mann, den sie sich gerade auserkoren hat, nicht selten verblüfft. Früh schon schmiedet Zarah Pläne für die gemeinsame Zukunft. Zum Beispiel ist es für sie relativ normal, im Januar bereits zu wissen, dass beide ihren Urlaub im November in Afrika verbringen werden, und ehe ihr Partner es sich versieht, sind schon die Tickets gekauft. Einerseits ist dies für ihren Partner angenehm, da sie ihm einiges abnimmt, andererseits fühlt er sich manchmal unter Druck gesetzt, ihrem Tempo zu folgen. Auch finden es beide manchmal schade, dass Zarah die gemeinsamen Augenblicke so selten genießen kann, da sie meist schon mit ihren Gedanken und ihren Planungen beim nächsten Event ist. Das hat schon zu Krisen geführt, die ihre Beziehung in Gefahr brachten. Wenn es ihr allerdings gelingt, ihren „Turbo" einmal auszuschalten und den Moment bewusst wahrzunehmen, ist sie ein völlig anderer Mensch; dann erzählt sie auch von ihrer Vergangenheit, was sonst eher selten ist. Lustig ist auch, wenn man sie dienstags fragt, wie ihr letztes Wochenende war, und sie antwortet: „Vergangenes Wochenende? Frag mich lieber, wie das nächste wird!" Und seltsamerweise behält sie mit dem, was sie dann voraussagt, häufig Recht.

Unterbereich „Tätigkeit“: Von Produzenten, Reizliebhabern und Superhirnen

Um das Dreimaldrei der Untertypen komplett zu machen, bleibt nun noch der Bereich „Tätigkeit“. Mithilfe der folgenden Erläuterungen wird Ihnen sicherlich klarer, warum manche Menschen ständig etwas machen, andere wiederum sich erst einmal alles genau betrachten oder warum viele zunächst über eine Sache nachdenken, bevor sie sich rühren – und was die einen von den anderen unterscheidet.

„Expressiv und ausdrucksfreudig“ – der Macher

Die so genannten Macher setzen Dinge um oder erzeugen sie. Dabei kann es einerseits tatsächlich vorkommen, dass der Macher eine Sache in die Hand nimmt, andererseits beinhaltet das Machen ebenso das Reden – oft auch nur darüber, was der Macher gerne tun möchte. Häufiges Singen, Pfeifen, Tanzen, Gestikulieren und Ähnliches sind Dinge, die den Macher kennzeichnen. Auf den Punkt gebracht könnte man also sagen, dass es bei Machern bevorzugt um das Aussenden von Reizen geht. Beobachtet man einen Macher über einen gewissen Zeitraum, wird man feststellen, dass er oft in Bewegung ist – insbesondere dann, wenn er gerade dazu angehalten ist, nicht zu sprechen, sondern zuzuhören. Selten wird man erleben, dass Macher bewegungslos auf einem Stuhl sitzen. Damit ihnen das gelingt, muss die Darbietung, die solche Ruhe erfordert, schon enorm spannend und interessant sein. Aber auch dann wird man sie mit den Beinen wippen, mit einem Bleistift oder Kugelschreiber spielen, sich kratzen oder auf dem Sitz hin- und herrutschen sehen – alles Möglichkeiten für sie, ihr unterdrücktes Mitteilungsbedürfnis durch Bewegungen zu kompensieren. Manche summen sogar leise vor sich hin, ohne dies selbst zu bemerken. Wird das Schweigegebot aufgehoben, fällt es dem Macher sehr leicht, wieder in seinen gewohnten Redefluss zurückzufinden. Hierbei lässt er sich oft nur schwer unterbrechen. Es bedarf eines massiven Winks mit dem Zaunpfahl, um ihm zu signalisieren, dass man auch gerne etwas sagen möchte. Worauf also spricht der Macher an? Auf Gegenrede und (laute) Geräusche beispielsweise. Es kann ihn auch gefangen nehmen und für einen Moment ruhig stellen, wenn ihn visuell etwas ausgesprochen reizt. Kurz gesagt: Reize aufzunehmen, anstatt sie auszusenden, ist das, was dem Macher schwerfällt, ihm aber zeitweise sehr guttut. Sollte er gezwungen sein, einmal innezuhalten, sind Bilder, Düfte, Essen, Musik, Bücher – eben alles, was sich über die Sinne aufnehmen lässt – Anlass, sich zu entspannen. Nicht selten geschieht es dann, dass ein Macher, der abends noch einen Film sehen wollte, um abzuschalten, vor der Flimmerkiste einschläft. Doch spätestens wenn der neue Tag begonnen hat, geht es wieder los. „Spätestens" deshalb, weil mancher Macher sogar im Schlaf redet, mit den Zähnen knirscht oder sogar beides. Sollte er morgens das Gefühl haben, die ganze Nacht auf den Beinen gewesen zu sein, ist er vielleicht auch ein Schlafwandler. Mit frisch geladenem Akku geht es jedenfalls erneut ans Tagwerk. Da wird gemanagt, besprochen, telefoniert, diktiert oder geschrieben. Nicht selten geht das ohne Unterlass so lange, bis plötzlich ein lautes Magenknurren zu vernehmen ist oder die prallvolle Blase drückt. „Ich muss ganz dringend auf die Toilette" ist fast ein Standardsatz des Machers. Auch lange Zeit gar nicht zu bemerken, dass der Magen leer ist, kommt bei ihm häufig vor. So wie das Hungergefühl spät wahrgenommen wird, verhält es sich häufig auch mit dem Sättigungsgefühl. In Windeseile werden oft große Mengen an Nahrungsmitteln beinahe ungekaut verschlungen – bis der Bauch randvoll gefüllt ist. Eine ziemlich ungesunde Sache. Besser wäre es, wenn der Macher sich mehrere, wenn auch nur kurze Pausen gönnen würde, um in sich hineinzuspüren. Regelmäßige kleinere Mahlzeiten zu sich zu nehmen ist sinnvoll, um Heißhungerattacken zu vermeiden. Warum überhört oder übersieht der Macher jedoch so vieles? Eine berechtigte

Frage. Verbringt man einige Zeit mit ihm, wird es einem allerdings schnell klar. Er selbst ist während seiner Reizaussendung sehr viel lauter als Nichtmacher. Alles, was er tut, tut er in gut hörbarer Lautstärke. Er spricht relativ laut, knallt Türen oder Schubladen zu, klappert mit dem Löffel in der Kaffeetasse. Mitunter kann es sogar passieren, dass er beim Essen schmatzt und beim Trinken schlürft – ohne dies selbst zu registrieren. Nebengeräusche gehen hierbei regelrecht unter. Ein Macher fällt also stets auf und wird auch in der Partnerschaft meistens der Tonangebende sein, im wahrsten Sinne des Wortes.

Als typisches Beispiel für einen Macher (zudem noch Handlungstyp, was den Eindruck verstärkt) möchte ich Ihnen eine Geschichte über Magnus erzählen:

Magnus ist ein Mann, der nicht lange fackelt. Ihm fällt es relativ leicht, zielstrebig auf Menschen zuzugehen und deutlich zu machen, was er gerne möchte. Er hat damit auch oft Erfolg, was ihn noch darin bestätigt, dass diese Vorgehensweise die richtige ist. Als er seine heutige Frau kennen lernte, nahm er die Chance, die sich ihm bot, auch prompt wahr. Gleich am ersten Abend ließ er sich ihre Telefonnummer geben, verabredete sich mit ihr und bald darauf waren sie ein Paar. Er geht zwar, so weit es ihm möglich ist, auf ihre Wünsche ein, dennoch hat er den dominanteren Part inne. In ihrer Beziehung ist er tonangebend, auch im Bett. Da kann es für ihn gerne etwas handfester zugehen. Er genießt es zwar auch, verwöhnt zu werden, mag es jedoch am liebsten, wenn man bald auf den Punkt kommt. In kurzer Zeit verausgabt er sich und empfindet den Sex als sehr intensiv – oftmals bleibt es dann allerdings dabei. Ihm ist „eine richtige Nummer" lieber als „zwei oder drei halblebige" hintereinander. „Kurz und heftig – aber gut" ist seine Devise, nicht nur in Liebesangelegenheiten. Dieses Motto erstreckt sich auf viele andere

Bereiche des Zusammenlebens. Er geht die Dinge an, trifft Entscheidungen aus dem Bauch heraus, meist ohne lange zu zögern. Nur in Diskussionen tut er sich etwas schwer, was seine feinfühlige Frau aber mittlerweile in die richtigen Bahnen zu lenken versteht – nachdem er sich „ausgebellt“ hat.
Eine kleine Episode, die sich zu Beginn ihrer Beziehung zugetragen hat, war zudem ein heilsamer Schock für ihn. Immer wenn Magnus einmal die Hälfte nicht mitbekommt, erinnerte seine Frau ihn an das damals geführte Gespräch, bei dem es um sexuelle Wünsche ging. Magnus, der nur mit halbem Ohr hinhörte, schnappte das Wort „anal“ auf und war entsetzt darüber, dass seine Frau ihn gleich zu Beginn mit solchen Themen überfiel. Tatsächlich hatte sie aber von „oral“ gesprochen.

Die vernachlässigte Ressource des Machers ist also seine Wahrnehmung. Diese sollte er stärken, gerade in einer Partnerschaft. Wie er das anstellt, schaut er sich am besten von den Fühlern ab.

„Übersinnlich in der Wahrnehmung“ – der Fühler

Spricht jemand davon, „ein feines Näschen“ zu haben oder „nah am Wasser gebaut zu sein“, so könnten das Hinweise darauf sein, dass er ein so genannter Fühler ist. Wobei mit „fühlen“ das Wahrnehmen insgesamt gemeint ist – alles, was über die Sinneskanäle einfließt: riechen, schmecken, hören, sehen, berührt werden, ertasten, gestreichelt werden. Mit einem Wort: Es geht um Reizaufnahme. Der Fühler ist derjenige, der dafür besonders empfänglich ist. Betritt ein Fühler einen Raum, wird er zunächst Beobachtungen sammeln, Stimmungen aufnehmen, zuhören, worüber gerade gesprochen wird. Vom Schauspiel um ihn herum in den Bann gezogen, was manchmal durch seine umherschweifenden Blicke sichtbar wird, hält er sich bei Gesprächen erst einmal zurück. Wenn dieser Raum ein Restaurant oder eine Kneipe ist, strömt der Duft von Gekochtem in seine Nase oder die Musik klingt in seinen Ohren. Erst nachdem die Umgebung „erschnuppert“ und als angenehm empfunden wurde, ist der Fühler bereit, sich auf alles andere einzulassen oder sich auf Gesprächsinhalte zu konzentrieren. Neue Bekanntschaften werden vom Fühler zuerst visuell unter die Lupe genommen. Der Blick wandert am Gegenüber auf und ab, auf den Klang der Stimme wird besonders geachtet und natürlich auf den Geruch. Das alles sind wichtige und mitunter entscheidende Kriterien, um ein Gespräch mit einem möglichen Beziehungskandidaten fortzuführen. Sollte man also von einem Fühler aufs Parkett begleitet werden, ist einem der Sieg noch lange nicht sicher. Es kann sein, dass er zunächst nur an einem schnuppern möchte – und bei welcher anderen Gelegenheit ist dies unauffälliger als während eines womöglich eng umschlungenen Tanzes? Sollte der Fühler dabei ein positives Gefühl entwickeln, kann das Begonnene durchaus spannend weitergehen. Dafür sollte dann aber ein ruhigeres Plätzchen aufgesucht werden, denn bedingt durch die permanente Reizaufnahme wird der Fühler sehr leicht abgelenkt. Mitunter kann es sogar zur Reizüberflutung kommen, woraufhin der Fühler sich am liebsten zurückzieht. Lärm oder laute Musik können dann plötzlich unerträglich sein, Gespräche, die er selbst führt oder von nebenan mitbekommt, verschwimmen zu einem lästigen Stimmenwirrwarr. Möglicherweise vermischt sich Essensduft mit Zigaretten- oder Alkoholgeruch, eine Gruppe Neuankömmlinge verströmt unterschiedlichste Parfumvarianten – es wird ihm alles zu viel. Hilfreich ist in solchen Situationen, die Reize zu reduzieren oder sie für eine Zeit lang ganz auszuschalten, denn dann hat der Fühler die Gelegenheit, erst einmal Ordnung in sein Gefühlschaos zu bekommen. Reize zu verarbeiten und nicht nur aufzunehmen ist seine Schwäche und gleichzeitig Ressource. Nutzt er sie, wird er sich besser fühlen. Bildlich gesprochen könnte man sagen: Er sollte alles Erlebte in einen großen Trichter werfen, schütteln und sehen, was am Schluss als besonders wertvoll hängen bleibt. Es ist für ihn extrem wichtig, über aufgenommene Reize nachzudenken. Meistens registriert der Fühler die Reizüberflutung aber erst viel zu spät. So ist es zunächst üblich, dass permanent das Radio oder der CD-Player dudelt, der Fernseher läuft und nebenher vielleicht sogar ein Buch gelesen wird – so sieht der ganz alltägliche Wahnsinn für einen Fühler aus. Oft ist er hin- und hergerissen von seinen Emotionen, was meistens leicht erkennbar ist, insbesondere wenn es sich um einen Beziehungstyp handelt. Er denkt meist nicht darüber nach, ob es gut oder schlecht ist, seinen Tränen freien Lauf zu lassen, oder ob ein Lachen darüber, was er gerade als lustig empfunden hat, wirklich angebracht ist. Er kann sich sowieso nur schwer dagegen wehren. Schaut man im Kino einen Schmachtfetzen mit einem Fühler an, hält man am besten ein Taschentuch bereit. Als ausgesprochen sensibel könnte man ihn also bezeichnen, im Positiven wie im Negativen. Sollte man das Herz eines Fühlers erobert haben, wird man einerseits erstaunt und verwundert, andererseits erfreut und fasziniert sein, während man diese Achterbahn seiner Gefühle und Stimmungen miterlebt.

In solch einer sinnlichen Welt lebt Franka, eine Handlungstyp-Fühler-Frau, von der die nächste Geschichte erzählt:

> Franka ist eine sehr sensible junge Frau. Jegliche Art von Stimmungen, Gefühlen, Gerüchen und auch deren Schwankungen saugt sie automatisch wie ein Schwamm in sich auf. Die Welt der Musik, der Lichter und der beweglichen Bilder ist ihr Zuhause. Erste Kontakte zu Männern knüpft sie meistens über Blicke, Mimik, Gestik oder über zarte Berührungen beim Tanzen. So signalisiert sie, wovon sie gerne mehr hätte. Der „Richtige“ sollte für Franka schöne Augen, schlanke Hände und volle Lippen haben, denn deren Küsse findet sie „so schön weich“. Genießen

hat für sie oberste Priorität. Und Genuss bedeutet für Franka, sehr intensiv und sehr lange zärtlich zueinander zu sein. Stundenlanges Streicheln und Schmusen sind für sie ein Muss, am besten mit leiser Musik im Hintergrund und/oder bei Kerzenschein. Die Krönung des Ganzen kann eine sanfte Massage mit einem gut riechenden Öl sein, wobei sie den ganzen Körper ihres Partners erkundet und auch selbst von Kopf bis Fuß verwöhnt werden möchte. Um das sensorische Erleben noch zu steigern, bedient sie sich auch gerne einer Feder oder des Honigs, den sie auf diversen Körperregionen des Partners verteilt und genussvoll wieder entfernt. Dass dabei der „Hauptakt" selbst zur Nebensache wird, scheint nicht weiter verwunderlich.

„Ich denke, also bin ich" – der Denker

Bei Denkern gewinnt man anfänglich leicht den Eindruck, sie hätten nicht viel zu sagen, da sie sich mit Äußerungen zunächst sehr zurückhalten. Überlegungen auf eine Anfrage hin sind meistens gut durchdacht, bevor sie vorgetragen werden. Weil sich Denker häufig in der von ihnen konstruierten Gedankenwelt bewegen, erscheinen sie oft abwesend. Beobachtet man sie, erweckt ihr Verhalten leicht den Anschein, als würden sie lediglich Löcher in die Luft starren oder durch jemanden hindurchsehen. Ganz verkehrt liegt man mit dieser Annahme nicht, denn sie sind in solchen Momenten wirklich woanders – in ihrer Gedankenwelt eben. Selbst während eines Gesprächs kann man beobachten, dass sie häufig ihre Stirn kräuseln, während es dahinter arbeitet.

Hören Denker aufmerksam zu, ist der Finger an der Nase oder an der Stirn oft ein Zeichen dafür, dass ihr Denkapparat heftig in Gang ist. Reizverarbeitung ist also ihr bevorzugter Bereich. Sie wälzen Informationen und tüfteln an Strategien, wie man diese effektiv umsetzen könnte – wohlgemerkt „könnte". Das Manko des Denkers besteht mitunter darin, dass er sich bei der Umsetzung seiner Ideen schwertut. Praktische

Fähigkeiten sind ihm nicht in die Wiege gelegt und es kostet ihn Mühe, diese zu erlernen. Manchmal kann es einen Nichtdenker daher zum Schmunzeln bringen, wenn ein Denker sich zum ersten Mal in einem handwerklichen Bereich versucht. Er wirkt auf andere dabei zunächst etwas unbeholfen und man könnte meinen, er mache es komplizierter als nötig – insbesondere dann, wenn er vorher nicht genügend Zeit hatte, seinen Plan gründlich im Kopf auszuarbeiten. Lässt sich der Denker dennoch nicht entmutigen, so wird er mit zunehmender Praxis besser und überholt manchmal sogar diejenigen, die ähnliche Tätigkeiten aus dem Effeff beherrschen. Praktisch umzusetzen oder etwas in Worte zu fassen, worüber vorher länger gegrübelt wurde, bereitet dem Denker häufig Kopfzerbrechen. So wird oft nach Formulierungen gesucht, Sätze werden begonnen, wieder abgebrochen und noch einmal neu angefangen. Der Denker ist bestrebt, seine Informationen so zu vermitteln, dass sie verständlich beim Gegenüber ankommen, und meint, er müsse oder könne sich noch besser ausdrücken. So entsteht hier ebenfalls oft der Eindruck, er mache eine Sache unnötig kompliziert. Welcher ist der richtige Weg aus dieser Misere? Wie bereits erwähnt macht Übung den Meister, auch wenn es darum geht, etwas einfach zu „machen" – seine Ressource. Hilfreich ist für ihn etwa, wenn er Dinge nicht wie gewünscht zum Ausdruck bringen kann, diese zunächst aufzuschreiben. Hier bietet sich die Möglichkeit für den Denker, seine Gedanken auszuformulieren, noch einmal zu sortieren, ohne ins Stottern zu geraten. Bevor er sich an große Projekte wagt, könnte er es zunächst eine Nummer kleiner probieren – vielleicht erst einmal weniger anstrengende oder komplizierte Bastelarbeiten angehen oder auch ein bereits bestehendes Modell nachmachen. Von Zeit zu Zeit kann er dann den Schwierigkeitsgrad weiter erhöhen. Schon kleine Erfolgserlebnisse werden den Denker dazu motivieren, noch mehr von dem zu machen, was funktioniert hat. Und über diesen Schleichweg wird er es irgendwann zu seiner gewünschten

Perfektion bringen und sich mit größerem Zutrauen dem Bereich des Machens stellen.

Während eines Beratungsgesprächs erzählte mir Denise ein wenig über sich und ihre typischen Eigenschaften, die sie als Denker (und Sachtyp) an sich erlebt:

> Denise hatte in ihrer Jugend manchmal Schwierigkeiten, einen Freund zu finden. Die meisten ihrer gleichaltrigen Mitschüler schienen ihr intellektuell zu uninteressant, lieber waren ihr jene aus den höheren Klassen oder die, die von anderen als Streber betitelt wurden – so wie sie selbst. Das lag wohl daran, dass sie sich früher als andere mit Themen auseinandersetzte, die eigentlich eher „Ältere" beschäftigen, und das in der Regel sehr ausführlich. Anderen erschien sie auf den ersten Blick zu trocken oder langweilig, da sie eben nicht gerade als Partykracher auftrat. Auch später verliebte sie sich eher in ältere Männer, die reifer waren. Wichtig ist Denise aber stets, jemanden zu finden, mit dem sie sich gut unterhalten kann. Stundenlang kann sie im Zwiegespräch philosophieren und sich dabei gleichzeitig entspannen. Sie liebt es, mit ihren Freunden gemeinsam Themen zu erforschen oder Dichtervorlesungen und Museen zu besuchen. Wenn diese Basis nicht gegeben ist, läuft nur selten etwas auf körperlicher Ebene. Sind aber die Voraussetzungen erfüllt, wird Denise durchaus aufgeschlossen. Dabei gelingt es ihr, auch einmal ihren Kopf abzuschalten und andere „Muskeln" in Aktion treten zu lassen. Das tut ihr sehr gut, denn auf Dauer kann das ständige Gedankenwälzen für sie selbst und ihren Partner zur Last werden. Sobald jedoch der Reiz einer Sache wieder nachlässt, kehrt sie schnurstracks in ihre Gedankenwelt zurück – seit Kurzem ist sie übrigens mit einem anderen Denker zusammen und ihm ist ihr Verhalten nur allzu vertraut.

Kapitel 9: Krieg und Frieden in der Untertypen-Welt

Petra Vogel

Interaktionsmuster zwischen den Untertypen

Wie wirken sich die unterschiedlichen Bevorzugungen der jeweiligen Untertypen auf die Partnerschaft aus und wie kann man sie in der Beziehung positiv einsetzen? Darum soll es nun gehen – doch bevor Sie sich zu sehr in die folgenden Erläuterungen und Fallbeispiele vertiefen, wäre es hilfreich, wenn Sie sich über Ihre eigenen Bevorzugungen in den Unterbereichen etwas klarer werden. Nehmen Sie sich die von mir beschriebenen Eigenschaften der Untertypen aus Kapitel 8 vor. Notieren Sie sich diejenigen, die auf Sie zutreffen, und schauen Sie, welche typspezifischen Eigenschaften bei Ihnen überwiegen. Ein unterstützendes Tool ist auch der Untertypen-Test im Internet:

www.psychographen.de/typentest

Im Anschluss helfen Ihnen dann vielleicht folgende Darstellungen dabei, sich in Ihrer Einschätzung sicherer zu werden oder noch einmal genauer hinzusehen.

Interaktionsmuster im Bereich „Beziehung"

Du-Bezogene unter sich

Da sich zwei Du-Bezogene eigentlich permanent spiegeln, ist nur schwer ersichtlich, was sie tatsächlich voneinander unterscheidet. Die Wünsche und Bedürfnisse des anderen herauszufinden kann jedoch durchaus den Reiz einer Beziehung ausmachen. Einen gemeinsamen Abend zu planen kann zu einer ermüdenden Farce oder zu einer sinnvollen Herausforderung werden. Je nachdem, ob beide Partner sich klar darüber sind, was sie möchten, oder ob sich einer von beiden automatisch dem Vorschlag des anderen anschließt – vorausgesetzt, es wurde ein solcher überhaupt geäußert. Dann kann es ähnlich wie bei einem Pingpong-Spiel zugehen, wo der Ball ständig hin- und hergespielt wird:

> „Was würdest du denn heute Abend gerne machen?"
> „Ich weiß nicht, und du?"
> „Keine Ahnung, mach' du einen Vorschlag." usw.

Wenn nun einer der beiden die Initiative ergreift und einen eigenen Wunsch äußert, wechselt er aus der Du- in die Ich-Position und stößt auf diese Weise in seine vernachlässigte Ressource vor. Der andere Du-Bezogene sollte sich nun fragen, ob er mit diesem Wunsch wirklich einverstanden ist oder ob er nur dem anderen zuliebe zustimmt. Beide gehen somit auf ihr Ich und seine Wünsche ein. „Der Kampf kann beginnen", könnte man fast sagen. Aber das Einstehen für die jeweils eigenen Interessen wird den Du-Bezogenen so guttun, dass es beiden im Nachhinein besser damit geht, wenn sie sich schließlich geeinigt haben, als wenn ihr Dialog nach dem gewohnten Muster, wie oben beschrieben, abläuft.

Ich-Bezogene unter sich

Wenn zwei Ich-Bezogene aufeinandertreffen, kann es mitunter ganz schön krachen. Denn beide vertreten ihre Ansichten ganz selbstverständlich und rücken nur mit Widerwillen davon ab. Als Beispiel eine kleine Auseinandersetzung zwischen zwei Ich-Bezogenen, die gerne gemeinsam ins Kino gehen möchten:

> „Ich möchte gerne den Film über die Titanic sehen."
> „Ich würde aber lieber den neuen Film von Spielberg anschauen."

Vermutlich wird keiner der beiden nachgeben und es kann passieren, dass sie tatsächlich in unterschiedliche Kinos gehen, damit jeder seinen Film genießen kann. Ein Kompromiss würde es dagegen beiden ermöglichen, in den Genuss eines gemeinsamen Kinoerlebnisses zu kommen. Man könnte sich also auf eine dritte Alternative einigen, sprich: einen Film aussuchen, der beiden gefällt. Das würde bedeuten, dass sich die Ich-Bezogenen ihre Ressource „Wir" erschließen. Am Ende wird jeder der beiden das gute Gefühl haben, seinem Partner einen Wunsch zu erfüllen, ohne die eigenen Bedürfnisse zu vernachlässigen.

Wir-Bezogene unter sich

Bei Wir-Bezogenen könnte man annehmen, dass sie innerhalb der Partnerschaft alles gemeinsam entscheiden und tun und somit keinerlei Schwierigkeiten haben. Tatsächlich verhält es sich oft so, dass sie die gesamte Familie, Freunde, Bekannte, Kollegen etc. bei ihren Aktivitäten, in ihrer Wahrnehmung und ihrem Denken berücksichtigen und der Partner dabei manchmal untergeht. Hilfreich ist, wenn einem der Wir-

Bezogenen gelingt, die Initiative zu ergreifen und dem Partner das Problem bewusst zu machen. Dies könnte etwa so aussehen, dass er sich vor seinen Partner stellt und mit Beharrlichkeit darauf pocht, dass seine Person und seine Interessen beachtet werden. Manchmal ist es auch von Vorteil, den anderen einfach einmal zu überrumpeln und zum Beispiel überraschend mit Theaterkarten nach Hause zu kommen. So kann es gelingen, dass die Wir-Bezogenen einmal nur zu zweit sind und sich ganz entspannt auf ihr Gegenüber einlassen können. Wahrscheinlich sind beide nach einem solchen Erlebnis wieder mit sich – und der Welt – zufrieden.

Du-Bezogener mit Ich-Bezogenem

In dieser Konstellation wird es häufig so sein, dass der Ich-Bezogene zeigt, wo es langgeht, und dabei sein eigenes Ding durchzieht. Die Bedürfnisse des Du-Bezogenen wird er kaum berücksichtigen, obwohl das wichtig wäre, um das Wir der Partnerschaft zu stärken. Andernfalls wird es den Du-Bezogenen viel Kraft kosten, sich mit Nachdruck gegen den Ich-Bezogenen zu stellen, um hin und wieder seine eigenen Interessen gewahrt zu wissen. Zudem wird der Ich-Bezogene seine Position nur ungern aufgeben. Der Du-Bezogene sollte also ruhig etwas Hartnäckigkeit an den Tag legen, wenn es um seine vernachlässigten Bedürfnisse geht. Zur Not kann er auch Dinge im Alleingang unternehmen. Der Einsatz wird sich wahrscheinlich lohnen, denn auf Dauer möchte der Ich-Bezogene in der Beziehung sehr wohl auch Gemeinsamkeit erleben. Man kann ihm getrost vor Augen führen, dass er sich darum auch bemühen muss, indem er sich stärker auf den anderen und das Wir einlässt. Wenn der Du-Bezogene merkt, dass er nicht ständig gegen verrammelte Türen beim Ich-Bezogenen rennt, wird er es leichter haben, seine eigene Ressource, sein Ich, zu stärken – was letztlich auch für die Partnerschaft enorm wichtig ist. Ich-Bezogene entdecken, wie wohlwollend es aufgenommen wird, wenn sie den Schritt ins

Wir wagen und somit dem Du-Bezogenen entgegenkommen. Dieser wird die kleinen Triumphe als Wohltat erleben.

Diese typbedingten Unterschiede machen auch vor dem Sexualleben nicht Halt – ganz im Gegenteil: Hier scheinen sie besonders deutlich hervorzutreten. Ein Beispiel dafür sind Judith und Harald:

So sehr die du-bezogene Judith die gemeinsamen Nächte mit ihrem ich-bezogenen Harald genoss, so sehr bedauerte sie doch, dass bei ihm immer recht schnell der Ofen aus war, während ihr Feuer noch brannte. Nachdem sie sich eines Nachts ein Herz gefasst hatte und ihren Missmut darüber äußerte, kam knapp die für sie ernüchternde Antwort: „Jeder ist für seinen Orgasmus selbst verantwortlich." Dieser Satz traf Judith so hart, dass sie auf stur schaltete und sich überlegte, wie sie Harald zeigen könnte, was ihr wichtig ist. Er staunte auch nicht schlecht, als Judith von da an stets eine Pause einlegte und ihn erst zum Zug kommen ließ, nachdem sie ihren Gipfel der Lust erklommen hatte. Als Du-Bezogene merkte sie genau, wenn es bei Harald „kurz davor" war, und konnte reagieren. Zunächst hatte Judith noch Bedenken, da sie befürchtete, dass Harald, einmal ausgebremst, schnell das Interesse verlieren könnte und sich letztendlich nichts ändern würde. Aber Harald genoss ihr neues Verhalten geradezu, hatte er doch so länger etwas vom gemeinsamen Erleben des Liebesspiels. Zudem hatte er an Judiths Leidenschaft teil, was wiederum das Wir-Gefühl nicht unwesentlich stärkte.

Wie selbstverständlich steht für den Ich-Bezogenen seine eigene Bedürfnisbefriedigung im Mittelpunkt! Dabei versäumt er, darauf zu achten, dass beide Partner gleichermaßen zufrieden sind. Meist kann man ihm aber schnell verdeutlichen, dass das Wir gestärkt werden muss, damit auch das Ich dauerhaft Vergnügen haben kann.

Du-Bezogener mit Wir-Bezogenem

Typisch für diese Konstellation ist, dass der Wir-Bezogene bei dem Versuch, alles und jeden mit einzubeziehen, den Blick für das Wesentliche verliert. Das Wesentliche ist in diesem Fall sein Partner. Durch seine dem Gegenüber zugewandte Art wird der Du-Bezogene dem Wir-Bezogenen zwar zarte Hinweise geben, die signalisieren sollen, dass er sich ihm gegenüber nachlässig verhält, wahrscheinlich ist der Du-Bezogene damit aber nur wenig erfolgreich. Das ist auch nicht verwunderlich, denn damit der Wir-Bezogene seinen Partner und dessen Bedürfnisse wahrnehmen kann, müsste dieser zunächst seine Du-Bezogenheit aufgeben und sein vernachlässigtes Ich stärken. Wenn er dem Wir-Bezogenen deutlich klarmacht: „Hallo, hier bin ich und ich will was von dir!", wird er sich aus der Masse hervorheben und für den Partner sichtbar werden. Dieser wiederum ist bestimmt dankbar für den Hinweis. Vielleicht gelingt es aber auch dem Wir-Bezogenen öfter einmal den Rest der Menschheit auszublenden, indem er sich ganz bewusst auf seinen Partner konzentriert und gemeinsame Unternehmungen zu zweit anstrebt, wie beispielsweise eine Fahrt mit dem Ruderboot, ein Candle-Light-Dinner oder einen kuscheligen Abend auf der Couch.

Ich-Bezogener mit Wir-Bezogenem

Vermutlich leidet der Ich-Bezogene unter dieser Konstellation ein wenig mehr. Er ist zwar selbstbewusst und oft willensstark (besonders als Handlungstyp), dennoch kann sein Selbstwertgefühl darunter leiden, dass ihm der Wir-Bezogene zu wenig Beachtung schenkt. Wir erinnern uns daran, dass es dem Wir-Bezogenen leichterfällt, sich in Gruppen zurechtzufinden, als sich auf ein Gegenüber einzulassen. Der Ich-Bezogene sollte sich deshalb ebenso ins Getümmel stürzen und sich somit in der Masse quasi unsichtbar machen. Zunächst ist das wahrscheinlich ein unangenehmer Gedanke für den Ich-Bezogenen. Mit zunehmender Übung wird er sich jedoch von der Gruppe tragen lassen und dort seinen Platz finden. Traute Zweisamkeit, nach der auch der Wir-Bezogene innerhalb einer Partnerschaft strebt, wird dieser nur erleben, indem er sich auf die Suche nach seinem Du macht. Und bestenfalls kommt ihm der Ich-Bezogene dabei auf halber Strecke entgegen.

Interaktionsmuster im Bereich „Zeit"

Nun zu den Interaktionsmustern in Bezug auf das Erleben von Zeit. Wie können Sie damit in Ihrer Partnerschaft umgehen?

Gegenwartsorientierte unter sich

Beziehungen zwischen zwei Gegenwartsorientierten scheinen auf den ersten Blick relativ unkompliziert zu verlaufen. Gegenwartsorientierte sind sich gegenseitig nie lange böse, falls einmal Unstimmigkeiten auftreten sollten. Schöne Momente zu genießen ist an der Tagesordnung, da sie sich spontan aufeinander einlassen können, ohne an vorher oder nachher zu denken. Doch mitunter wäre es ganz nützlich, wenn sich beide etwas mehr auf bereits Erlebtes konzentrieren könnten. Denn selbst einen Gegenwartsorientierten wird es mit der Zeit nerven, wenn sich der Partner nicht merkt, was ihn in der Vergangenheit gestört oder auch was ihm gefallen hat. Ein Vorschlag ist, ein Liebestagebuch anzulegen oder gemeinsam erlebte Highlights mit einer Kamera festzuhalten und darüber zu reden. All das kann eine Hilfe sein, Erinnerungen wachzuhalten. Gleichzeitig schützt man sich so davor, immer in die gleichen Fettnäpfchen zu treten oder sich nicht an die Bedürfnisse des anderen zu erinnern.

Bärbel Diemer trägt hierzu eine kurze Episode bei:

Die Gegenwartsorientierten Michael und Gisela genossen ihre gemeinsamen Nächte, da sie das Gefühl hatten, sich immer wieder neu zu entdecken. Mit der Zeit wurde dies allerdings enorm anstrengend, denn es fehlte das vertraute Miteinander. Gisela war zunehmend enttäuscht darüber, dass Michael immer wieder zu vergessen schien, was ihr beim Liebesspiel besonders gut gefallen hatte oder was sie eher störte. Michael erging es aber ganz ähnlich. Zum Glück sprachen sie eines Tages darüber. Beide dachten zunächst, dass sie dem anderen nicht wichtig genug seien, bis sie erkannten, dass sie die Vorlieben des anderen schlichtweg vergessen hatten.

Vergangenheitsorientierte unter sich

Vergangenheitsorientierte Paare schwelgen häufig miteinander in vergangenen Zeiten. Das mag mitunter ganz schön und angenehm sein, jedoch hält es beide Partner auch in alten Beziehungen oder Geschehnissen gefangen. Mögliche Vergleiche mit Verflossenen kommen häufig vor, was wohl keinem von beiden gut gefallen dürfte. Deshalb sollten Vergangenheitsorientierte vor allem versuchen, aus den eigenen Erfahrungen das Beste mitzunehmen und sich gemeinsam eine Zukunft aufzubauen – etwa, indem sie Pläne schmieden und Aspekte, die in der Vergangenheit als negativ empfunden wurden, künftig vermeiden. Schöne Erlebnisse sollten wiederholt werden. Ein Kalender, sichtbar angebracht, in den alle denkbaren gemeinsamen Aktivitäten schon lange im Voraus eintragen werden, steigert und verlängert die Vorfreude. Mit an Sicherheit grenzender Wahrscheinlichkeit wird dies einen deutlichen positiven Unterschied im alltäglichen Zusammenleben bewirken.

Zukunftsorientierte unter sich

Öfter als in anderen Paarkombinationen geht es hier relativ stressig zu. Jeder der beiden Partner ist weniger im Hier und

Jetzt präsent. Gemeinsame Glücksmomente müssen bewusst geplant werden, und zwar möglichst frühzeitig. In dieser Konstellation ist wichtig, dass sich beide Partner gemeinsam mit dem Terminkalender hinsetzen und ihre Eintragungen miteinander abgleichen. Sollten Ereignisse nicht zusammen geplant werden können, ist es sinnvoll, sich mehrere zeitliche Alternativen freizuhalten und erst einmal abzuwarten, ob der Partner am vorgesehenen Tag noch Zeit hat. Wenn möglich sollten Dinge auch sofort erledigt und nicht in die Zukunft verschoben werden. Das entlastet den Terminplan und schafft Raum für spontane Unternehmungen miteinander. Bereits geschmiedete Zukunftspläne könnten während eines gemeinsamen Abends und vielleicht bei einem Gläschen Wein gemütlich zusammen besprochen werden: „Welche Schritte sind bis dahin noch nötig? Was gilt es jetzt noch zu beachten? Haben wir wirklich alles erledigt, um diese Zeit oder dieses Ereignis später genießen zu können?" Blicken die beiden dann irgendwann auf ihre gemeinsamen Unternehmungen zurück, werden diese vermutlich in sehr viel angenehmerer Erinnerung bleiben.

Gegenwartsorientierter mit Vergangenheitsorientiertem

Der Gegenwartsorientierte wird zunächst fasziniert sein, dass der Vergangenheitsorientierte nichts zu vergessen scheint. Um diesen Vorsprung etwas auszugleichen, kann der Gegenwartsorientierte versuchen, vergangene Erlebnisse aus seinem Leben wieder für einen Moment auferstehen zu lassen – zum Beispiel, indem er sich gemeinsam mit dem Vergangenheitsorientierten Fotoalben oder Filmaufnahmen aus seiner Kindheit oder Jugend anschaut. Meistens gibt es dabei eine Menge zu lachen und gleichzeitig erfährt man das ein oder andere Detail über den Partner, das bisher vielleicht noch nie zur Sprache kam. Der Gegenwartsorientierte hat so die Möglichkeit, sich seine Ressource, die Vergangenheit, zu erschließen. Das ist ein sehr positives Erlebnis für ihn, weil es längst vergessene Anekdoten für ihn wieder lebendig werden lässt. Für den Vergangenheitsorientierten besteht die Möglichkeit, Positives aus diesen Erinnerungen mit in die gemeinsame Zukunft zu nehmen und schöne Erlebnisse wieder aufleben zu lassen. In der Vergangenheit als negativ Empfundenes kann aus einem anderen Blickwinkel betrachtet und neu bewertet werden. Der Vergangenheitsorientierte wird so dort abgeholt, wo er sich zuhause fühlt, in der Vergangenheit, und erhält im Anschluss die Möglichkeit, wie durch ein Fenster in die Zukunft zu blicken. Aller Wahrscheinlichkeit nach wird er so auch die Gegenwart mehr genießen können, weil es ihm gelingt, Altes loszulassen und Neues zu planen. Zwei Fliegen werden also mit einer Klappe geschlagen.

Gegenwartsorientierter mit Zukunftsorientiertem

Planung ist das A und O des Zukunftsorientierten, Spontaneität das des Gegenwartsorientierten. Ein vollgestopfter Kalender und spontane Einfälle prallen aufeinander, da gibt es meistens kaum Aussicht auf einen erfolgreichen Konsens, zumindest wenn es um den Wunsch geht, etwas gemeinsam zu erleben. Hat der eine spontan das Bedürfnis, abends mit seinem Schatz auf der Couch zu kuscheln, ist es wahrscheinlich, dass dieser bereits etwas anderes im Visier hat. Bestenfalls lässt sich das Ganze noch koordinieren, Vorstellungen können aber auch völlig entgegengesetzt sein. Womöglich hat der Zukunftsorientierte schon vor Wochen den gesamten Freundeskreis zu einem turbulenten Spieleabend eingeladen und der Gegenwartsorientierte hat dies längst wieder vergessen. Um Enttäuschungen zu vermeiden, könnte der Gegenwartsorientierte jeden Morgen in den gemeinsamen Kalender schauen oder seinen Partner fragen, was für den Tag oder Abend vorgesehen ist. Um geplante Verabredungen immer präsent zu haben, kann man auch eine Tafelfolie auf eine Tür kleben, an der man öfter am Tag vorbeigeht. Hier kann sich der Gegenwartsorientierte Termine und bereits getroffene Verabredungen notieren. Ähnlich praktisch ist es, sich Klebezettel mit Notizen überall dort anzuheften, wo man sie ständig vor Augen hat. Ein kluger Schachzug des Zukunftsorientierten ist, wenn er die Tafel oder Haftnotizzettel ebenso für Bekanntgaben oder zur Nachrichtenübermittlung nutzt. Das kann für beide sehr nützlich sein. Der Gegenwartsorientierte wird dadurch an frühere Absprachen erinnert und dem Zukunftsorientierten wird vergegenwärtigt, was aktuell auf dem Plan steht. Des Weiteren ist es sinnvoll, wenn der Zukunftsorientierte sich mehr Spielraum in seiner Planung genehmigt, damit der eher spontan veranlagte Partner eine Chance erhält, wenn er wieder einmal von jetzt auf gleich eine tolle Idee für den gemeinsamen Abend aus dem Ärmel schüttelt. Besser ist natürlich, wenn er sich dies ein klein wenig früher überlegen könnte, um seinen Partner nicht allzu sehr in Bedrängnis zu bringen. Und sollte ein überraschender Einfall auch einmal verschoben werden – manchmal können Dinge, auf die man etwas warten muss, so noch reizvoller werden.

Eine zukunftsorientierte Beziehungstyp-Frau erinnert sich in dieser wahren Geschichte an die traumhafte, aber auch schwierige Anfangszeit ihrer Beziehung zurück:

Vor neun Jahren haben sich mein gegenwartsorientierter Beziehungstyp-Mann und ich kennen gelernt. Wir waren in derselben Firma, jedoch in unterschiedlichen Abteilungen, tätig. Aus der Ferne beobachtete ich ihn schon einen ganze Zeit lang. Seine strahlenden Augen und das freundliche Lächeln, wenn wir uns auf dem Gang begegneten, ließen mein Herz jedes Mal höher schlagen. Während einer zweitägigen Firmenveranstaltung lernten wir uns endlich näher kennen. Zufällig saßen wir im Reisebus nebeneinander und begannen ein Gespräch über Naturwissenschaft und Esoterik, das wir über das gesamte Wochenende fortführten. Abendliche Diskoveranstaltungen verbrachten wir hauptsächlich ins Gespräch vertieft. Erst kurz vor Reiseende gingen wir auch auf die Tanzfläche. Eng umschlungen und uns küssend tanzten wir bis in den Morgen. Natürlich dachte ich gleich an die Zukunft: „Was werden die Kollegen im Büro sagen?", „Wie geht es jetzt weiter?" Meinen Mann schien das alles nicht zu interessieren und er genoss den Moment in vollen Zügen. Die kommenden Monate waren eine Art Katz-und-Maus-Spiel. Ständig loteten wir das richtige Maß an Nähe und Distanz aus, was sich wegen unserer unterschiedlichen Bedürfnisse recht schwierig gestaltete. Ich wollte gemeinsame Pläne machen – er ließ sich fast alles offen. Er kam spontan vorbei – ich fühlte mich überrollt. Als sich die Wohngemeinschaft auflöste, in der er damals wohnte, zog er übergangsweise zu mir. Ich wollte ausprobieren, wie es denn sei, mit ihm zusammenzuleben. Von da an schien der Knoten geplatzt zu sein. Dass mein Mann abends immer heimkam, half mir, ihn auch loszulassen und wieder mit Lust und Freude etwas ohne ihn zu unternehmen. Für ihn waren die gemeinsame Wohnung und die dadurch bedingte Nähe sehr angenehm. Nach Feierabend oder Geschäftsreisen wartete eine strahlende Frau auf ihn, die er sofort zärtlich in den Arm nehmen konnte, sobald er zur Tür hereinkam. Aus der Übergangsphase wurde eine Dauerlösung in Form einer neuen gemeinsamen Wohnung. Dieses Jahr feiern wir unseren siebten Hochzeitstag. Und am liebsten würden wir uns gleich noch einmal heiraten.

Vergangenheitsorientierter mit Zukunftsorientiertem

Hier prallen unterschiedliche Tempi aufeinander. Der Vergangenheitsorientierte ist im Vergleich zum Zukunftsorientierten sehr viel langsamer in seinem Handeln, seiner Wahrnehmung und seinem Denken und braucht viel mehr Vorlauf, um sich auf etwas Ungewohntes einlassen zu können. Der Zukunftsorientierte ist vergleichsweise schnell und impulsiv, prescht nach vorn und neigt dazu, seinem Partner „davonzulaufen". Der

Vergangenheitsorientierte kommt da kaum mit und fühlt sich der Situation wahrscheinlich nicht gewachsen. Es empfiehlt sich also für den Zukunftsorientierten, ein paar Gänge zurückzuschalten, und die Zeit, die er mit seiner/m Liebsten verbringt, intensiver wahrzunehmen. Im Gegenzug könnte der Vergangenheitsorientierte versuchen, wenigstens ab und zu einen Zahn zuzulegen – und beispielsweise seinen Partner mit einem frühzeitig geplanten Kurzurlaub im kommenden Jahr zu überraschen. Ihm selbst bliebe noch genügend Spielraum, sich darauf vorzubereiten, und der Zukunftsorientierte hätte bestimmt noch ein Plätzchen im Kalender frei. Zudem wäre er wahrscheinlich dankbar für die ihm abgenommene Planung und die dadurch gewonnene Zeit.

Anstrengend sind auch die immer wieder aufgewärmten Geschichten des Vergangenheitsorientierten, die der Partner bestimmt schon bis zum Abwinken kennt. Hier sollte sich der Vergangenheitsorientierte einmal die Frage stellen, welche Folgen es wohl haben wird, wenn er diese in zwanzig Jahren immer noch erzählt – wohl eher negative. Also ab mit den alten Zöpfen und lieber daran denken, was es stattdessen noch Tolles zu erleben gibt!

Die Beziehung zwischen Laura, vergangenheitsorientiert, und Liam, zukunftsorientiert, war leider nur von kurzer Dauer. Ohne das Wissen um die Typunterschiede tappten beide in ihre typbedingten Fallen:

Laura konnte mit ihrer Vergangenheit nicht abschließen und Liam wiederum ertrug es kaum, dass er sich dadurch seiner Zukunftsvisionen beraubt sah. Laura hatte in Sachen Liebe schon Einiges erlebt. Schnell hatte sie Schmetterlinge im Bauch, wenn ein interessanter Mann ihren Weg kreuzte, und durch ihre charmante Art konnte sie sein Herz im „Vorbeiflattern“ erobern. Liam ging etwas zögerlicher an die Sache heran, wagte jedoch den Schritt in die Beziehung mit Laura. Er hatte viele Träume, was ihr gut gefiel, denn er war sofort dabei, sich auszumalen, wie ihre gemeinsame Zukunft aussehen könnte. Zunächst war Laura Feuer und Flamme, denn es tat ihr gut, sich die Zukunft zu erträumen und für einige Zeit die Vergangenheit hinter sich zu lassen. Diese barg nämlich nicht nur Angenehmes für sie. Eher das Gegenteil war der Fall, da Laura öfter an Männer geraten war, die nach einiger Zeit sehr spezielle Neigungen zeigten, insbesondere in sexueller Hinsicht. Der diesbezüglich eher schüchternen Laura hatten diese Erlebnisse einen Schock nach dem anderen versetzt. Aber nun war sie glücklich mit Liam. Mit ihm erlebte sie sehr aufregende und interessante Nächte, was sie die unangenehmen Erinnerungen für eine Weile vergessen ließ. Es dauerte aber nicht lange und die Vergangenheit holte sie wieder ein. Ständig hatte sie die für sie wenig beglückenden Erlebnisse vor Augen, was sich natürlich auf das Beziehungs- und Liebesleben auswirkte. Liam spürte, dass etwas nicht in Ordnung war, und fragte nach. Zunächst verständnisvoll lauschte er Lauras Geschichten, konnte jedoch nicht nachvollziehen, dass man diesen so lange nachhängen konnte. Er war der Meinung, sie müsste doch froh sein, dass dies nun hinter ihr läge und sie nun eine viel versprechende Zukunft vor Augen hätte. Doch Laura konnte nicht über ihren Schatten springen. Immer wieder kamen die Bilder der Vergangenheit hoch. Liam war mittlerweile sehr unzufrieden. Er hatte das Gefühl, all ihre Exfreunde würden auf der Bettkante sitzen, wenn er mit Laura intim wurde. Ständig konfrontierte er sie mit der Frage, ob er sich das Ganze in zehn Jahren auch noch anhören müsse, und meinte, dass dies keine erfreuliche Perspektive sei. Irgendwann war dann tote Hose, im wahrsten Sinne des Wortes, und Laura hatte eine weitere unglückliche Beziehungserfahrung zu verbuchen.

Wahrscheinlich wäre es gut gewesen, wenn Liam auch mehr von seiner Vergangenheit erzählt und Laura somit in ihrer abgeholt hätte. Es könnte gut sein, dass es Laura auch nicht besonders angenehm gewesen wäre, von ihren Vorgängerinnen berichtet zu bekommen. An diesem Punkt hätte die Chance bestanden, sich gemeinsam zu überlegen, was beide in Zukunft nicht mehr oder wovon sie mehr erleben möchten.

Interaktionsmuster im Bereich „Tätigkeit"

Aus den gleichen oder unterschiedlichen Bevorzugungen innerhalb des Tätigkeitsbereichs ergeben sich mitunter spannende Variationen in der Partnerschaft. Welche dies sein können und wie man damit konstruktiv umgeht, lesen Sie in den nächsten Abschnitten.

Macher unter sich

Eine explosive Paarung: Beide Partner sind meist sehr energiegeladen, tatkräftig in ihrem Verhalten und es kann in der Beziehung ganz schön die Post abgehen. Beide reden gerne und viel, ohne dem anderen genau zuzuhören. Die Worte sprudeln oft heraus, ohne dass bemerkt wird, wie sie beim anderen ankommen. Um sich in dieser Konstellation Gehör beim anderen zu verschaffen, gibt es unterschiedliche Methoden: Entweder übertönt man den Partner mit angehobener Stimme, was allerdings dazu führen kann, dass dieser es einem gleichtut. Irgendwann wird man sich dann wahrscheinlich nur noch anschreien. Oder man hat die Möglichkeit, den oder die Liebste/n mit einem plötzlichen lauten Geräusch kurz zu erschrecken. Dann wird er/sie bestimmt für einen Augenblick innehalten. Diese Situation könnte man nutzen, um das Wort zu ergreifen – jedoch in einem leiseren Tonfall. Äußerst nützlich sind auch deutliche Gesten wie eine angehobene Hand, die „Stopp" signalisiert. Sollte eine Diskussion zu heftig sein, könnten die beiden das Gespräch auf einen späteren

Zeitpunkt verschieben und sich stattdessen ein wenig beruhigen, indem sie Musik hören oder sich einen Film ansehen. Gemeinsam zu kochen ist ebenso hilfreich, um abzuschalten. Die Macher können dabei gemeinsam etwas tun, ohne sich über das Streitthema unterhalten zu müssen. Beim Austüfteln eines neuen Rezepts und beim Schnuppern an Gewürzen könnten sie sich gleichzeitig ihre Ressource, das Fühlen, erschließen. Sollten sie es sich aber zunächst einfacher machen und ein Gericht nachkochen wollen, ist es für die Macher hilfreich, vorher das Rezept genau durchzulesen und Mengenangaben von Zutaten zu beachten, bevor wahllos alles in einen Topf geworfen wird. Dies steigert die Chance auf einen kulinarischen Genuss enorm. Während dann das Essen genossen wird, ist es Zeit, sich Gedanken zu machen, wie man das Gespräch konstruktiver fortsetzen kann. Vielleicht gelingt es im Anschluss, leisere Töne anzuschlagen und sich über die jeweils eigenen Sinneseindrücke auszutauschen. Da Macher oft unsicher sind, wenn es darum geht, eine Stimmung zu erspüren, ist es besser, wenn sie sich gegenseitig beschreiben, was sie empfinden.

Fühler unter sich

„Gefühlsduseleien“ sind bei dieser Paarung wahrscheinlich an der Tagesordnung. Morgens vor dem Aufstehen wird noch fünf Minuten gekuschelt, bevor der Tag mit feinem Kaffeeduft in der Nase und schöner Musik im Ohr beginnt. Meistens endet er ähnlich, wie er begonnen hat. Abends verwöhnen sich die Fühler oft mit einem schönen Essen, schnuppern bei einem Spaziergang frische Luft, schauen vielleicht noch einen Film an, um sich danach ins Schlafgemach zurückzuziehen. Dass es in der „Kuschelhöhle“ ebenso sensibel und sinnlich zugeht wie außerhalb, dürfte klar sein. Geprägt ist das Zusammensein der Fühler durch Umarmungen, zarte Küsse, Streicheleinheiten, viel versprechende Blicke und liebe Worte füreinander. Das kann natürlich auch ins andere Extrem umschlagen. Sollten Fühler etwas als besonders negativ empfinden, können Gefühlsausbrüche in die ganz andere Richtung die Folge sein. Um sich vor allzu intensiven Stimmungsschwankungen zu schützen oder einem bereits entstandenen Gefühlschaos zu entkommen, sollten Fühler darauf achten, dass sie die Reize, denen sie sich ausliefern, reduzieren. Stattdessen ist es sinnvoll, sich Zeit zu nehmen, Reize zu verarbeiten, darüber nachzudenken, sich damit auseinanderzusetzen oder darüber zu schlafen. Oft ist den Fühlern nicht klar, welches nun genau der Auslöser für diese oder jene Stimmung ist. Strömen verschiedene Reize gleichzeitig auf sie ein, lässt sich für sie nur schwer unterscheiden, welcher spezielle Reiz nun für welches Gefühl den Ausschlag gegeben hat. Schützen sich die Fühler vor Reizüberflutung und verschließen sie auch einmal den ein oder anderen Sinneskanal, beispielsweise indem sie die Augen schließen, werden sie leichter imstande sein, ein Erlebnis intensiver zu genießen.

Denker unter sich

Man könnte annehmen, dass diese zwei sich ohne Worte verstehen. Aller Wahrscheinlichkeit nach ist das häufig der Fall. Dennoch ist für beide wichtig, sich miteinander auszutauschen. Gespräche zu führen kann Klarheit schaffen, wo sonst nur leise nachgedacht wird. Womöglich hat einer der Denker eine missverständliche Bemerkung gemacht oder nicht die richtigen Worte gefunden und beim anderen kam dann eine völlig andere als die beabsichtigte Botschaft an. Sofort verfällt dieser Denker dann ins Grübeln, wie die Aussage wohl zu verstehen sei und warum der andere sie gemacht habe. Das kann ganz schön zermürbend sein und womöglich verstrickt sich der Denker dann so in seinen Gedanken, dass er sie am Abend noch mit ins Bett nimmt. An Einschlafen oder gar Sex ist dann nicht zu denken. Der andere, der die Grübeleien des Partners ungewollt ausgelöst hat, versteht nicht, was den anderen so beschäftigt, und beginnt sich seinerseits darüber das Hirn zu zermartern: ein Teufelskreis. Sollte ein Gespräch jedoch schwerfallen, kann es auch eine vorübergehende Lösung sein, Gedanken zu Papier zu bringen, um im Anschluss darüber zu sprechen. In jedem Fall ist es hilfreich, wenn die Denker sich über gemeinsame Themen unterhalten. Kurse zu besuchen, in denen man etwas Handwerkliches von der Pike auf lernen kann, wie beispielsweise Töpfern, kann ebenfalls eine Bereicherung sein. Zusammen ein Fitnessstudio aufzusuchen, frühmorgens zu joggen oder zu musizieren sind weitere Varianten. Durch Bewegung gelingt es Denkern meist, sich aus endlosen Gedankenschleifen zu lösen oder sich in eine andere Richtung zu orientieren, sollten sie sich gedanklich verzettelt haben. Sind sie am Ende körperlich erschöpft, werden sie das Bewusstsein darüber, aus mehr als nur einem Kopf zu bestehen, als Wohltat empfinden.

Macher mit Fühler

Da der Fühler derjenige ist, der die leisen Töne anschlägt, während der Macher öfter lospoltert, kann es hier leicht zu Missverständnissen bis hin zum völligen Unverständnis kommen. Dinge, die der Fühler dem Macher mitteilen möchte, nimmt dieser häufig nicht wahr oder er bekommt nur die Hälfte davon mit, da er dem Fühler ins Wort fällt. Der Macher, in seinem Element, wird mit seiner Lautstärke und Redegewalt den Fühler mit Reizen überladen. Oft merkt er auch erst im Nachhinein, wenn er sich bei seiner Wortwahl oder im Ton vergriffen hat. Sensibel, wie Fühler sind, rutschen sie leicht in ein Stimmungstief ab. Der Macher sollte sich öfter ein wenig zurücknehmen und Rücksicht auf die Gefühle seines Partners nehmen. Es könnte auch durchaus angenehm für ihn sein, wenn er sich ab und zu einmal in die Welt der Sinne, in der der Fühler zuhause ist, entführen ließe. Nach einem anstrengenden Tag ein gemeinsames Schaumbad zu nehmen oder einen Film anzuschauen kann Wunder bewirken. Allerdings sollte der Fühler nicht enttäuscht sein, wenn der Macher danach oder bereits währenddessen möglicherweise einschläft. Erfolg versprechender sind vielleicht gemeinsame Kuscheleinlagen mit handfestem Höhepunkt im Schlafzimmer, auf der Couch oder auch an anderen Orten. Macher sind diesbezüglich meist schnell entschlossen und legen weniger Wert auf den „Tat-Ort“. Im Gegenzug kann der Fühler versuchen, sich ein etwas dickeres Fell zuzulegen und sich die verbalen Attacken, die Lautstärke und die von ihm oft als Grobheit empfundene Art des Machers nicht mehr so zu Herzen gehen zu lassen. Ebenso nützlich kann es sein, wenn er sich gedanklich mit etwas anderem beschäftigt und einfach einmal abschaltet. Vielleicht ist es ein Trost, zu wissen, dass der Macher in der Regel keine bösen Absichten mit seinem Gepolter verfolgt, sondern lediglich schlecht ausgerichtete Antennen für die Empfindungen des Partners hat. Sollte der Fühler sich nach seiner Gedankenreise wieder dem Macher zuwenden, hat dieser vielleicht die Zeit genutzt, um wieder etwas ruhiger zu werden.

Es folgt eine Geschichte von Nadine Fornaçon, die beschreibt, wie Martha (Macher) und Fillip (Fühler) zusammenfanden. Beide sind ich-bezogen und jeder versuchte sein eigenes Ding durchzuziehen. Nicht ganz einfach war es, bis sie sich zusammenrauften, zumal beide Handlungstypen sind, die schon bei dem Wort „Beziehung“ ein mulmiges Gefühl bekommen (denn Beziehungen stellen ja ihren vernachlässigten Lebensbereich und ihre Ressource dar).

Martha und Fillip begegneten sich zum ersten Mal in einer Diskothek. Martha hätte Fillip im Vorübergehen beinahe übersehen, hätte er sie nicht so breit angegrinst. Sie lächelte zurück, ging zum Tresen, setzte sich und wartete ab, ob er ihre Nähe suchen würde. Plötzlich saß er neben ihr. Was sie so mache, wie sie heiße und ob jemand daheim auf sie warte, erfragte er sehr direkt. Mit ihren Antworten hielt sich Martha zunächst zurück. Fillip besorgte für beide etwas zu trinken, nahm sein Glas und ging wieder. „Ich werde ihm nicht hinterherlaufen, da kann er lange warten“, dachte sie sich. Doch wenige Minuten später war er wieder bei ihr. „Ich möchte gerne mehr über dich erfahren – aber nicht nur einfach so, um nachher ein bisschen Spaß im Bett zu haben“, eröffnete er erneut das Gespräch. Völlig perplex und mit der Situation überfordert, antwortete Martha: „Das wird nichts, ich bin ’ne Karrierefrau, Männer haben in meinem Leben kaum Platz!“ Der hellhörige Fillip vernahm sehr wohl das Wörtchen „kaum“ und ließ sich nicht abwimmeln. Bevor ihm die Felle davon zu schwimmen drohten, umfasste er mit seinen Händen ihr Gesicht, zog sie an sich und gab ihr einen Kuss auf den Mund. Jetzt wusste sie gar nicht mehr, was sie tun sollte. Martha war schachmatt gesetzt und Fillip befand sich auf der Erfolgsspur. Sie verabredeten sich für den nächsten Tag und landeten bald darauf auch gemeinsam im Bett. Doch beide waren sich darüber einig, dass zu einer harmonischen Beziehung mehr als guter Sex gehört. Nach einem leidenschaftlichen Wochenende beschlossen sie, auszuprobieren, ob die Sache funktionieren könnte. Wie so viele Male zuvor glaubte Martha, dass dieses Wochenende viel zu schön gewesen war, um tatsächlich wahr zu sein und auch zu bleiben. Zum einen wünschte sie sich mehr dieser gemeinsamen Momente, zum anderen hatte sie große Angst, dass Fillips Leidenschaft so schnell vergehen könnte, wie sie gekommen war. Sie wollte nicht zu viel Gefühl zulassen, um hinterher nicht enttäuscht zu werden. Abstand wollte sie halten und die Sache lieber langsam angehen. Als Fillip jedoch manchmal tagelang nichts von sich hören ließ, vermisste Martha es, seine Stimme zu hören oder ihn zu sehen. Rief sie ihn in solchen Phasen an, ging er nicht ans Telefon, schrieb sie ihm eine SMS, antwortete er nicht. Plötzlich hatte sie das Gefühl, dass er bei einer anderen Frau und ihr Traum bereits ausgeträumt sei. In solchen Momenten öffnete sie sich eine Flasche Wein und hasste sich für diese Gedanken. Diese Angst, ihn zu verlieren und/oder eine Niederlage zu erleiden, machte sie fast wahnsinnig. Beinahe hätte sie aus dieser Angst heraus die Beziehung beendet. Dann wäre wenigstens sie diejenige gewesen, die die Fäden in der Hand behielt und bestimmte, wo es langging. Inzwischen sind drei Jahre vergangen. Martha lernte durch die Psychographie viel über die typbedingten Unterschiede. Als Macher ist sie sich nun klar darüber, dass sie immer wieder diese Ängste haben wird, sobald sie Gefühle zulässt – sie sind aber auch ihre Ressource. Auch dass sie Fillip unter Druck setzt, indem sie ständig Aktivität fordert, bedauert sie sehr. Sie nimmt es oft einfach nicht wahr und überfordert ihren Fühler-Freund, der ganz gerne einmal vor dem Fernseher sitzt und sich in Ruhe einen Film ansieht. Mittlerweile hat sie gelernt, dass er öfter Ruhephasen braucht als sie. Sie hat auch akzeptiert, dass er seine Gefühle im Herzen trägt, ohne ständig mit ihr darüber reden und diese bestätigen zu müssen. Fillip hat dagegen erkannt, dass er sich öfter zu Wort melden und Martha daran erinnern muss, dass sie einen Gang herunterfahren oder einfach einmal den Mund halten soll. Das gilt insbesondere dann, wenn er in Ruhe einen Film sehen möchte. Dabei stört es ihn nämlich, wenn sie permanent redet. Stattdessen macht sie eben etwas anderes oder lässt sich ebenso vom Fernsehprogramm berieseln, obwohl es ihr manchmal schwerfällt. Meistens schläft sie dann vor dem Fernsehgerät ein.

Auch Bärbel Diemer erlebte mit, wie deutlich sich der Unterschied zwischen einem Macher und einem Fühler (beide sind gleichzeitig du-bezogene Handlungstypen) in einer Beziehung zeigen kann:

Der Macher-Mann war in dieser Beziehung derjenige, der alles, was in seinen Möglichkeiten stand, für seine Fühler-Frau tat. Treppenhausrenovierungen, Hofgestaltungen und Gartenarbeiten waren für ihn Beweise für seine große Zuneigung. Ihm war klar, dass sie als Hausbesitzerin verantwortlich für die Instandhaltung ihres Besitzes war, und es war selbstverständlich für ihn, dass er ihr solche schweren Arbeiten abnahm. Sie wusste seinen Einsatz durchaus zu schätzen und unterstützte ihn dabei, indem sie ihn mit Vesper und mehreren Fläschchen Bier versorgte. „Wer hart arbeitet, braucht auch ordentlich etwas zu essen", war ihre Devise. Jedoch verstand sie seine Tätigkeiten nicht als Liebesbekundung, sondern eher als gemeinsame Aktivität, die Handlungstypen zusammenschweißt. Vielmehr aber wünschte sie sich, dass er ihr „als Mensch" zur Verfügung stünde. Kurze Umarmungen, Streicheleinheiten, zärtliche Küsse oder liebe Worte hätten ihr Fühler-Herz sehr viel mehr berührt als seine tatkräftigen Hilfsangebote.

Deutlich wird an diesem Beispiel auch, dass der Untertyp „Macher" die Persönlichkeitsmerkmale eines Handlungstyps noch verstärkt. Typisch ist die Geschichte aber auch insofern, als der Handlungstyp genau weiß, dass „Haus und Hof" in Ordnung gehalten werden müssen und der Mann als Macher eben genau das tut – zumal wenn er dem anderen damit einen Gefallen tun kann (da wird der Du-Bezug deutlich). In der Typkonstellation „Handlungstyp-Fühler" mildern die Eigenschaften des Untertypen die ansonsten etwas streng und verbissen wirkenden Persönlichkeitsmerkmale des Handlungstypen ab und die Person erscheint insgesamt sensibler und weicher.

Macher mit Denker

Auch hier treffen Laut und Leise aufeinander. Macher werden häufiger punkten können, denn ihre Redegewandtheit, ihr

Wortschatz und die Tatsache, dass sie Dinge an- oder aussprechen, imponieren dem Denker. Schade nur, dass es in der Regel so sein wird, dass der Denker aus genau diesen Gründen nicht oder nur sehr selten zum Zug kommt. Der Macher neigt dazu, den Denker zu überrollen und ihm nicht die Gelegenheit zu lassen, Gedachtes auszuformulieren oder praktische Dinge auszuprobieren. Der Macher sollte dem Denker deshalb mehr Raum einräumen und ihm eine Chance geben, sich zu entfalten. Er sollte sich zurückziehen und dem Denker das Feld überlassen. Beispielsweise kann er zu diesem Zweck einfach einmal in Stillschweigen verfallen, ein gutes Buch lesen oder über Kopfhörer Musik hören. Wenn es den Denker nicht stört, ist eine Möglichkeit auch, dass der Macher ihm bei seinen Aktivitäten zuhört oder -sieht. Vielleicht ist der Denker auch froh, wenn er den Macher um Rat bitten kann, sobald er nicht mehr allein weiterkommt. Aber bitte erst dann! Macher neigen dazu, wenn sie anderen beim Werkeln zusehen, einzugreifen oder Ratschläge zu erteilen, wie man es schneller oder gar besser machen könnte. Andersherum können aber auch die tatkräftigen Macher noch etwas von den Denkern lernen, die erst einmal gründlich über eine Sache nachdenken, bevor sie diese angehen. Es kann sein, dass ein Denker einen ganz eigenen Weg findet, etwas umzusetzen – vielleicht sogar mit weniger Aufwand oder einem besseren Ergebnis. Und dennoch könnte sich der Denker vom Macher das ein oder andere Mal auch mitreißen lassen. Denn wo er häufig noch vorbereitende Überlegungen anstellt, hat der Macher meist schon losgelegt – Ähnliches gilt für das Liebesleben.

Fühler mit Denker

Der auf Lautstärke meist empfindlich reagierende Fühler schlägt von sich aus eher leise Töne an, was vom Denker ebenfalls bevorzugt wird, da er so in Ruhe nachdenken kann. Mitunter kann die von beiden bevorzugte Stille jedoch auch dazu führen, dass zwischen den Partnern das große Schweigen einsetzt, was der Fühler auf Dauer nur schwer aushalten kann. Er verlangt danach, Reize aufzunehmen. Erfüllung findet er beispielsweise, indem er Musik hört, ein Buch liest, fernsieht oder sich unter Menschen begibt, wo es eine Menge für ihn zu beobachten gibt. Kehrt der Fühler von solchen Exkursen zurück, möchte er sich vielleicht am liebsten mit seinem Partner darüber austauschen, und dieser wird womöglich gerne die Gelegenheit ergreifen, seine Gedanken darüber mit ihm zu teilen. Sprudeln aus dem Fühler Geschichten über das Erlebte nur so heraus, insbesondere wenn ihn eine Situation emotional berührt hat, reagiert der Denker manchmal scheinbar verhalten. Schließlich möchte er nichts Unüberlegtes sagen. Man sollte ihm also Zeit lassen, sein Tempo beim Reden selbst zu bestimmen. Sprechpausen dienen ihm zum Sortieren seiner Gedanken, bevor er diese äußert. Diese Pausen auch als solche zu erkennen ist wichtig, um ihm nicht den Redefluss abzuschneiden, indem man ihm ins Wort fällt. Ihn beim Sprechen zu unterbrechen kann nämlich zur Folge haben, dass er den mühsam gedrehten Faden verliert und dann lieber verstummt. In der Regel zeigt sich der Fühler jedoch feinfühlig, auch wenn er verwundert ist, warum es nicht weitergeht im Text. Aber nur Geduld! Auf der anderen Seite verwundern den Denker vielleicht die bildhaften Erzählungen oder emotionalen Ausbrüche des Fühlers. Vieles davon scheint ihm manchmal unverständlich, vor allem, wenn es nicht ganz eindeutig in Worte zu fassen ist. Besser ist es, wenn der Fühler die aufgenommenen Reize zuerst einmal verarbeitet, bevor er sie dem anderen mitteilt. Wie man das am besten bewerkstelligt, lebt ihm der Denker schließlich vor, der ganz einfach Ruhe um sich herum schafft, um dann die Erlebnisse noch einmal Revue passieren zu lassen. Meistens sind einige Dinge, wenn man sie mit etwas Abstand nüchtern betrachtet, gar nicht mehr so aufregend wie zunächst angenommen. Den Denker erst nach diesem Verarbeitungsprozess mit einzubeziehen ermöglicht diesem wahrscheinlich, dem Partner mehr Verständnis entgegenzubringen. Gesprächsinhalte könnten sich so auf wirklich Wesentliches beschränken und viel fruchtbarer sein. Neue Denkanstöße bereichern die Sicht- und Erlebnisweise des Fühlers, dessen gutes Vermögen, Gesagtes aufzunehmen, den Denker anspornt, seine Gedanken mit dem Partner zu teilen. Wichtig ist für den Fühler also, erst nachzudenken, bevor er etwas macht, ausspricht oder zu Papier bringt. Der Denker kann ihm dabei ein Vorbild sein. Vorteile für den Denker ergeben sich wiederum daraus, dass er im Fühler jemanden hat, der ihm gerne zur Seite steht und gespannt zusieht, wenn er aus seiner nachdenklichen Haltung in eine aktive überwechselt. In Bezug auf Sexualität kann das ähnlich beglückende Folgen haben.

Wie eine verheißungsvolle Nacht von einem Fühler vorbereitet und von einem Denker detailliert durchdacht wurde, weiß Angela Zeugner aus ihrer Jugendzeit zu erzählen:

> Das Nachtlager befindet sich in einer vollgestopften Altbauwohnung, das Ambiente gleicht dem eines Theaterfundus. Das blutjunge Liebespaar scheint die Hauptrolle eines Dramas einzustudieren, es soll der Höhepunkt geprobt werden. Zu diesem Zweck bedarf es einer Reihe aufwändiger Vorbereitungen. Briketts und Eierkoks haben mit ihrer Glut für wohlige Wärme zu sorgen. Kissen und Decken werden auf dem Fußboden drapiert und harren der Dinge, die da kommen sollen – ebenso das Liebespaar, welches in froher Erwartung noch am Feinschliff der Szenerie arbeitet. Da wird sich gebadet und geölt, stoppeliger Bart muss weichen. Ansprechende Düfte werden aufgelegt. Auf einem silbernen Tablett werden sündhafte Leckereien arrangiert, und auch ein wenig Champagner gibt es. Doch nur einen Fingerhut voll, denn Alkohol soll nicht so gut sein und die beiden wollen ja schließlich nichts verkehrt machen. Sie befinden sich in Erwartung des absoluten sexuellen „Overkicks", zugesichert von einem, der

ihnen ein LSD-Sternchen schenkte und von allerhöchsten Bettgenüssen schwärmte. Die Liebenden, eigentlich zwei gutbürgerliche Hasenfüße, sind mit ausreichend jugendlichem Feuer und vor allem erotischer Neugier ausgestattet, sodass sie dieses Experiment wagen. Allerdings mit der nötigen Detailplanung, die Notfallnummer wird neben das Telefon gelegt. Bei der Verwandtschaft haben sie sich ins freie Wochenende abgemeldet. Jetzt ist es so weit. Die sorgfältig gewählte Musik, vorsichtshalber auf Endlosschleife eingestellt, kitzelt schon ein wenig die Sinne und in feierlichem Akt wird das Löschpapiersternchen, welches mit LSD angereichert ist, geteilt, auf spitzen Zungen balanciert und geschluckt. Nun gilt es die Zeit zu überbrücken, bis die Wirkung einsetzt. Ein wenig Nervosität und etwas Furcht machen sich breit. Draußen dämmert es, Zwielicht verstärkt die spannungsvolle Stimmung, sie lesen sich gegenseitig erotische Geschichten vor, sozusagen zur Einstimmung. Es ist an alles gedacht. Die Zeit verstreicht. Schon räkelt sie sich auf den Kissen und liebäugelt mit den Leckereien auf dem Silbertablett, die doch erst für später gedacht sind. Er raucht bereits die dritte Zigarette in Folge und blickt kurz irritiert an sich herab, da gibt es noch kein Naturschauspiel. So denkt er sich seinen Teil, nämlich, dass alles im Kopf anfängt, und räumt dort den eventuell erscheinenden Bildern großzügig Raum ein. Sie blickt an ihrem Bein hinab, bis an die sorgfältig lackierten Zehen, spielt ein wenig laszDas alte „Und ewig lockt das Weib"-Spiel, schnurrt und rollt sich schon einmal durch die Positionen. Und die Zeit verstreicht unaufhörlich. Inzwischen ist es draußen dunkel, der Ofen bollert und – nichts geschieht! Ungläubigkeit und Verblüffung, Erleichterung und Enttäuschung erfüllen das Liebespaar. Sollte der Trip vielleicht schon vorbei sein oder waren sie einfach betrogen worden? Hatten sie etwas falsch gemacht?

Besonderen Charme versprüht diese Geschichte, da beide Akteure Sachtypen sind und meinen, sie würden von ekstatischer Leidenschaft übermannt, ohne wirklich aktiv werden zu müssen.

Nun haben Sie die „Untertypen-Welt" ausführlich kennengelernt und erfahren, wie sich die typbedingten Unterschiede im Beziehungsalltag auswirken können. Manchmal sind diese Auswirkungen recht amüsant. Was aber, wenn innerhalb der Beziehung einmal richtig die Fetzen fliegen? Blättern Sie weiter und lesen Sie die Tipps für den Ernstfall!

Kapitel 10: Was tun, wenn es im Beziehungsdschungel kracht?

Werner Winkler

Ein Paartypuskop erstellen – wie geht das?

Unter einem Typuskop versteht man das Ergebnis einer psychographischen Typanalyse hinsichtlich Grund- und Untertyp. Zur Verdeutlichung folgt das Kurztypuskop des Autors (Beziehungstyp, wir-bezogen, zukunftsorientiert, Denker), abgeleitet aus den Bereichen der psychographischen Landkarte (siehe Seite 40):

Bevorzugungen	Ressourcen	Ergebnis/Kontrolleur*
Beziehung	Zeit	Tätigkeit
Wir-Bezug	Du-Bezug	Ich-Bezug
Zukunft	Gegenwart	Vergangenheit
Denken	Machen	Fühlen/Wahrnehmen

*** Mit „Ergebnis/Kontrolleur" bezeichnet das Typuskop den auf die Ressourcen folgenden Bereich gemäß der Landkarte. Dieser Bereich zeigt an, ob die Nutzung der Ressource erfolgt oder nicht. Beispiel: Als Denker kann ich an meiner Wahrnehmung oder meinem Gefühl zu einer Sache erkennen, wie es mit dem „Machen" aussieht: Mache ich etwas Sinnvolles, sind gute Gefühle und eine klare Wahrnehmung die Folge. Mache ich jedoch nichts (und denke nur) oder mache etwas entgegen meine innere Zustimmung, sind rasch negative Gefühle bis hin zu einer verzerrten Wahrnehmung das Ergebnis.**

Stehen nun von beiden Partnern die Typuskope zur Verfügung, kann daraus das Paartypuskop kombiniert werden, wie im nächsten Beispiel zu sehen ist:

Bevorzugungen Partner A	Bevorzugungen Partner B	Gemeinsame schwache Bereiche/ Ressourcen
(Handlungstyp)	(Sachtyp)	
Tätigkeit	Zeit	Beziehungsbereich
Ich-Bezug	Ich-Bezug	Wir-Bezug
Vergangenheit	Vergangenheit	Zukunft
Macher	Fühler	Denken/Verarbeiten

In diesem Paartypuskop werden die jeweiligen Bevorzugungen nebeneinandergestellt und die gemeinsame Ressource wird in jedem der vier Bereiche sichtbar. Entweder gibt es einen Bereich, in dem beide ihre Schwächen haben, oder wenn die

Partner identische Bereiche bevorzugen, ist der Bereich entscheidend, der in der Landkarte unmittelbar als Ressource folgt. Für viele Paare ist allein schon das Wissen um Unterschiede und Gemeinsamkeiten hinsichtlich der typischen Bevorzugungen etwas, auf das sie nicht mehr verzichten möchten oder von dem sie gerne früher gewusst hätten. Sinnvoll ist natürlich, sich hier fachlich etwas unter die Arme greifen zu lassen – eine Typanalyse kostet nicht allzu viel und ist zum Beispiel ein schönes Geschenk zum Hochzeits- oder Jahrestag. Durch eine professionelle Typanalyse und die Erstellung des Paartypuskops von speziell ausgebildeten Psychographen wird erfahrungsgemäß manches Gezeter im Beziehungsdschungel reduziert oder sogar vermieden, da viele Streitigkeiten gerade aus diesen Typunterschieden resultieren und so erkannt und verstanden werden können.

Gemeinsame typspezifische Ressourcen entdecken und nutzen

Mithilfe eines Paartypuskops erkennt man also die Paarressourcen beziehungsweise -schwächen. Doch ist es mit der Kenntnis der reinen Theorie natürlich nicht getan, notwendig sind praktische Erfahrungen, wie dieses theoretische Wissen zu deuten ist und welche Konsequenzen man daraus zieht. Da dies bei 81 mal 81 möglichen Paarkombinationen nicht so systematisch wie sonst an vielen Stellen in diesem Buch geschehen kann, folgen hier vier Beispiele zur exemplarischen Anschauung und/oder Nachahmung.

Beispiel 1: Zwei Denker schleppen ein Problem mit sich herum

Die gemeinsame Ressource zweier Denker ist das Machen, womit alle expressiven Lebensäußerungen gemeint sind, also etwa das Reden, Schreiben oder Berühren. Wenn in der Beziehung etwas nicht stimmt, äußert sich das zwischen zwei Denkern nicht unbedingt durch lauten Streit, wie etwa bei Machern, sondern im Extremfall durch absolute Stille. Der Ärger macht sich jeweils nur im Kopf der beiden Partner bemerkbar und ist für den anderen vorerst nicht offensichtlich. Konflikte, die im Stillen schwelen, bekommen einer Beziehung aber nicht besonders gut. Falls es schwerfallen sollte, Gedanken in Worte zu fassen, hilft vielleicht eine Metapher, ein Bild oder schlicht eine Zeichnung dabei, sich dem Partner verständlich zu machen.

Beispiel 2: Zwei Handlungstypen im Streit

Fast bin ich versucht, diesem Paar zu seinen Auseinandersetzungen zu gratulieren, sind sie doch ein Indiz für die geführte Beziehung – und Beziehungen stellen die Ressource der Handlungstypen dar. Doch zum Bereich „Beziehung" gehört auch, Gemeinsamkeiten zu haben, sich in Relation zum anderen zu betrachten, Zusammenhänge herzustellen, Positives zu erleben, die eigene kindliche Seite zu erfahren oder einfach Ja zueinander zu sagen. Hilfreich ist also, Auseinandersetzungen eher spielerisch, mit Leichtigkeit und Witz zu gestalten und so produktiv zu machen, anstatt sich kämpferisch zu geben und mit aller verfügbaren Kraft den eigenen Standpunkt zu verteidigen. „Lernen von den Beziehungstypen" heißt also der Generalschlüssel für dieses Paar, was zum Beispiel bedeuten kann, sich einmal gedanklich zurück in den Sandkasten zu versetzen und die Perspektive zu verändern: „Wie würden sich zwei Kinder streiten, wenn sie im übertragenen Sinne unsere Probleme hätten?"

Beispiel 3: Vergangenheits- und Zukunftsorientierter in Schwierigkeiten

Für dieses Paar ist die direkte Ressource des Zukunftsorientierten, die Gegenwart, gleichzeitig die gemeinsame – hier hat niemand einen Vorsprung, das Feld ist „unbelegt“ und kann von beiden gleichermaßen beackert werden. Für den vergangenheitsorientierten Partner ist es dabei nützlich, die eigene Ressource, die Zukunft, mit ins Spiel zu bringen und aus möglichen Zukunftsperspektiven eine Idee für die Gegenwart zu entwickeln. Im Streitfall kann ein Lösungsansatz darin bestehen, sich auf den Augenblick zu beschränken – weder sich an vergangene ähnliche Szenen zu erinnern noch den momentanen Zustand gleich hinsichtlich der künftigen Auswirkungen zu beurteilen. Oder man kann die Sache für den Augenblick auf sich beruhen lassen und darauf vertrauen, dass sie sich im Lauf der Zeit von allein regelt. Entscheidend ist, wie im nächsten Abschnitt beschrieben, die eigenen positiven Erfahrungen (die Ausnahmen) immer wieder neu ins Spiel zu bringen und weniger nach irgendwelchen Patentrezepten von außen zu suchen. Denn jede der denkbaren Paarkombinationen hat auch ihre ganz speziellen Tricks und Kniffe, um angespannte Situationen oder schlimme Streits wieder zu regulieren – die Frage ist jedoch, ob wir diese wahrnehmen und uns im Bedarfsfall auch daran erinnern.

Beispiel 4: Du- und Ich-Bezogener raufen sich zusammen

Diesen beiden fehlt aus psychographischer Sicht das Wir, dieser Bereich stellt ihre gemeinsame Schwäche dar. Positiv ausgedrückt: Hier hat keiner einen Vorsprung, beide müssen sich darum bemühen – wobei bereits gute Erfahrungen in Sachen „Wir“ vorhanden sein müssen, sonst wären beide wohl kaum (noch) ein Paar! Also machen sie sich gemeinsam auf die Suche nach Erfahrungen und Erlebnissen, in denen das Gemeinsame zum Vorschein kam – nicht nur innerhalb der

Beziehung, sondern zum Beispiel auch im Freundeskreis oder den Herkunftsfamilien. Der Tipp eines psychographischen Paarberaters lautet hier, dem Du-Bezogenen häufiger die Führung zu überlassen, um dessen Ressource „Ich" nicht zu schwächen. Die Folgen sind besonders für den Ich-Bezogenen spürbar: Er erlebt zahlreiche angenehme Wir-Situationen, die zwar von ihm fordern, sich etwas zurückzunehmen, jedoch mithilfe der offensiven Unterstützung und Ermutigung des Partners ebenfalls genossen werden können.

Probleme klar formulieren, Ziele aktiv angehen und den eigenen Kompetenzen trauen

Jeder der drei Grundtypen hat ein ganz bestimmtes Problemlösungsmuster, das sich immer wieder beobachten und nutzen lässt:

Beziehungstypen …

… leiden an einer Situation, an Verwicklungen, Zusammenhängen oder einer Beziehungsgeschichte an sich. Dabei ist ihnen in der Regel die Lösbarkeit ihres Problems erst gar nicht bewusst und sie quälen sich einige Zeit damit, die Lösung zu finden. Der Beziehungstyp ist häufig zu sehr in seine Emotionen verstrickt, um überhaupt zu merken, was ihm fehlt oder was helfen könnte. Je schneller also auf das Problem selbst und mögliche Lösungswege eingegangen wird, desto rascher findet der Beziehungstyp auch wieder aus seiner Krise heraus.

Sachtypen …

… sind da ganz anders. Sie haben ein Problem meist klar vor Augen oder im Kopf und leiden genau daran. Dem Sachtyp hilft, sich ein Ziel vorzunehmen, sich klar zu werden, woran er den Lösungsweg erkennt, ihm zu folgen und dann tatkräftig etwas dafür zu tun, dass er das vorgenommene Ziel auch erreicht. Der Erfolg lässt so meist nicht lange auf sich warten.

Handlungstypen …

… geraten meist erst dadurch in Schwierigkeiten, dass sie ein Ziel mit all der ihnen zur Verfügung stehenden Energie verfolgen. Vielleicht ist dieses Ziel außerhalb ihrer Möglichkeiten und so leiden sie umso mehr, je näher sie dem Ziel selbst zu kommen versuchen – etwa wenn ihnen ihr Körper einen Strich durch die Rechnung macht und sie blockiert. Bei Handlungstypen ist besonders häufig zu beobachten, dass sie den Kraftaufwand gerade bei dem, was nicht funktioniert, erhöhen, es aber versäumen, einmal andere, Erfolg versprechendere Wege zu gehen. So verausgaben sie sich immer wieder, ohne zum Ziel zu gelangen. Es hilft, zunächst das Ziel positiv umzubenennen, es in kleine Schritte zu zerlegen und so anzugehen, dass weder der eigene Körper noch Beziehungen darunter leiden. Und es ist ein entscheidender Schritt, sich der eigenen Kompetenzen, Erfahrungen oder Netzwerke bewusst zu werden und mit Spaß, und nicht verbissen, an die Sache heranzugehen. Auch Problemlösungen, die in der Vergangenheit bereits erprobt wurden, können hilfreich sein, doch Handlungstypen übersehen Positives und bereits Gelungenes im Gegensatz zu Negativem oft.

Ein Problemlösungswerkzeug, das für alle drei Typen gleichermaßen nützlich sein kann, ist die Verwendung von Skalen. Hierzu stellt man sich eine Skala von 1 (minimal) bis 10 (maximal) vor und benennt beide Enden, zum Beispiel die 1 mit „Ich möchte mich am liebsten heute noch scheiden lassen" und die 10 mit „Mit diesem Partner möchte ich gerne den Rest meines Lebens verbringen", wobei natürlich spezielle Formulierungen je nach Problem möglich sind.

Auf dieser Skala wird nun der aktuelle Wert (zum Beispiel 5) markiert, wobei selbstverständlich beide Partner unterschiedliche Werte haben können. Der Trick dabei ist, dass aus Worten und Sätzen eine Ziffer gemacht wird und diese in vielen Fällen mehr aussagt, obwohl sie viel kürzer ist. Der für uns sehr vertraute Zahlenraum 1 bis 10 und die darin herrschenden Relationen können Dinge so leichter auf den Punkt bringen und vieles verdeutlichen, was sonst nur durch umfangreiche Sätze und genaues Nachfragen auszudrücken wäre. Hat man einmal den aktuellen Stand auf der Skala festgelegt, können nun zum Beispiel ein Ziel („Wieder mal auf sieben sein") oder die letzte positive Ausnahme („Neulich, nach dem Urlaub, war ich auf der Neun") anvisiert werden. Wichtig ist nun, dass die eigenen Möglichkeiten, den Skalenwert zu ändern, wahrgenommen und genutzt werden. Dabei kann auch die Gegenfrage, also „Was müssten wir denn tun, um möglichst schnell auf acht zu kommen?", hilfreich sein, da sie hilft, festzustellen, was möglichst vermieden werden sollte. Es soll auch Paare geben, bei denen jeder die Zufriedenheit mit der gemeinsamen Beziehung (nicht mit dem Partner!) auf einer Skala markiert, die auch für den Partner einsehbar ist. Dann ist es ein Leichtes, etwa zu fragen, was man denn unternehmen könnte, damit die Zufriedenheit des Partners wieder um einen oder wenigstens einen halben Punkt auf der Skala steigt. Häufig ist es gar nicht so schwierig, das zu erreichen, man muss vielleicht nur etwas wiederholen, das schon früher eine positive Wirkung hatte.

Mehr Lösungsideen finden sich bei Interesse im Buch *Probleme schnell und einfach lösen – 99 Lösungswerkzeuge* (siehe Literaturverzeichnis).

Nicht immer die gleichen Fehler machen, sondern mehr von dem, was gut war – das gilt auch bei der Partnersuche

Sich während der Partnersuche im Beziehungsdschungel zu verlaufen ist normal. Da wir üblicherweise weder von unseren Eltern noch in der Schule lernen, wie man den passenden Partner sucht, erkennt und sich ihm zeigt, schult uns nur die eigene Erfahrung. Auch kein noch so gutes Buch kann es uns abnehmen, diese Erfahrungen zu machen – zum Glück, denn schon während der Suche lernen wir eine Menge über andere Menschen und über uns selbst.

Selten ist der erste Mensch, in den wir uns verlieben, auch derjenige, mit dem wir unser Leben verbringen. Also bleibt es nicht aus, dass die in der ersten Beziehung erlebten Eindrücke in die nächste mitgenommen werden. Vielleicht haben wir Glück im Unglück und der zweite Beziehungspartner gehört zum gleichen Typ wie der erste? Das kann zumindest manches erleichtern, aber auch erschweren, da nicht nur die guten, sondern ebenso die negativen Erlebnisse sich wiederholen und sich möglicherweise noch verstärken. Kann die Psychographie bei der Suche nach dem passenden Partner weiterhelfen? Sicher nicht allein, denn neben den Typmerkmalen spielen bei der Partnerwahl auch der bereits erwähnte Vierte Bereich (siehe ab Seite 101) sowie zahlreiche teil- oder unbewusste Aspekte, wie Gene oder Geruch, eine entscheidende Rolle. Und doch, so wage ich aus meiner Beobachtung der letzten zehn Jahre heraus zu behaupten, ist es überaus hilfreich, auch auf den Typ derjenigen zu achten, zu denen wir uns hingezogen fühlen. Vielleicht ist das nicht ganz einfach oder wirkt etwas unromantisch, aber gewisse Vorüberlegungen können uns zumindest helfen, gemachte Vorerfahrungen neu zu ordnen und daraus nützliche Konsequenzen zu ziehen.

Grundsätzlich empfehle ich Leserinnen und Lesern auf Partnersuche:

1. Sortieren Sie Ihre bisher gemachten Beziehungserfahrungen (positive und negative) nach Typen, wenn möglich auch nach Untertypen.
2. Sollten Sie nur sehr wenige Beziehungserfahrung haben, nehmen Sie bitte Erfahrungen aus Ihrem Bekannten- und Freundeskreis hinzu. Versuchen Sie die Menschen Ihrer Umgebung – vor allem die, die Sie mögen – ihrem jeweiligen Typ/Untertyp zuzuordnen.
3. Nun bewerten Sie zum Beispiel mit einer Skala von 1 (weniger gut) bis 10 (sehr gut) Ihre gemachten Beziehungserfahrungen, wie unten dargestellt. Sie können auch eine Gewichtung einführen, um längere oder intensivere Beziehungen stärker zu beachten; multiplizieren Sie die Gewichtungszahl mit dem Skalenwert. Wichtig dabei ist, nicht den anderen Menschen zu bewerten, sondern die entstandene Beziehung. Wenn Sie es genauer mögen, können Sie auch einzelne Bereiche der Beziehung mit den Skalenwerten versehen. Die 10 auf der Skala hieße dann zum Beispiel „Würde ich mir sofort erneut wünschen", die 1 „Bitte nie wieder so eine Beziehung!".

Als Beispiel soll die Beziehungserfahrungsliste von Amelie dienen:

Name/ Typ des Partners	Skalenwert	Gewichtungszahl	Ergebnis
Bernd (Sachtyp)	6	5	30
Claus (Sachtyp)	8	4	32
Daniel (Handlungstyp)	3	3	9
Erwin (Beziehungstyp)	9	2	18
Franz (Handlungstyp)	2	2	4
Georg (Handlungstyp)	4	1	4

Im Ergebnis zeigt sich, dass vermutlich die Beziehungen zu Bernd und Claus wünschenswerte Elemente enthielten. Da beide Sachtypen sind, scheint Amelie eine Vorliebe für diesen Typ zu besitzen, die sie ernst nehmen sollte. Vielleicht fällt ihr dann auch auf, dass die Mehrzahl ihrer Freundinnen und Freunde ebenfalls Sachtypen sind, ihr Vater ein Sachtyp war usw. Natürlich müssen alle Menschen anderen Typs bei der Partnersuche nun nicht grundsätzlich ausgeschlossen werden, aber die Chancen auf eine gute Beziehung scheinen mit einem Sachtyp doch wesentlich höher zu sein als etwa mit einem Handlungstyp. Ähnlich kann man nun bei den Untertypen vorgehen – vielleicht findet sich auch dort eine eindeutige Tendenz?

Mit etwas Übung oder durch Ausprobieren lassen sich bei der Partnersuche die Typen recht gut unterscheiden, vor allem, wenn man „professionell" vorgeht und sich über Partnersuchseiten im Internet nach möglichen Beziehungspartnern umsieht. Schon die dort vorhandenen Texte geben reichlich Material für Typvermutungen, obwohl sie natürlich nicht die einzige Informationsquelle sein sollten. Einige Beispiele hierzu, die von Petra Vogel und Kollegen für die Sammlung auf www.psychographium.de zusammengetragen wurden:

Beispiel für Beziehungstyp-Anzeigen

„M., 49 J., 162 cm groß, Angestellte, verwitwet, jugendliche und attraktive Frau, freundlich, hilfsbereit und bescheiden, mag Musik und gemütliche Fernsehabende. Fehlt dir eine liebe und fürsorgliche Frau, die dich verwöhnt und umsorgt, dann melde dich bitte ..."

„Ich wünsche mir einen Partner mit Sonne im Herzen! M., 70 Jahre, eine Frau mit Herz, Humor und Verstand. Ich bin natürlich, liebevoll, gesund und bescheiden, bin unternehmungslustig, mobil und vielseitig interessiert. Was mir noch fehlt, ist ein Partner, mit dem ich die schönen Seiten des Lebens genießen kann und der sich von mir versorgen und verwöhnen lässt. Wo ist der ehrliche, herzliche Mann, der mit mir nochmal einen Neuanfang wagt? Anruf an: ..."

Beziehungstypen erwähnen relativ häufig den Aspekt der eigenen Attraktivität und heben ihren Sexappeal hervor. Schönheit und Jugend scheinen ein wichtiges Attribut zu sein. Weitere beziehungstypische Hinweise sind die Erwähnung der Weltoffenheit, der vielseitigen Interessen, des unerschütterlichen Glaubens an die Liebe und des Glücks. Diese Anzeigen betonen besonders die Sehnsucht nach Zuneigung, Gefühl, Zärtlichkeit. Die Kontaktaufnahme ist oft relativ unkompliziert über eine Telefonnummer oder über SMS möglich.

Beispiel für Sachtyp-Anzeigen

„Gesucht: ältere Dame, 55-70 J., für verschwiegene Treffs."

„Kennst du das: morgens wach werden und sich auf den Abend zu zweit freuen? Den Duft des anderen schon vor dem Duschen mögen? Uns anrufen und überlegen, ob wir zum Italiener gehen oder ins Konzert? Gestandener Mann (studiert und lebenserfahren), Mitte 40, dunkle Mähne, heller Kopf möchte einen behutsamen Neuanfang wagen."

„Ich, S., 25 J., Kindergärtnerin, bin ein sehr natürliches Mädl, leider kein Discotyp, etwas schüchtern, deshalb schon länger allein. Ich hätte auch gerne einen treuen, lieben Freund, der zu mir hält, es ehrlich meint und der sich auch Zeit für mich nimmt. Hab' Mut und melde dich gleich ..."

Die erste Anzeige ist exemplarisch für Sachtypen, weil sie so sparsam formuliert ist. Sie spiegelt ihre Geheimniskrämerei und Verschwiegenheit wider. Auffällig scheint auch, dass Sachtypen darauf hinweisen, sie suchten zunächst „nur" einen

Freund. Diese Aussage ermöglicht ihnen, erst einmal unverbindlich zu bleiben. Die Hinweise auf lange Einsamkeit und der Wunsch nach Treue scheinen ebenso sachtypisch wie die Aussage, ein „einfacher" Mensch zu sein (sachtypisches Understatement?). Der Sexualität wird besondere Aufmerksamkeit geschenkt. Kontaktaufnahme ist hier über Postfach möglich.

Beispiel für Handlungstyp-Anzeigen

> „Jg. Frau, 46, beruflich engagiert, bodenständig, sucht ehrliche und nette Ergänzung pass. Alters für Freizeitgestaltung, bei Sympathie mehr."

> „Natürlicher, aktiver NR, 47, mit liebem Anhang (8/12), unternehmungslustig und zuverlässig, familienorientiert und ehrlich, sucht für vertrauensvolles, harmonisches und respektvolles Miteinander treue und aufrichtige Ergänzung (40+, gern mit Kind)."

> „Bruce Willis Frisette, 37/190, sportlich, workaholic, leicht verlebt, noch tageslichttauglich. Tagsüber Spießer in Anzug, sonst Chaot in Jeans und Sneakers, sucht junge Frau, attraktiv, groß, schlank, langhaarig, mit Dickschädel und Charakter, damit auch bei mir im Frühling lange Haare im Bad liegen."

Handlungstypen scheint es wichtig zu sein, die körperliche Statur zu beschreiben. Des Weiteren legen sie offensichtlich großen Wert darauf, ihren beruflichen Status zu erwähnen, und weisen gleichzeitig darauf hin, dass sie viel arbeiten und wenig Freizeit haben. Sehr handlungstypisch ist die Bemerkung, dass der „Kandidat" Haus und Garten besitzt und beides gerne pflegt. Sie suchen oft niveauvolle, gepflegte, gut situierte Partner. Der Kontakt erfolgt meistens über Chiffre oder Postfach, also eher unpersönlich und distanziert im Vergleich zu Beziehungstypen.

Was man bereits bei der Partnersuche falsch machen kann – und wie es sich vermeiden lässt

Es folgen ein paar kritische Anmerkungen zu Verhaltensweisen, die aus Sicht des Psychographen häufig bei der Partnersuche hinderlich sind:

Ressourcentyp als Traumtyp, Retter oder Therapeut

Für jeden von uns sind Menschen umso interessanter, reizvoller oder bewundernswerter (und manchmal auch ärgerlicher), je mehr unserer Ressourcen bei ihnen als Bevorzugung vorliegen. Uns wird dadurch sowohl aufgezeigt, was uns fehlt, als auch, was wir öfter anstreben sollten. So erkennt etwa ein Beziehungstyp-Denker im Sachtyp-Macher zwei seiner Ressourcen (siehe psychographische Landkarte auf Seite 40). Bei der Partnersuche kann das auch zur Gefahr werden. Statt nämlich den ganzen Menschen und unsere Reaktion auf ihn wahrzunehmen, reagieren wir (aus psychographischer Sicht) „nur" auf den Unterschied zwischen unserer Vernachlässigung und seiner Bevorzugung, den wir als großen Anreiz verstehen. Dies kann dann zu einer Fehldeutung des Beziehungspotenzials führen, wenn andere, weitaus wichtigere Aspekte dadurch in den Hintergrund treten. Dann mag unser vermeintlicher Traumtyp uns zwar als Vorbild oder gar als Therapeut erscheinen, der uns vor unseren eigenen Schwächen rettet, er muss aber nicht automatisch ein adäquater Partner sein.

Sich anhimmeln lassen

Die andere Seite der Medaille der oben beschriebenen Situation ist, dass man es sehr genießt, von einem potenziellen Partner verehrt oder gar angehimmelt zu werden, weil die eigenen Bevorzugungen des anderen Ressource darstellen. Bei einem mir bekannten Paar, bei dem alle vier Bevorzugungen der Frau den vier Vernachlässigungen des Mannes gegenüberstehen, ist mir seine Aussage über ihre erste Begegnung nachdrücklich in Erinnerung geblieben: „Da steht meine Göttin", hat er zu einem Freund gesagt, als er seine künftige Frau am anderen Ende des Raums stehen sah, ohne sie noch zu kennen. Sie wiederum erinnert sich deutlich, wie gut es ihr ging, so umschwärmt und bewundert zu werden – einfach als die Person, die sie ist. Zum Glück passten bei diesem Paar auch die meisten anderen Faktoren, die für eine gute Beziehung ausschlaggebend sind. Dies ist aber nicht immer der Fall. Die unreflektierte Bewunderung für den anderen kann Teil einer Fehlentscheidung werden.

Den Vierten Bereich über- oder unterschätzen

Jeder von uns kennt sicher ein Paar, das sich bei der Arbeit, während des Urlaubs oder bei einer ehrenamtlichen Tätigkeit kennen lernte und verliebte. Auch gemeinsame Hobbys, Sportarten, politische oder weltanschauliche Überzeugungen schaffen rasch eine Verständigungsbasis und geben Gelegenheit, sich näher kennen zu lernen – alles Dinge, die Psychographen dem so genannten Vierten Bereich zuordnen (siehe ab Seite 101). Gemeinsamkeiten oder Differenzen in diesem Bereich können starken Einfluss auf die Partnerwahl ausüben und lassen Vorerfahrungen (gute oder schlechte), die klar einem psychographischen Typus zugeordnet werden könnten, oft zur Nebensache werden. So hat zum Beispiel ein Handlungstyp seinen Tennispartner geheiratet, aber gleichzeitig ist er (ohne es zu wissen) zum x-ten Mal an einen Beziehungstyp geraten, obwohl er aus psychographischer Sicht die besten Erfahrungen mit Handlungstypen gemacht hat. Mithilfe einer psychographischen Analyse der eigenen Beziehungsbiografie hätte sich vielleicht ein anderer Tennis spielender Handlungstyp gefunden, der langfristig besser passt.

Den Typ des Vaters/der Mutter unbewusst bevorzugen

Viele Menschen scheinen das in ihrer Herkunftsfamilie herrschende Beziehungsmuster unbewusst als normal verinnerlicht zu haben und den Typ ihres Partners dann auch auf dieser Grundlage auszuwählen. War etwa der Vater Handlungstyp und die Mutter Beziehungstyp, ist es nicht weiter verwunderlich, dass alle drei Beziehungstyp-Töchter ebenfalls einen Handlungstyp heiraten. Ebenso kann das gegengeschlechtliche Elternteil (bei heterosexuell veranlagten Menschen) eine unbewusste Präferenz in der Partnerwahl auslösen. Selbst wenn die Beziehung zu dem Elternteil nicht nur gut war, kann sie Einfluss ausüben. Häufig begegnen mir Geschichten wie diese:

Eine Beziehungstyp-Frau wurde von ihrem Handlungstyp-Vater (und der Handlungstyp-Mutter) lange auf Abstand gehalten. Sie bekam also aus ihrer Perspektive nicht die für ein Beziehungstyp-Kind essenzielle liebevolle Zuwendung, obwohl sie perfekt versorgt war und alle Chancen für eine berufliche Karriere geboten bekam. Später, als die Eltern hinsichtlich der Beziehungsfähigkeit deutlich aufholten, blieb trotzdem ein Gefühl des Mangels zurück, das lange Zeit nur über Zuwendung von Handlungstyp-Männern einigermaßen gestillt werden konnte.

Immer auf den gleichen Typ „hereinfallen“

Einige der oben angesprochenen Punkte spielen offenbar gemeinsam eine Rolle, wenn man immer wieder auf den gleichen Typ „hereinfällt“. Ob man sich also immer auf seinen Ressourcentyp stürzt, sich gerne anhimmeln lässt, Elemente aus dem Vierten Bereich falsch einschätzt oder einem alten Muster aus Kindertagen nachhängt, ohne es zu merken – das Bewusstmachen dieser Wiederholungsmuster kann bereits eine Änderung einläuten. Der Problemanalyse sollte man eine Erfolgsanalyse, wie oben beschrieben, zur Seite stellen. So erfährt man viel über die eigene Vorgehensweise bei der Partnersuche und kann diese gegebenenfalls ändern. Ein guter Freund von mir war zum Beispiel jahrelang auf das Muster „Interessante Frau" fixiert. Natürlich fiel ihm das erst im Rückblick auf, als er sich mit den hier beschriebenen Phänomenen auseinandersetzte. Die darauf folgende Erfolgsanalyse, die Suche nach guten Beziehungen in seiner Vergangenheit, führte zurück bis zu seinen ersten Jugendlieben: Hier fand er eine positive Ausnahme, die allerdings unglücklich geendet und fortan als Tabu installiert wurde, dem er sich nicht mehr zu nähern wagte. Dieses wurde nun mit dem Wunsch nach einer interessanten Partnerin kombiniert und als neues Suchmuster vorgegeben.

Sich vor dem eigenen Typ scheuen

Interessanter sind auf den ersten Blick oft Menschen, die nicht zum gleichen Typ gehören wie wir selbst. Laut einer Statistik des Instituts für fachwissenschaftliche Psychographie sind so auch typgemischte Paare deutlich häufiger als typgleiche Paare. Es scheint so zu sein, dass Menschen gleichen Typs durch ihre Ähnlichkeit auf den ersten Blick weniger reizvoll wirken. Die Mehrzahl scheint den Unterschied zwischen Mann und Frau plus den Unterschied zwischen verschiedenen Typen noch attraktiver zu finden. Falls Sie also in Ihrer Beziehungsbiografie wenig oder keine Erfahrungen mit Ihrem eigenen Grundtyp finden, könnte es sich lohnen, einmal in diese Richtung zu sehen, denn die anfänglich vielleicht nicht so stark empfundene Anziehungskraft wird sich – so die Erfahrungen vieler typgleicher Paare – durch langfristig tiefes Verständnis ausgleichen.

Eine Bemerkung zum Schluss dieses Kapitels

Obwohl sich in der psychographischen Literatur der Begriff des Idealpartners findet, spielen so viele Faktoren bei der

Partnersuche zusammen, dass die Psychographie allein nicht der Maßstab sein kann. Jedoch kann die bereits vorhandene Beziehungserfahrung und das in der Ratgeberliteratur vorhandene Wissen sicher wesentlich durch eine typbewusste Vorgehensweise optimiert werden. Dabei kann Ihnen vielleicht ein Berater, Coach oder Seelsorger helfen, die eigenen blinden Flecken zu beleuchten und Ihren Erfolg wahrscheinlicher zu machen.

Unter „Idealpartner“ verstehen Psychographen übrigens zwei Menschen (nicht nur Liebespartner), bei denen zwei der vier Typzugehörigkeiten (ein Grundtyp, drei Untertypen) identisch sind und jeweils eine Ressource und eine Vernachlässigung beim Gegenüber auftauchen.

Beispiel:

Partner A		**Partner B**
Beziehungstyp	=	Beziehungstyp
wir-bezogen	=	wir-bezogen
zukunftsorientiert	←	vergangenheitsorientiert
Denker	→	Macher

Kapitel 11: Trennen leichter gemacht

Werner Winkler

Typgerechte Tipps für den letzten Versuch

Je länger eine Beziehung schon besteht, je tiefer die Zuneigung für den Partner einmal war und je vielfältiger die praktischen Verbindungen im Alltag der Partner sind, desto stärker ist der Wunsch, auch bei sehr weit fortgeschrittenen Trennungstendenzen noch einmal einen letzten Versuch zu unternehmen. Die Psychographie kann hier in zwei Richtungen nützlich sein: Sie kann den Partnern sowohl die Grenzen als auch die Spielräume für Verhaltensänderungen (nicht für Typänderungen!) klarermachen und so zusätzliche Informationen und Voraussagen über den Partner bereitstellen. Andererseits kann sie die Eigenheiten beider Partner klarer zeichnen helfen, indem sie Typisches von Individuellem trennt, bisher vernachlässigte Verhaltensoptionen und mögliche Reaktionen auf den Partner ins Spiel bringen (siehe Kapitel 7) und so vielleicht den berühmten Unterschied hervorrufen, der letztlich einen Unterschied macht.

Nicht auszuschließen ist jedoch, dass gerade durch die Kenntnis der Typunterschiede (und vor allem deren grundlegender Bedeutung für die gesamte Persönlichkeit eines Menschen) die Entscheidung gegen das weitere Zusammenleben mit einem Partner rascher, deutlicher und fundierter fällt als ohne sie.

Wenn Sie sich (möglichst gemeinsam) an den letzten Versuch wagen, wäre vielleicht eine Umdeutung dieses Versuchs in den „vorletzten Versuch" sinnvoll – denn es ist nicht ausgeschlossen, dass Sie währenddessen auf etwas stoßen, das Sie dann beim wirklich letzten Versuch noch einbringen können (zum Beispiel die Aufgabe eines bis dahin für unabänderlich gehaltenen Grundsatzes oder die Entdeckung völlig neuer Seiten an sich selbst beziehungsweise an Ihrem Partner). Auch könnte die Benennung als „vorletzter Versuch" helfen, zusätzlichen Stress und Verkrampfungen zu vermeiden. Ebenso ist es sinnvoll, frühzeitig in dieser Phase eine dritte Person (Berater, Therapeut oder Mediator) einzubeziehen, um nicht unnötig im eigenen Saft zu schmoren, sondern sich für neue Ansätze zu öffnen. Idealerweise suchen Sie sich natürlich jemanden, der sich mit den Typunterschieden auskennt und lösungsorientiert arbeitet. Zu einem solchen Schritt könnte, unabhängig vom Willen, das Leben gemeinsam als Paar zu meistern, der gegenseitige Respekt motivieren, der im Laufe der gemeinsamen Zeit hoffentlich gewachsen ist.

Dass Trennungen erlaubt, notwendig und sinnvoll sein können, braucht wohl nicht ausdrücklich hervorgehoben zu werden. Ziel der Auflösung einer Paarbeziehung kann ja durchaus der Erhalt einer möglichst positiven zwischenmenschlichen und vielleicht sogar einer liebevollen Beziehung sein (etwa wenn man weiterhin durch gemeinsame Elternschaft oder geschäftliche Zusammenarbeit verbunden ist). Eine Paarbeziehung baut in der Regel nicht nur auf emotionalen, sondern auch auf praktischen oder geistigen Faktoren auf. Ändern sich nun zum Beispiel durch äußere Umstände praktische Dinge, muss deshalb nicht gleich die emotionale oder geistige Verbindung auf der Strecke bleiben. Gerade dass eine Trennung als normale, wenn auch letzte Option in Betracht gezogen wird, kann in Zeiten der Trennungsgefahr entspannend wirken – aber eben nur, wenn äußere Veränderungen nicht mit einer unnötigen Schädigung der emotionalen oder geistigen Verbindung einhergehen. Geschieht dies, ist es wohl ein Zeichen, dass die eigentliche Trennung bereits überfällig war und für eine Rettung der Paarbeziehung so gut wie keine Chance mehr bestand. Manchmal werden jedoch solche Auflösungserscheinungen einer Beziehung übergangen und es kommt zu unangenehmen und möglicherweise für die Gesundheit der Partner schädlichen Arrangements, wie häufig zu beobachten ist. Mir scheint, dass in solchen Fällen der Unterschied zwischen einer Beziehung und einer Liebes- oder Paarbeziehung nicht erkannt wird und dass die Beteiligten davon ausgehen, dass das eine stets das andere bedingen müsse.

Die folgenden Tipps sind selbstverständlich nicht als vollständig zu betrachten. Sie können jedoch neben den für alle Typen geltenden Kommunikationsregeln (sich um Verstehen und Verständnis bemühen, Bedeutung von Worten klären, nicht unter der Gürtellinie argumentieren etc.) und den vom Paar selbst erkannten Chancen, noch die eine oder andere Option liefern, welche ohne Kenntnis der Typunterschiede vielleicht übersehen worden wäre.

Beziehungstyp und Beziehungstyp

In einer Beziehung aus zwei gleichen Typen sind die typspezifischen Schwächen doppelt vorhanden. Gerade in Krisenzeiten kann das gegenüber einem typverschiedenen Paar von Nachteil sein, dieser wird jedoch durch den Vorteil gleicher Ressourcen und ähnlicher Lösungswege ausgeglichen: Bewegt sich ein Partner in Richtung Lösung, kann der andere normalerweise problemlos folgen, da ihm dieser Weg bereits bekannt ist. Aus den typischen Eigenschaften und Verhaltensweisen von Beziehungstypen lassen sich für diese Paarkombination folgende Tipps für den vorletzten Versuch ableiten:

- Dramatisieren Sie die möglicherweise als ohnehin sehr dramatisch erlebte Situation nicht zusätzlich, sondern versuchen Sie gemeinsam den Kern des Problems auszumachen und dann für dieses (häufig kleine) Problem nach (bereits erprobten) Lösungsansätzen zu suchen.
- Es kann sinnvoll und wichtig sein, sich etwas Zeit zu nehmen. Häufig kann es schon einen Unterschied bedeuten, noch einmal darüber zu schlafen – manchmal benötigen zwei Beziehungstypen jedoch eine längere Pause, in der keine Entscheidungen gefällt werden (müssen), um später eine sachlich fundierte Entscheidung treffen zu können.
- Betonen Sie nicht die emotionale Seite einer Situation über, sondern nehmen Sie auch die praktische, sachliche und geistig-spirituelle Seite wahr. Da der Beziehungstyp häufig mit kindlich-emotionalen Verhaltensmustern reagiert und zur Flucht vor Problemen neigt, kann bereits eine kleine unbedachte emotional aufgeladene Äußerung eine ganze Kettenreaktion auslösen, die kaum mehr zu stoppen ist.
- Sie sollten beide darauf achten, sich in besonderem Maße ernst zu nehmen, sich auf den anderen zu konzentrieren, sich für ihn zu interessieren, ihm die noch vorhandene Liebe und Zuneigung zu signalisieren und dabei die eigenen Bedürfnisse nach Beziehung und den Wunsch nach Unterstützung durch den Partner nicht zu unterdrücken.
- Machen Sie sich Ihre bekannten beziehungstypischen Schwächen bewusst, schenken Sie ihnen Beachtung und bringen Sie diese nach Möglichkeit ins Spiel. Es geht darum, das, was einem wirklich wichtig ist, zu verteidigen, ohne in einen (oft faulen) Burgfrieden einzuwilligen oder sich im Kampf gegenseitig zu zerfleischen.

- Es sollte für Sie beide die Möglichkeit bestehen, für eine Zeit lang Vielleicht zu sagen und nicht sofort eine Entscheidung zwischen Ja und Nein treffen zu müssen.
- Machen Sie sich die existenziellen, sachlichen und spirituellen Seiten Ihrer Partnerschaft bewusst und rücken Sie nicht nur praktische oder emotionale Dinge in den Vordergrund.
- Geben Sie der Erotik eine Chance, lassen Sie Nähe trotz vielleicht fehlender Harmonie zu, um so dem Unbewussten, seinen Regulierungstendenzen und (An-)Trieben mehr Raum zuzugestehen.

Sachtyp und Sachtyp

Was im vorhergehenden Abschnitt über Partner gleichen Typs gesagt wurde, gilt selbstverständlich auch hier. Für zwei Sachtypen ergeben sich jedoch völlig andere Ansätze und Möglichkeiten, wenn es um die Rettung einer Partnerschaft geht, als für zwei Beziehungs- oder Handlungstypen. Der gravierendste Unterschied zwischen reinen Sachtyp-Paaren und anderen scheint mir darin zu liegen, dass hier beide Partner über enorme Fähigkeiten verfügen, Leid, Entbehrung und Probleme in stoischer, inaktiver Haltung auszusitzen. Dies kann sich in einer reinen Sachtyp-Partnerschaft durchaus von einer Stärke in ein ernsthaftes Problem verkehren, und zwar dann, wenn keiner der Partner bereit ist, trotz offensichtlichen Beziehungsendes das Nein auszusprechen und die Angelegenheit zu beenden. Solche Beziehungen sind dann wie langsam austrocknende und sich konservierende Mumien, bei denen keinerlei Chance mehr besteht, ihnen jemals wieder Leben einzuhauchen. Zusätzlich laufen beide Beteiligten Gefahr, ihren Zustand als normal zu verinnerlichen, wenn keine andere oder nur sehr wenig Beziehungserfahrung vorliegt, wie bei Sachtypen häufig zu erwarten ist. Die wohl einzige realistische Hoffnung für ein solches Paar (beziehungsweise für die beiden Individuen, die sich aus solch einer abgestorbenen Verbindung nicht lösen können) ist, dass durch Glück oder

Zufall eine Alternative auftaucht und einer von ihnen den Partner wechselt, was letztlich beide befreit.

Ist jedoch noch ein Fünkchen Leben und Gestaltungswille (zumindest in einem von beiden Partnern) vorhanden, ergibt sich auch für Sachtypen eine Reihe von Ansätzen, die eine verfahrene Situation klären können.

Die Partner können in einem Gespräch oder einem Briefwechsel das Problem ansprechen, ohne es weiter zu analysieren oder zu verstehen. Stattdessen sollten beide darüber Auskunft geben, welches denn ihr jeweiliges Ziel für diese Beziehung darstellt und wie sie die Chancen einschätzen, es auch zu erreichen. Idealerweise ergibt sich in solch einem Klärungsprozess ein gemeinsames Ziel (das durchaus die faire Trennung oder die Änderung des Charakters einer Beziehung sein kann). Dann kann man sich gemeinsam auf praktische Schritte einigen, um dieses Ziel zu erreichen. Vielleicht wird auch klar, an welcher Stelle man in Richtung dieses Ziels vom Weg abgekommen ist und ob ein erneuter Einstieg an dieser Stelle möglich ist.

Da bei Sachtypen in der Regel der Beziehungseinstieg auf der geistig-erotischen Ebene stattfindet, könnte ein Ansatzpunkt sein, sich über die noch vorhandenen Gemeinsamkeiten in diesem Bereich ausreichend zu motivieren, um in den gemeinsamen Ressourcenbereich der Beziehung, nämlich den praktischen/körperlichen, zu wechseln. Häufig fällt es Sachtypen zum Beispiel schwer, ihre körperlichen oder existenziellen Bedürfnisse (Heirat, Hausbau, Kinderwunsch) zu äußern, weil sie Angst vor Zurückweisung haben. Paradoxerweise kann es durch solche Verhaltensmuster zu einem sonderbaren Phänomen kommen, das ich gerne „Selbstmord aus Angst vor dem Tod“ nenne: Keiner will sich eindeutig äußern und signalisiert so unabsichtlich dem Partner, er sei womöglich doch nicht der Passende für ein gemeinsames Leben, was wiederum den anderen in seiner Skepsis und Zurückhaltung bestärkt ...

Ein paar praktische Tipps, die aus der Beratungspraxis stammen und von denen ich weiß, dass sie Sachtypen helfen, heikle Gespräche anzustoßen oder erfolgreich zu führen:

- Gehen Sie gemeinsam auf eine (Berg-)Wanderung und buchen Sie ein schönes Hotel für die Nacht, möglichst mit einer Sauna und einer guten Küche.
- Gehen Sie in Ihr Lieblingsrestaurant und kündigen Sie vorher an, dass Sie etwas von größerer Wichtigkeit besprechen möchten, das Ihnen schwerfällt.
- Beginnen Sie ein solch schwieriges Thema schriftlich (Brief, E-Mail, Notizzettel) und wechseln Sie erst dann zum persönlichen Gespräch, wenn Sie sich einig sind, dass hier Handlungsbedarf besteht.
- Sprechen Sie Ihre Unzufriedenheit über die Beziehung deutlich aus und teilen Sie gleichzeitig Ihrem Partner mit, welches Ziel Sie anstreben und was Sie bereit sind aktiv einzubringen, damit dieses Ziel auch erreicht wird.
- Erlauben Sie sich, sich nach Partneralternativen (natürlich diskret) umzusehen, ohne Ihre eigene Partnerschaft sofort in Zweifel zu ziehen. Vielleicht fällt Ihnen dabei auf, dass Ihr bisheriger Partner doch der bestmögliche ist und es sich lohnt, seine Schwächen nicht überzubewerten. Falls Sie an Ihrem Partner Anzeichen bemerken sollten, dass er sich seinerseits nach Alternativen umsieht, bewerten Sie dieses Verhalten nicht zu hoch (es ist wohl ziemlich normal bei Sachtypen, Alternativen ins Auge zu fassen), sondern zeigen Sie vermehrt und deutlich Ihre attraktiven Seiten. Sachtyp-Sachtyp-Beziehungen erfahren häufig solche Phasen des Zweifels, bevor sie letztlich lebenslange Sicherheit erlangen.

Handlungstyp und Handlungstyp

Eine der größten Stärken der psychographischen Sichtweise könnte ihre „Unschärfe" darstellen: Je näher man einem Phänomen kommt, desto verschwommener und weniger eindeutig scheint es zu werden. Atomphysikern sind solche Erscheinungen nicht unbekannt, sodass ihr Auftreten fast schon als Indiz dafür gilt, einer „wahren“ Sache auf der Spur zu sein. In diesem Sinne könnte es also durchaus sein, dass Sie als Handlungstyp-Paar nicht nur in diesem Abschnitt einen Schlüssel zur Lösung Ihrer Probleme finden, sondern auch weiter oben oder weiter unten. Zur Erinnerung: Ein bestimmter Typus zu sein bedeutet ja nicht, nur Eigenarten eines einzigen Typs zu zeigen – vielmehr heißt „Typus“, dass wir eine Seite unseres gesamten Wesens, zum Beispiel unsere Gorilla-Seite, am häufigsten ins Spiel bringen und eine andere viel zu selten. Da aber besonders in Beziehungen regelmäßig der Raum entsteht, unsere andere Seite zu zeigen, wundert es auch nicht, dass sich Paare gerade an dieser eher unbekannten Seite des anderen stoßen, wenn sie davon überrascht und überfordert werden. Ein Beispiel: Zwei Handlungstypen haben sich bei der Arbeit kennen gelernt, rasch gemerkt, dass es passt, und sich entschlossen, das Projekt „Familiengründung“ inklusive Hausbau in Angriff zu nehmen. Als alles bestens eingerichtet und die beiden Kinder auf der Welt waren, entdeckten beide – zunächst die Frau und später auch der Mann –, dass sie ihre musisch-künstlerischen und lustigen Seiten viel zu selten auslebten, und taten dies daraufhin, zum gegenseitigen Erstaunen, ziemlich exzessiv. Verwundert über diese „Verwandlung“ unterstellten sie sich zunächst gegenseitig eine Affäre, mussten aber nach einem heftigen Wortwechsel das ernste Gespräch wegen ebenso heftigen Gelächters unterbrechen und sich eine mittelschwere Kissenschlacht liefern – was die Heiterkeit noch verstärkte, da eben so ihre Bekanntschaft während eines Betriebsfestes begonnen hatte: mit einem handfesten Streit und einer Wasserschlacht am Pool des Hotels. Im Unterschied zu damals waren sie jetzt aber beide nüchtern! Sie hatten einfach zulassen können – und das ist sehr wichtig für Handlungstypen in einer Partnerschaft –, sich auch einmal ohne ihren üblichen Panzer aus „richtigem“ Verhalten, Regeln und

Verbindlichkeiten zu zeigen. Und dass sich hinter den Heimlichkeiten keine Affären verbargen, sondern ein Bildhauerkurs bei ihr und regelmäßige Yogastunden bei ihm, erstaunte dann auch nicht mehr sonderlich.

Bei den letzten oder vorletzten Versuchen zweier Handlungstypen, ihre Partnerschaft zu retten, dürfte es also zunächst darauf ankommen, zu überprüfen, was überhaupt an Beziehung vorhanden ist: Was machte bisher Spaß? Wo zeigte einer dem anderen seine schwächeren Seiten und sein Herz? Wo war er oder sie verletzlich, ließ sich auf Kaspereien und Leichtigkeit ein, genoss die schönen Dinge des Lebens – und zwar mit dem Partner? Genau hier lässt sich nun nach dem Motto „Mehr von dem, was schon funktioniert hat" ansetzen; denn Handlungstypen sind, was Auseinandersetzungen anbetrifft, sicher die am besten erprobten Partner. Meist kennen sie auch die Kniffe und Tricks gut, wie sie Harmonie zurückgewinnen und wieder Frieden schließen. Trotzdem können Sie als Handlungstyp-Paar einmal mit Ihrem Latein am Ende sein. Die folgenden Tipps können Ihnen dann helfen – und falls diese Sie nicht entscheidend weiterbringen: Nichts wie los und professionelle Unterstützung einholen, solange Ihnen Ihre Beziehung noch etwas wert ist! Beim Gespräch vor dem Richter oder Rechtsanwalt zu merken, dass man den Streitpartner doch weiterhin gern als Liebespartner hätte, könnte zu spät sein, denn Handlungstypen neigen leider dazu, etwas einmal Begonnenes auch gnadenlos durchzuziehen und sich selbst zu blockieren, wenn es um Zugeständnisse geht. Das könnte helfen:

- Unterbrechen Sie Ihre Arbeit, wie wichtig sie Ihnen auch scheint, und fordern Sie Ihren Partner auf, dasselbe zu tun; zur Not sehr eindringlich. Und zwingen Sie Ihre bessere Hälfte dazu, sich gemeinsam um Ihre Beziehung zu kümmern.

- Behandeln Sie Ihre Beziehung probeweise wie etwas „Drittes“, zum Beispiel wie einen Baum, den Sie bei Beginn Ihrer Partnerschaft gepflanzt haben: Wie geht es ihm? Was können Sie für ihn tun, was würde ihm guttun? Sicher würden Sie auch in Ihrem Garten nicht ohne Weiteres zusehen, wie Schädlinge oder Trockenheit einen Ihrer Lieblingsbäume dauerhaft schädigen!
- Werden Sie romantisch, verspielt, kreativ oder fantasievoll und signalisieren Sie Ihrem Partner, wie wichtig Ihnen die Beziehung zu ihm und dem gemeinsam Erreichten ist!
- Lassen Sie Ihre kindliche Seite sprechen, erinnern Sie sich und Ihren Partner an gemeinsam verbrachte Urlaube, Wochenenden oder an die Zeit, als Ihre Kinder/Tiere noch klein waren. Graben Sie alte Kosenamen wieder aus oder machen Sie etwas, das Sie zuletzt in Ihrer anfänglichen Verliebtheitsphase getan haben.
- Versuchen Sie, in eine Ja-Haltung zu gehen, neugierig, offen und locker zu sein. Beziehungen leben genau davon und werden durch solche Haltungen zu neuem Leben erweckt! Fahnden Sie während Ihrer Auseinandersetzung nach Anzeichen noch vorhandener Liebe und Zuneigung, setzen Sie selbst solche Zeichen und erwidern Sie diese großzügig. Überholen Sie Ihren Partner ruhig einmal mit Ihrer Wunschvorstellung und schildern Sie ihm einen „Wundertag“ oder ein „Wunderjahr“ – wenn Ihre Beziehung wieder so gut wäre, wie sie es schon einmal war oder wie Sie es sich wünschen und vorstellen können, dass sie es noch wird!
- Zur Not verwenden Sie folgenden Kommunikationskniff: Nehmen Sie Ihrem Handlungstyp-Partner sein vermutetes Nein dadurch weg, dass Sie selbst es zuerst ins Spiel bringen (und verstecken Sie zuvor dieses Buch). Wenn Sie zum Beispiel sagen: „Vielleicht gäbe es da einen Paarberater, mit dem wir sprechen könnten, aber ich weiß ja, dass du solche Aktionen nicht magst, also lassen wir das lieber“, dann sind die Chancen hoch, dass Ihr Partner erkennt, dass er jetzt gerne

ausnahmsweise einmal Ja sagen möchte. Bleibt er trotzdem bei seiner ablehnenden Haltung, versuchen Sie es nicht noch einmal, sondern sagen Sie eher etwas wie „Zum Glück hast du Nein gesagt, ich hätte nämlich nur sehr ungern vor jemand Fremdem unsere privaten Dinge ausgebreitet – was gedenkst du stattdessen zu tun?“. So finden Sie vielleicht heraus, dass Ihr Partner selbst bereits eine Idee entwickelt hat, was er zu tun bereit ist, und Sie brauchen Ihrerseits nur noch Ja zu sagen und können so einen entscheidenden Schritt tun, um Ihre Beziehung wieder harmonisch zu gestalten.

Beziehungstyp und Sachtyp

Die gemeinsame Ressource dieser Verbindung ist im handlungstypischen Bereich zu finden. Da dieser jedoch zugleich die direkte Ressource des Sachtypen ist, trägt er auch potenziell mehr Verantwortung für die Beziehung als der Beziehungstyp-Partner. Anders gesagt: Je mehr der Sachtyp-Partner seine eigenen Ressourcen nutzt und einbringt, desto eher wird der Beziehungstyp-Partner die seinen mit ins Spiel bringen. Verharrt der Sachtyp jedoch in seinem gewohnten Verhalten, blockiert er damit sowohl die Bewegung des Beziehungstyps in Richtung seiner Ressource als auch eine mögliche Veränderung der Beziehung. Praktisch gesagt können daraus folgende Tipps abgeleitet werden:

- Der Beziehungstyp sollte nicht in dramatisierende, emotional gefärbte oder kindliche Verhaltensweisen verfallen, sich schmollend aus der Beziehung zurückziehen oder seine Beziehungsfühler in einer kritischen Phase gleich in Richtung eines potenziell neuen Partners ausstrecken. Stattdessen sollte er sich auf seine Ressourcen besinnen, die Situation sehr sachlich und ruhig analysieren, nach einem konkret lösbaren Problem Ausschau halten und sich gegebenenfalls Hilfe und Rat holen, wenn er keine Lösung sieht oder nicht fähig ist, diese herbeizuführen.

- In Zeiten der Trennungsgefahr sollte der Beziehungstyp seine Energie und Aktionslust ein wenig herunterfahren und den Sachtyp-Partner nicht mit tausend Ideen, Vorwürfen oder Ratschlägen überrollen. Es sollte ihn stattdessen versuchen zu verstehen und ihm seine Ziele entlocken – vor allem sollte er natürlich neugierig auf seine Sicht der Lage und Lösungskompetenz sein.
- Weil es dem Beziehungstyp meist guttut, sich in kritischen Situationen zurückzuziehen und weniger Kontakte zu pflegen, könnte er auf die Idee kommen, dass dies auch für seinen Sachtyp-Partner das Passende sei. Damit liegt er aber falsch, und wenn er sich in seinen Augen rücksichtsvoll vom Partner distanziert, könnte er dessen Lage in der Regel noch verschlimmern. Der Sachtyp fühlt sich dadurch eher ignoriert, vernachlässigt oder sogar kritisiert – und all diese Eindrücke lösen bei ihm großes Leid aus. Also lautet der Tipp für den Beziehungstyp, sich trotz der innerlichen Zurücknahme als präsent und anwesend, als aufmerksam und aufnahmefähig zu zeigen und auch den Partner als körperliches Wesen mit seinen Bedürfnissen wahrzunehmen.
- Für den Sachtyp in einer solchen Partnerschaft ist es in Zeiten der Trennungsgefahr von Nutzen und Wert, sich aktiv in die Problemlösung einzubringen – das heißt, das Problem gemeinsam mit dem Partner klar zu umreißen und gleichzeitig ein Ziel zu definieren, damit auch bewusst wahrgenommen wird, wenn das Problem gelöst und die Krise vorüber ist. Gelingt dies nicht zu zweit, kann Hilfe von außen sinnvoll sein.
- Zum gemeinsamen Ressourcenbereich – alles Handlungstypische – gehört auch, ein klares Nein zu äußern, wenn man etwas nicht will, oder kraftvoll und zur Not mit einer kämpferischen Haltung sein Ziel zu verfolgen.
- Haben Sie als Sachtyp in dieser Beziehung also nicht die Angst, dass Sie durch zu viel Mut, Einsatz oder Risiko Ihre

Beziehung weiter gefährden und Ihren vorletzten Versuch ohne Erfolg abschließen, sondern machen Sie sich bewusst, dass durch das von Ihnen eher bevorzugte Abwarten, Zögern, Hinausschieben, Ignorieren und stille Leiden alles noch schlimmer werden wird und dass Ihr Beziehungstyp-Partner dann früher oder später einen neuen Anfang machen und die für ihn lebensnotwendige liebevolle Zuwendung in einer anderen Bekanntschaft suchen wird.

Beziehungstyp und Handlungstyp

Kommt es in solch einer Beziehung zu einer Krise, in der Gedanken an Trennung im Raum stehen, wird der Beziehungstyp wohl eher sehr dramatisch reagieren, sich vielleicht auch fluchtartig zurückziehen (womöglich in eine Traumwelt), und der Handlungstyp wird rasch sein persönliches Rettungsprogramm starten: mehr arbeiten, sich aus der privaten Beziehung zurückziehen und versuchen, den äußeren Rahmen zu wahren. Dass dies keine dauerhafte Lösung sein kann, dürfte einsichtig sein – beide Partner verstärken damit vermutlich genau die Tendenzen, welche die Situation erst hervorgerufen haben.

Also lautet hier der grundsätzliche Rat: „Machen Sie etwas anderes!" – Genauer: „Machen Sie etwas wieder, das Ihnen in ähnlichen Phasen oder zu Beginn Ihrer Beziehung schon einmal geholfen hat!"

- Nutzen Sie als Beziehungstyp Ihren klaren Verstand (Ihre Ressource), analysieren Sie das Problem sachlich und ruhig und nehmen Sie sich Zeit, bevor Sie eine viel zu emotionale oder zu rasch herbeigeführte Entscheidung treffen. Vergessen Sie gerade jetzt nicht, dass Ihre Beziehung nicht nur aus der emotionalen, sondern auch aus einer geistigen und praktischen Verbindung besteht, und dass in diesen Bereichen enorme Ressourcen bereitstehen, um eine Beziehung auch in Krisenzeiten zu erhalten.

- Gönnen Sie Ihrer Beziehung eine zeitlich befristete Pause, gerade was Emotionen betrifft, schieben Sie die Klärung einige Zeit hinaus, konzentrieren Sie sich auf die Bereiche Ihrer Partnerschaft, in denen es gut läuft. Sträuben Sie sich dagegen, eine schnelle Entscheidung zwischen Ja und Nein zu treffen, bleiben Sie einfach beim Vielleicht – all das sind Tipps aus dem gemeinsamen Ressourcenbereich, dem des Sachtyps, der für Ihre Verbindung besonders wertvoll ist.
- Als Handlungstyp in dieser Verbindung müssen Sie darauf achten, Ihren Beziehungstyp-Partner nicht emotional ausbluten zu lassen! Wenn Sie ihm ständig mit einem mürrischen Gesichtsausdruck, mit Vorwürfen oder mit negativen Äußerungen begegnen, wird er sich rasch ungeliebt fühlen und Fluchttendenzen zeigen. Zeigen Sie Ihre verletzliche Seite häufiger als gewöhnlich, lassen Sie die Waagschale Ihrer Aufmerksamkeit nicht einseitig in Richtung Ihres Aktivitäten- und Pflichtprogramms kippen, sondern gehen Sie bewusst auf Ihren Partner zu, auch wenn das für Sie zunächst mehr Stress bedeutet und Sie Disharmonie aushalten müssen.

Sachtyp und Handlungstyp

Der letzte oder vorletzte Versuch für dieses Paar sollte darauf zielen, gemeinsam den emotionalen Bereich der Beziehung zu entdecken oder erneut zu wecken. Wenn Sie versuchen, sich bewusst zu werden, was Ihre Beziehung zusammenhält, kann Folgendes zum Vorschein kommen: Dem Handlungstyp in Ihrer Partnerschaft ging es vielleicht vorrangig um das Erreichen eines Lebensziels, als er sich auf die Verbindung einließ. Der Sachtyp mag fasziniert von so viel Zielstrebigkeit und Power gewesen sein, sodass er gar nicht dazu kam, Nein zu sagen. Er fügte sich passiv in den Lauf der Geschehnisse und „wurde" vielleicht sogar geheiratet.

- Die Hauptverantwortung liegt also beim Handlungstyp, der sich ehrlich und direkt fragen sollte, ob er für den Partner denn überhaupt genügend Liebe und Zuneigung empfindet, um nicht nur praktisch oder geistig, sondern auch emotional (und zwar positiv!) mit ihm verbunden zu sein. Mancher Handlungstyp verwechselt emotionale Aufwallung und Aufregung, die durch den Sachtyp-Partner verursacht wird, regelmäßig mit Liebesgefühlen, übersieht jedoch, dass dies für den Partner keineswegs dasselbe ist.
- Für den Sachtyp in dieser Verbindung geht es – wie oben bereits ausgeführt – darum, die eigenen Anteile, Handlungsspielräume, Verantwortungen und Möglichkeiten (auch die des Neinsagens und die Option, etwas zu beenden) aktiv in Anspruch zu nehmen und das Unangenehme der Situation nicht auszublenden. Erst aus dieser Haltung heraus – neugierig auf eigene Lösungsoptionen und bereit, auch einmal einen Fehler zu machen – gelingt es, die Beziehung auch in schwierigen Phasen aktiv mit zu gestalten. Es geht darum, deutlich zu kommunizieren, was man selbst will oder was nicht.

Womit Sie bei welchem Typ in Trennungssituationen rechnen sollten

Erwarten Sie bitte nicht, dass Sie hier eine genaue Voraussage für das Verhalten eines bestimmten Menschen in einer Trennungssituation finden werden. Gerade in solchen Extremsituationen wird nicht nur der Typus, sondern auch die eigene biografische Erfahrung, der persönliche Reifegrad, die Erfahrung im Umgang mit Trennungen oder die (aktive oder passive) Rolle bei der Trennung selbst einen deutlichen Einfluss ausüben. So könnte ein Beziehungstyp, der von seiner ersten Liebe wegen eines interessanteren Partners sitzengelassen wird, durchaus ähnlich reagieren wie ein Handlungstyp in derselben Lage. Trotzdem möchte ich versuchen, einige Hinweise auf Reaktionsmuster darzulegen, die für den jeweiligen Typus als normal anzusehen sind und deshalb als „typisch" registriert werden sollten, auch wenn man selbst niemals so reagieren würde. Auch kann nicht auf Details eines möglichen Verhaltens, zum Beispiel im Umgang mit gemeinsamen Kindern, eingegangen werden, da hier zu viele Faktoren eine Rolle spielen, die nichts mit dem Typus eines Menschen zu tun haben.

Beziehungstyp in der Trennung

Trennungszeiten sind für Beziehungstypen mit großer emotionaler Erschütterung verbunden, gleichzeitig aber ein Anlass, sich persönlich weiterzuentwickeln und die Konzentration von der Beziehung weg auf sich selbst zu lenken. Geistige und praktische Angelegenheiten rücken dann wieder in den Mittelpunkt, der Kontakt zu Freunden und Bekannten nimmt zu und im Nachhinein wird die Trennung häufig als fruchtbar für die eigene Entwicklung angesehen, besonders wenn zuvor viel Zeit mit dem Partner verbracht wurde, die nun neu gestaltet und genutzt werden kann. Wundern Sie sich also als ehemaliger Partner eines Beziehungstyps nicht, wenn dieser recht bald wieder positiv gestimmt, in Aufbruchslaune oder voll neuer Ideen Kontakt zu Ihnen sucht. Für ihn ist die Option, als Paar verbunden zu sein, nur eine von vielen und er wird ganz automatisch früher oder später versuchen, die Verbindung zu Ihnen aufrechtzuerhalten – es sei denn, Sie haben sich in finanzieller oder existenzieller Weise intensiv gestritten, sich gegenseitig gekränkt oder massiv entfremdet.

Sachtyp in der Trennung

Für einen Sachtyp ist eine Trennung wohl am schwersten zu verdauen, vor allem, wenn er selbst verlassen wird und keinen „Ersatz" für den Partner in Reichweite hat. Dann tritt das Erlebnis, selbst nur das „Opfer" des anderen, der Umstände oder Dritter zu sein, ganz in den Vordergrund und lässt eigene Versäumnisse (zum Beispiel Untätigkeit) eher in den Hintergrund treten. Der Sachtyp ist verletzt und zeigt nun logischerweise ein Verhalten, das gar nicht zu seinem üblichen, verständnis- und rücksichtsvollen Verhalten passt: Er holt sich Unterstützung bei einem Anwalt oder gemeinsamen Freunden und versucht wenigstens in materieller oder finanzieller Hinsicht für den Verlust Entschädigung zu erhalten. Dass der Erhalt einer freundschaftlichen Beziehung langfristig womöglich mehr Gewinn bringen könnte, ist ihm in diesem Moment nicht gegenwärtig.

Handlungstyp in der Trennung

Für den Handlungstyp gilt wohl am ehesten das Sprichwort, dass uns der Wert einer Sache erst dann bewusst wird, wenn sie nicht mehr da ist. Er beendet zwar eine Beziehung ziemlich radikal, entfernt auch so gut wie alles, was ihn an den Beziehungspartner erinnert, aus seinem privaten Umfeld – kann aber schnell in melancholische und sehnsüchtige Stimmungen verfallen, wenn er etwa realisiert, dass er nun nur noch für eine Person den Tisch decken muss oder mit niemanden mehr über das Fernsehprogramm streiten kann.

Du-Bezogene in der Trennung

Du-Bezogene fokussieren in Trennungssituationen überzogen auf ihr Gegenüber, schreiben ihm also zum Beispiel die Verantwortung für das Scheitern der Beziehung zu oder erinnern sich vor allem an das, was der andere in die gemeinsame Beziehung eingebracht hat. Ihnen scheint dann ihr eigenes Leben recht wenig wert und die Lücke, die ihr Du hinterlässt, unermesslich groß. Vermutlich sind sie diejenigen, die stundenlang am Telefon über die/den Verflossene/n erzählen können und damit ihre Du-Bezogenheit gleich doppelt unter Beweis stellen.

Ich-Bezogene in der Trennung

Im Unterschied zum Du-Bezogenen hat der Ich-Bezogene auch in Trennungsphasen sich selbst, sein Wohlbefinden und seine Interessen fest im Blick. Er denkt zum Beispiel darüber nach, was er nun allein (wieder) machen kann oder worauf er während der Beziehung verzichtet hat. Das sowieso schon schwach entwickelte Wir-Gefühl geht nun völlig und selbstverständlich abhanden und es scheint, als ob ein extrem egoistischer Mensch zum Vorschein kommt, der nur noch um sich selbst kreist und der sich am liebsten in sich selbst zurückzieht. Wenn er doch einmal nach außen tritt, erzählt er vor allem von seinem Leiden, sucht die Schuld für das Ende der Beziehung bei sich und sieht in dem Handeln des Expartners vor allem Reaktionen auf sich selbst und das eigene Verhalten.

Wir-Bezogene in der Trennung

Für Wir-Bezogene endet die Verbindung nicht damit, dass ihnen das Du abhanden kommt. Sie versuchen möglichst viel im Einvernehmen zu regeln und die notwendigen Schritte möglichst gemeinsam zu tun. Sie halten ihr Wir-Gefühl noch längere Zeit lebendig, vor allem, wenn es sie emotional stark berührt hat. Sie sprechen und reagieren auch so, als ob es dieses Wir noch gäbe. Darunter können dann möglicherweise neue Partner leiden, wenn sie erkennen, dass das langjährige Wir zu verschiedenen Gelegenheiten seinen Platz behält.

Gegenwartsorientierte in der Trennung

Gegenwartsorientierte erleben den Augenblick der Trennung über alle Maßen intensiv und meinen, ihr ganzes Leben bestünde nur aus diesem Moment. Ihr Leid hält zwar nicht „ewig" an (wie bei den Vergangenheitsorientierten häufig zu beobachten), dafür machen sie oft dieselben Fehler in der nächsten Beziehung, weil sie ihre „Lektion" vergessen haben. Gleichzeitig kann es vorkommen, dass Gegenwartsorientierte am Tag nach der Trennung nicht mehr realisieren, dass es tatsächlich aus ist, und verblüffen damit ihren (Ex-)Partner. Vielleicht lässt sich bei den Gegenwartsorientierten am ehesten am Maß des Erinnerns und Zurückschauens ermessen, welche Bedeutung eine frühere Beziehung für sie hatte; und womöglich sind es auch zwei Gegenwartsorientierte, die sich trotz einer „Ehehölle" noch ein zweites oder sogar drittes Mal in diesen Stand versetzen ...

Vergangenheitsorientierte in der Trennung

Im Gegensatz zu den Gegenwartsorientierten werden sich die Vergangenheitsorientierten nur dann erneut auf einen Partner einlassen, wenn die positiven Aspekte dieser Verbindung überwiegen – zu deutlich ist ihre Erinnerung an die gemeinsame Zeit. Für sie ist eine Trennung auch nach Jahren noch nicht automatisch völlig vollzogen, was von neuen Partnern oder dem Freundeskreis viel Toleranz fordert. Auch dem Vergangenheitsorientierten kann es passieren, dass er vieles aus der gemeinsamen Zeit erst wirklich realisiert, wenn sie bereits vorüber ist – oder dass er so stark am Vergangenen festhält, dass er sich für lange Zeit keinem neuen Partner mehr öffnet.

Zukunftsorientierte in der Trennung

Zukunftsorientierte scheinen unter Trennungen am wenigsten zu leiden – mit der Ausnahme, dass sich aus einer Trennung für die Zukunft allerhand negative Aspekte zu ergeben drohen. Sie fokussieren eher auf die Chancen, welche die neue Situation mit sich bringt, oder erträumen sich bereits das Zusammensein mit einem neuen Partner. Für den nichtzukunftsorientierten Partner kann diese Tendenz leicht als Abwertung der nun beendeten Partnerschaft missverstanden werden.

Fühler in der Trennung

Fühler werden die Vorgänge rund um eine Trennung und ihre Konsequenzen nur schwer verdauen, vor allem, wenn sie durch allerhand Erinnerungsstücke in ihrer Umgebung auf den oder die Ex hingewiesen werden. Regelmäßig werden bei solchen Gelegenheiten die Tränen fließen und sie werden sich nach Schlaf oder nach neuen Reizen sehnen, welche das Alte ersetzen helfen. Aber wehe, wenn dann unerwartet ein Hauch des Lieblingsparfums ihres Liebsten sie in der U-Bahn trifft und die gerade verheilte Wunde erneut aufreißt!

Denker in der Trennung

Denker neigen dazu, außergewöhnliche Ereignisse besonders umfangreich zu verarbeiten. Möglicherweise werden auch Dinge mit einbezogen, die genau genommen gar nichts mit dem aktuellen Ereignis zu tun haben. Auch in Träumen wird den Denker das Erlebte noch längere Zeit beschäftigen und er wird seine Freunde damit überraschen, dass er plötzlich und unerwartet zu einem längeren Monolog über eine frühere Beziehung und ihr Ende ausholt.

Macher in der Trennung

Macher beenden ihre Beziehungen mit lautem Getöse. Sie halten mit ihrer Meinung kaum hinter dem Berg, tragen schon einmal zu dick auf und zeigen ihre wenig feinfühlige Seite, die unnötig Wunden schlagen kann. Manches Wort, das nicht unbedingt gesagt oder geschrieben werden müsste, drängt dann nach außen und an die Augen oder Ohren ihrer Umwelt. Gleichzeitig können sie sich für Erklärungen des Partners wenig aufnahmebereit zeigen und beschäftigen sich stattdessen vielleicht bereits mit dem Packen der Umzugskartons oder der Schlussabrechnung der gemeinsamen Finanzen.

Ganz zum Schluss

Wir sind uns (als Autoren) bewusst, dass wir Ihnen auf den zurückliegenden Seiten eine Vielzahl neuer, womöglich herausfordernder Informationen und Sichtweisen vorgestellt haben. Wir selbst profitieren zwar von Anfang an vom Wissen um die Typunterschiede, trotzdem lernen wir seitdem ständig hinzu. Geduld ist also notwendig, sowohl für das Erlernen der Psychographie als auch für die Suche nach einem Partner und für das harmonische Zusammenleben mit ihm, wenn wir ihn gefunden haben.

Javier Tomes schrieb einmal: „Die Herzen derer, die wir brauchen, befinden sich stets im Zentrum eines Labyrinths." Wir hoffen, dass es uns gelungen ist, Ihnen etwas Licht für den Weg in oder aus einem solchen Labyrinth zur Verfügung zu stellen. Und wir wünschen Ihnen Mut, dieses Neue auszuprobieren, wie Henry David Thoreau in seinem Buch „Walden" sagt: „Was alte Leute für unmöglich erklären, das probieren wir und finden, dass es gemacht werden kann."

Anhang

Mehr Literatur zum Thema

Allport, Gordon W.: Werden der Persönlichkeit, Kindler 1974

Bamberger, Günter G.: Lösungsorientierte Beratung, Beltz 1999

Baumgärtel, Walter: Unter Gorillas, Fischer 1979

Berne, Eric: Spiele der Erwachsenen, Rowohlt 1967

De Shazer, Steve: Worte waren ursprünglich Zauber, vml Borgmann 1996

Erickson, Milton H.: Gesammelte Fälle, Klett-Cotta 1994

Friedmann, Dietmar/Fritz, Klaus: Wer bin ich? Wer bist du? Dtv 1996

Galdikas, Biruté: Meine Orang-Utans, Scherz 1995

Goodall, Jane: My Life With The Chimpanzees, Byron Preiss 1988

Harris, Thomas A.: Ich bin o. k. Du bist o. k., Rowohlt 1975

Popper, Karl R.: Alles Leben ist Problemlösung, Piper 1994

Sommer, Volker/Ammann, Karl: Die großen Menschenaffen, BLV 1998

Watzlawick, Paul: Anleitung zum Unglücklichsein, Piper 1983

Watzlawick, Paul/Beavin, Janet H./Jackson, Don D.: Menschliche Kommunikation. Formen, Störungen, Paradoxien, Huber 1969

Winkler, Werner: Lehrbuch Psychographie – Menschenkenntnis mit System, Winkler 2001/2004

Winkler, Werner: Probleme schnell und einfach lösen – 99 Lösungswerkzeuge, mvgVerlag 2004

Winkler, Werner: Warum sind wir so verschieden? Psychographie als Schlüssel zur Persönlichkeit, mvgVerlag 2005

Winkler, Werner: Warum Kinder so verschieden sind. Handbuch typgerechte Erziehung, VAK 2006

Wothe, Konrad/Clemens, Carsten: Orang Utans, Tecklenborg Verlag, 1996

Internetseiten mit mehr Informationen zur Psychographie

Reichhaltige Informationen rund um das Thema Psychographie erhalten Sie unter:
www.psychographie.de

Was die Mitglieder der Psychographie-Initiative e. V. bewegt, Termine und noch mehr Literatur finden Sie unter:
www.psychographen.de

Mittlerweile können wir mit den unterschiedlichsten Typentests aufwarten. Zwei davon dienen der Ermittlung des Grundtyps, ein weiterer soll Ihnen bei der Suche nach Ihren Untertypen behilflich sein und ein vierter Test ist speziell auf Kinder zugeschnitten:
www.psychographen.de/typentest/

Reger Austausch über die Psychographie und ihre unterschiedlichsten Anwendungsgebiete findet in unserem Forum statt:
www.psychographen.de/forum

Schmunzeln Sie mit uns über „Rosen und Typen“, lesen Sie mehr über „Beziehung und Sexualität“ aus psychographischer Sicht oder machen Sie sich Gedanken über „Glauben und Religion“:
www.psychographen.de/forum

Weitere Kontaktanzeigen sowie Textanalysen zu Filmen, Stellenangeboten, Märchen etc. haben wir in unserem Kulturarchiv gesammelt:
www.psychographium.de

Beide Autoren haben sich die Mühe gemacht, Prominente genauer unter die Lupe zu nehmen. Schauen Sie doch einmal nach, ob Sie „Ihren Star“ auch dort finden:
www.petravogel.de/promiliste/index.htm
www.psychographie.de/prominente.htm

Haben Sie schon einmal von der „Dreifarbenwelt“ gehört? Reisen Sie doch bei Gelegenheit mit Ihren Kindern dorthin und entdecken Sie die Psychographie auf ganz spielerische Art:
www.dreifarbenwelt.de

Danksagungen

Die Autoren danken den zahlreichen Kolleginnen und Kollegen, die durch ihre Erfahrungsberichte (zum Beispiel im Forum der Psychographen) den hier vorgestellten Erfahrungsschatz mit erarbeitet und vertieft haben. An Dietmar Friedmann geht unser Dank für die Weitergabe seiner Ideen und die zahlreichen Anregungen der letzten Jahre für die Weiterentwicklung des Modells. Dankbar sind wir unserer Agentin Ingrid Anna Kleihues, dem mvgVerlag und der Lektorin Pia Gelpke.

Petra Vogel dankt speziell Bärbel Diemer, Nadine Fornaçon und Stefanie Neumüller für ihre konstruktive Kritik, ihre Zeit und ihre Textbeiträge und Anekdoten, Angela Zeugner für ihre wundervolle Geschichte in Kapitel 8 und Ulrike Chuchra für ihre Fragen und Anregungen, Dimi Lazaridis, der mich hinsichtlich meiner Ausführungen des Gorilla-Typus sehr inspirierte.

Werner Winkler dankt besonders Nadine Fornaçon, Coco Kammerer, Heike Hoge, Dr. Hans-Jürgen Breuer, Gisela Schucht für ihre Textbeiträge in Kapitel 2, Ulrike Chuchra für ihre kreativen Anregungen, Nadine Fornaçon zudem für die hilfreichen Kommentare aus Sicht des Handlungstyps und Petra Schmalzl für ihre wertvolle Begleitung während des gesamten Entstehungsprozesses, speziell bei der Erarbeitung der Tabellen zu den typspezifischen Beziehungsmotiven in Kapitel 7.

Stichwortverzeichnis

A

B

F

G

H

I

J

K

O

P

R

S

T

U

Über die Autoren

Petra Vogel wurde 1965 geboren. Von 1997 bis 2002 nahm sie an einer Ausbildung zur Psychologischen Beraterin an der Deutschen Paracelsus-Schule in Stuttgart teil (Abschlussprüfung über „Beratung bei Sexualproblemen"). 2002 absolvierte sie das Sommer-Intensivtraining „Psychographie – Menschenkenntnis mit System" bei Werner Winkler und erlangte das Zertifikat zur Psychographischen Typberaterin (PGI). Sie arbeitet in freier Praxis als Psychologische Beraterin und Typberaterin. Seit 2003 lehrt sie als Dozentin für Psychographie (PGI) und ist pädagogisch im Montessori-Kinderhaus in Stuttgart tätig.

Kontakt: ppunktvogel@arcor.de, www.petravogel.de

Werner Winkler, Jahrgang 1964, absolvierte zunächst eine handwerkliche Ausbildung zum Werbetechniker und Kalligrafen; zwischen 1994 und 1995 übte er eine ehrenamtliche Tätigkeit im psychosozialen Dienst aus. Von 1996 bis 1997 folgte eine Ausbildung zum Psychologischen Berater an den Deutschen Paracelsus-Schulen und in Kurztherapie bei Dietmar Friedmann, 1997 dann eine Ausbildung in Lösungsorientierter Psychologie bei Steve de Shazer und Insoo Kim Berg. Werner Winkler leitet Seminare, forscht, schreibt und berät zu den Themen „Lösungsorientierte Kommunikation", „Mineralstoffe und Vitamine" sowie „Psychographie". Von ihm sind unter anderem erschienen: *99 Lösungswerkzeuge* (mvgVerlag 2004), *Warum sind wir so verschieden?* (mvgVerlag 2005), *Warum Kinder so verschieden sind* (VAK-Verlag 2006) sowie zahlreiche Fachartikel.

Er ist außerdem Erster Vorsitzender der Psychographie-Initiative und Mitglied im wissenschaftlichen Beirat des Verbandes Freier Psychologischer Berater (VFP). Seit 1998 lehrt er als Dozent an verschiedenen Studienorten der Deutschen Paracelsus-Schulen.

Weitere Informationen finden Sie im Internet unter *www.wernerwinkler.de.* Für den direkten Kontakt schreiben Sie an *wewinkler@t-online.de.*

Printed in Poland
by Amazon Fulfillment
Poland Sp. z o.o., Wrocław

21676353R00165